KLASSIFIKATION UND KAMPF

Jens Kastner

Klassifikation und Kampf

Zur Aktualität der Kultursoziologie Pierre Bourdieus

TURIA + KANT
WIEN-BERLIN

Bibliografische Information der Deutschen Nationalbibliothek
Die Deutsche Bibliothek verzeichnet diese Publikation in der Deutschen Nationalbibliografie; detaillierte bibliografische Daten sind im Internet über http://dnb.ddb.de abrufbar.

Bibliographic information published by the
Deutsche Nationalbibliothek
The Deutsche Nationalbibliothek lists this publication in the Deutsche Nationalbibliografie; detailed bibliographic data are available on the Internet at http://dnb.dnb.de.

ISBN 978-3-98514-093-0

Mit freundlicher Unterstützung der Akademie der bildenden Künste Wien.

A...kademie der
bildenden Künste
Wien

Cover: Bettina Kubanek, Visuelle Gestaltung, Berlin

VERLAG TURIA + KANT
A-1020 Wien, Leopoldsgasse 14
Büro Berlin: D-10827 Berlin, Crellestraße 14
info@turia.at | www.turia.at

Inhalt

4
HERRSCHAFT UND KULTUR

Vorwort: Auf den Spuren Pierre Bourdieus

Franz Schultheis

Mit dem vorliegenden Sammelband bietet uns Jens Kastner einen tour d'horizon seiner mehr als zehnjährigen Beschäftigung mit Werk und Wirken eines Ausnahme-Sozialwissenschaftlers und Intellektuellen: Pierre Bourdieu. Dieser wohl weltweit meistrezipierte zeitgenössische Soziologe, Ethnologe und Anthropologe in einer Person hinterließ nach seinem Tod im Jahre 2002 ein Werk von unglaublicher thematischer Breite und theoretischer Reichweite, dem in den letzten Jahrzehnten eine reiche Sekundärliteratur gewidmet wurde. Viele der zentralen Konzepte der sozialtheoretischen tool box Bourdieus gehören mittlerweile zum selbstverständlichen Repertoire des Redens über Gesellschaft. Kann man angesichts dieser unglaublich breiten und dichten Rezeption dieses Werks überhaupt noch innovative Zugänge und Wege einer kritisch-reflexiven Relecture bieten? Jens Kastner jedenfalls lädt uns dazu ein, und dies nicht zuletzt mittels der in diesem Band gut nachvollziehbar gemachten Beharrlichkeit der auf dem Wege von immer neuen thematischen Fokussierungen auf konkrete empirische Forschungen und spezifische theoretische Perspektiven Bourdieus entwickelten sukzessiven Verdichtung und Sättigung seines Zugangs zu Person und Werk.

Hierbei kommt auch das politische Engagement Bourdieus im Unterschied zur Mainstream-Rezeption nicht zu kurz. Das mächtige akademisch konsekrierte Werk dieses Autors lässt allzu oft vergessen, dass dieser von der ersten Stunde seiner Forschertätigkeit und von den frühesten Publikationen rund um das Algerien unter kolonialer Herrschaft in seiner Soziologie, wie es später in dem ihm gewidmeten filmischen Porträt heißen sollte, einen »Kampfsport« und eine Waffe im Kampf gegen jedwede Form gesellschaftlicher Willkür sah. Gleiches gilt für Bourdieus Spätwerk, seine Radiografie der französischen Gegenwartsgesellschaft und die Formen des Elends, das sie kennzeichnete und die darauf folgenden gesellschaftspolitischen Interventionen unter dem Leitmotiv »Raisons d'agir«. Für Kastner steht diese Seite des Bourdieuschen Werks und Wirkens keineswegs in Kontrast zum Homo Academicus Bourdieu, sondern erscheint vielmehr als eine direkte Konsequenz seiner radikalen Gesellschaftsanalyse und -kritik. Auch hierdurch heben sich Kastners Analysen, Kommentierungen und Kontextualisierungen des Bourdieuschen Werks wohltuend und gewinnbringend vom Mainstream ab. Die in den vorliegenden Beiträgen immer wieder greifbaren wissenschaftlichen und politischen Affinitäten Kastners mit den Positionen Bourdieus führen erfreulicher Weise nicht zu einem unkritischen Umgang mit durchaus diskussionswürdigen Ambivalenzen und Paradoxien insbesondere in dessen politischen Interventionen. So stellt er die berechtigte Frage nach dem schwierigen Verhältnis der oft geradezu anarchistisch getönten Kritik am Staat, seinem Gewaltmonopol und dessen Indienstnahme durch die herrschenden gesellschaftlichen Klassen auf der einen und seiner in den letzten Jahren seines Lebens bei der Auseinandersetzung mit der sozialen Frage der spätkapitalistischen Gesellschaft und der sie kennzeichnenden verbreiteten Prekarität der Lebenschancen der negativ Privilegierten manifestierten Verteidigung des Wohlfahrtsstaats.

Die von Kastner im Laufe der Jahre rezipierten und diskutierten, analysierten und kommentierten soziologischen Arbeiten des französischen Autors reichen von frühen Auseinandersetzungen mit den ersten autodidaktischen Gehversuchen Bourdieus als ethnologischer Feldforscher im noch kolonialen Algerien (2010, 2012), über die Rezeption der Bourdieuschen Anstöße zu Fragen der Kunstsoziologie im Allgemeinen und der Kunstkritik im besonderen (2010, 2018, 2022), bis hin zu theorievergleichenden Beiträgen zum Verhältnis der Sozial- und Kulturtheorie Bourdieus zu jenen von Canclini (2012), Gramsci (2015), oder Rancières (2017).

Folgt man dem Autor dieser Beiträge durch die nach und nach eröffneten Perspektiven auf sehr unterschiedliche Fassetten des Werks, aber auch die Persönlichkeit des Autors und seine soziale Rolle als kritischer Beobachter und gesellschaftlich und politisch engagierter Kritiker gesellschaftlicher Herrschafts- und Ungleicheitsverhältnisse – von der kolonialen Gewalt in Algerien und ihren Konsequenzen in Form massenhafter Entwurzelung der Bevölkerung, über die sozialen Segregationsfunktionen des Schulsystems und der organisierten Reproduktion sozialer Ungleichheit, über die sozioanalytische Radiografie der gesellschaftlichen Leiden in einer im neuen Geiste des neoliberal radikalisierten Kapitalismus und die historischen Metamorphosen einer sich beharrlich reproduzierenden männlichen Herrschaft bis hin zu den skalpellscharfen Analysen der symbolischen Kämpfe im Feld der Kunst –, so gelangt man zu einem treffenden Gesamtbild der biografischen Flugbahn und Werkgeschichte des Ausnahme-Forschers Pierre Bourdieu. Darüber hinaus aber eröffnet Kastner aber auch mit seinen diversen Theorievergleichen einen weit über die gängige Bourdieu-Rezeption hinausgehende Sicht auf Konvergenzen wie auch Divergenzen zeitgenössischer Vertreter der Sozial- und Kulturtheorie. Der Bezug zu Gramsci ist in diesem Zusammenhang besonders erhellend und wurde bislang noch nicht in einer ähnlich stringenten Weise thematisiert. Gerade seitens der von Bourdieu inspirierten Sicht auf Gramscis Werk wird dieses etwas voreilig und leichtfertig auf eine ideologietheoretische Kapitalismuskritik verkürzt. Im Anschluss an seine Auseinandersetzung mit Canclini, der ja schon vor rund drei Jahrzehnten die Affinitäten zwischen Gramscis Gebrauch des Ideologie-Konzepts und jenem des Habitus bei Bourdieu betonte, liefert Kastner auch hier wichtige Impulse für eine kritisch vergleichende Relecture beider Klassiker.

Bourdieu selbst gerät ja mittlerweile auch, wie er selbst befürchtete, nach seinem Tod vor 20 Jahren mehr und mehr zu einem »Klassiker«. Seine Werke sind für Studierende der Sozialwissenschaft »incontournable«, werden aber auch intensiv in den Erziehungswissenschaften, der Geschichtswissenschaft oder auch Literaturwissenschaft rezipiert. Seine theoretischen Konzepte wie Habitus, kulturelles Kapital oder symbolische Gewalt sind wikipediamäßig leicht verfügbar und in akademischen Lexika kanonisiert. Sein Gesamtwerk vermeintlich flächendeckend und tiefgründig durchforstet und ausgebeutet. Kommt somit die Beschäftigung mit Autor und Werk bald an einen toten Punkt, von dem an die Rezipienten letztendlich nur noch einander zitieren und kommentieren?

Bei Weitem nicht! Bedenkt man, dass umfangreiche Schriften Bourdieus bisher nur auf Französisch verfügbar sind, man denke etwa an die Vorlesungen am Collège de France zur *Allgemeinen Soziologie* (2015 und 2016) in 2 Bänden mit jeweils mehr als 1000 Seiten festgehalten, oder die ebenfalls posthum herausgegebenen Vorlesungs-Mitschriften der Jahre 1987-1989 unter dem Titel *L'intérêt du désinteressement* (2022) wie auch nicht zuletzt die unter dem Titel *Microcosmes* veröffentlichten Manuskripte Bourdieus in Sachen »Feldtheorie«, dann sieht man, dass noch ausreichend Material für weitere Auseinandersetzung mit diesem Werk vorliegt. Noch offenkundiger wird diese Einsicht, wenn man sich in die Pariser »Archives Pierre Bourdieu« an der Université Condorcet begibt, wo ein unglaublicher Reichtum an Zeugnissen zu Bourdieus Korrespondenzen mit herausragenden Forschergestalten seiner Zeit, seinen vielfältigen Initiativen im Dienste der Schaffung eines integrierten »Raums der europäischen Sozialwissenschaften«, oder Vorstudien zu den bekannten Werken wie *Das Elend der Welt* oder *Die Liebe zur Kunst* noch zu bergen sein wird. Jens Kastner wird also die Arbeit nicht ausgehen und wir können hoffen, bald wieder neue Einblicke in Werk und Wirken Bourdieus aus seiner Werkstatt gewinnen zu dürfen.

1
Soziologie und Politik

Soziologie, Politik und kulturelle Herrschaft

Zur Aktualität der Konzepte Bourdieus für Sozialtheorie und Kritik

Vielleicht hat der Soziologe Franz Schultheis seinem Kollegen und Mitstreiter Pierre Bourdieu versehentlich einen Bärendienst erwiesen. Sein 2019 als Buch erschienener »Erfahrungsbericht« über die langjährige Zusammenarbeit mit dem französischen Soziologen trägt den Titel *Unternehmen Bourdieu*[1]. Die explizite Absicht, einen intellektuellen Netzwerker und engagierten Linken zu porträtieren, der »an vielen Fronten gleichzeitig kämpfte«, wurde durch die Benennung als ökonomische Organisationseinheit (»Unternehmen«) konterkariert. Depolitisierende Fehlinterpretationen von Bourdieus Schaffen ließen nicht lange auf sich warten. So interpretierte Andreas Reckwitz in seiner Besprechung von Schultheis' Buch in der *Frankfurter Allgemeine Zeitung* (FAZ, 12.07.2019) Bourdieus Netzwerksaktivitäten als Vorläufer der Exzellenzcluster und Sonderforschungsbereiche an europäischen Universitäten.

Bourdieu, der Bildungsforscher und Kritiker der »Illusion der Chancengleichheit«[2], als Vorkämpfer einer Ökonomisierung des Bildungssystems? Deutlicher kann ein Missverständnis, in der akademischen Welt zumindest, wohl kaum ausfallen. Als Bourdieu 2002 überraschend an Krebs gestorben war, hatte die FAZ noch klarer gesehen. Zwei Tage nach seinem Tod berichtete die Zeitung, der »sozialkritische, weit links stehende Wissenschaftler«

---

1 Franz Schultheis: *Unternehmen Bourdieu. Ein Erfahrungsbericht.* Bielefeld: Transcript Verlag 2019.

2 Pierre Bourdieu/ Jean-Claude Passeron: *Die Illusion der Chancengleichheit: Untersuchungen zur Soziologie des Bildungswesens am Beispiel Frankreichs.* Stuttgart: Ernst Klett Verlag 1971.

habe mit seinen politischen Stellungnahmen immer wieder für Schlagzeilen gesorgt. Bourdieu wird in dem kurzen Nachruf zugleich als »der bedeutendste Soziologe Frankreichs« und als »Vordenker der Globalisierungskritiker« bezeichnet. Mit beidem lag die FAZ wohl ebenso richtig wie mit der politischen Verortung »weit links stehend«.[3]

Obwohl Bourdieu kein Marxist war, stand die Beschäftigung mit sozialer Ungleichheit im Zentrum seines Werkes. Sein wohl bekanntestes Buch, *Die feinen Unterschiede*[4], war nicht nur ein Meilenstein für die soziologische Forschung. Auf der Basis eines großen empirischen Aufwands konnte Bourdieu darin zeigen, dass soziale Ungleichheit und damit die Klassenverhältnisse in modernen Gesellschaften sich nicht nur ökonomisch reproduzieren. Auch im Lebensstil, so die zentrale These, werden die Unterschiede aufgerufen und erneuert. Als die Mittelklassen in den 1970er Jahren auf die Tennisplätze strömten, wechselten die Reichen zum Golf. Noch heute, wo die sichtbaren Zugehörigkeiten vielleicht nicht mehr so eindeutig sind wie noch vor vierzig oder fünfzig Jahren, sind Freizeitaktivitäten und Konsumpraktiken im Alltag nicht weniger bedeutsam und umkämpft. Im Gegenteil, Schnitzel oder Tofu-Burger, Fahrrad oder SUV, Rosa-Blau oder geschlechtersensibel – an vermeintlichen Kleinigkeiten treten die großen Zerwürfnisse zwischen Menschen offen zu Tage, zeigt sich, dass Struktur und Praxis sich stets gegenseitig bedingen. Nicht nur die Stellung im Produktionsprozess macht die Klassenzugehörigkeit aus, sondern auch der Konsum. Was gekauft und gemacht, gespielt und getrunken wird, nichts davon ist neutral. Die vermeintlich indivi-

---

3 N.N.: »Französischer Soziologie Pierre Bourdieu gestorben«. In: *Frankfurter Allgemeine Zeitung*, 24.01.2022, https://www.faz.net/aktuell/feuilleton/soziologie-franzoesischer-soziologe-pierre-bourdieu-gestorben-147817.html [zuletzt aufgerufen am 26.01.2023]

4 Pierre Bourdieu: *Die feinen Unterschiede. Zur Kritik der gesellschaftlichen Urteilskraft.* [1979] Frankfurt am Main: Suhrkamp Verlag 1982.

duellen Geschmacksvorlieben sind durch und durch sozial. Sie zeigen Über- und Unterlegenheit an.

Bourdieu verband in seinen konkreten empirischen Forschungen auch allgemeine Theorieansätze der soziologischen Klassiker: Von Karl Marx (1818-1883) entlieh er Klassen- und Kapitalbegriff und erweiterte sie um die kulturelle Dimension; von Max Weber (1864-1920) übernahm er die Beachtung der Lebensführung und des Güterkonsums. Von Émile Durkheim (1858-1917) griff er die Frage nach den Regeln auf, nach denen sich soziale Praktiken vollziehen und ersetzte sie durch diejenige nach Regelhaftigkeit und Routinen. Vor diesem Hintergrund betrieb er Bildungsforschung ebenso wie Kultursoziologie, erforschte das Feld der Kunst, schrieb über Sport, Mode und Medien. Immer ging es darum zu verstehen, warum die Verhältnisse so relativ stabil und warum radikaler sozialer Wandel, zumal im emanzipatorischen Sinne, eher die Ausnahme ist.

Die von Bourdieu für dieses Verstehen geprägten Begrifflichkeiten wie etwa »kulturelles Kapital«, »Distinktion« und »Habitus« sind längst über Fachkreise hinaus gebräuchlich: Um das Scheitern am sozialen Aufstieg auf einen Mangel an »kulturellem Kapital«, der angeeigneten Bildung und dem gekonnten Umgang mit ihr, zurückzuführen, braucht es kein Soziologiestudium; die Abgrenzung der Opernliebhaberin vom Schlagerfan als »Distinktion« zu verstehen, ist ebenso geläufig wie es im Hinblick auf Unterschiede im Lebensstil schlechthin ist. Auch der »Habitus«, von Bourdieu schon in *Entwurf einer Theorie der Praxis* als verkörperte Haltung beschrieben, ist längst mehr als ein soziologischer Fachbegriff.[5] Im Habitus versammeln sich all die Erfahrungen, die wir im Laufe unserer Sozialisation machen. Er prägt schließlich unseren Umgang mit Geld ebenso wie den Zugang zu popkulturellen Werken, kurz: er prägt den Geschmack. Dass Hal-

---

5 Pierre Bourdieu: *Entwurf einer Theorie der Praxis – auf der ethnologischen Grundlage der kabylischen Gesellschaft.* [1972] Frankfurt am Main: Suhrkamp Verlag 1979, S. 186f.

tung und Geschmack alles andere als persönliche Angelegenheiten sind, nämlich durch und durch von sozialer Herkunft geprägt, wurde Bourdieu nicht müde zu betonen. Der Habitus ist immer auch ein Klassenhabitus.

Am Habitus scheiden sich allerdings auch die politischen Geister. Von Bourdieu als »Produkt der Einprägungs- und Aneignungsarbeit« beschrieben, sollte der Begriff auf die unbewussten und deshalb unhinterfragten Abläufe von Alltagspraktiken hinweisen. Darauf, dass die Gesellschaft den Menschen sprichwörtlich in Fleisch und Blut übergegangen ist. Die Stimmen, die Bourdieu deshalb Determinismus vorwarfen und bis heute immer noch vorwerfen, sind ungezählt. Nicht zuletzt der Philosoph Jacques Rancière zählt zu Bourdieus wortgewaltigsten Kritiker*innen in dieser Hinsicht.[6] Wenn alles schon in unsere Körper eingeprägt ist wie das Bild des Herrschers in eine Münze, so der Vorwurf, wie soll dann noch selbstbestimmtes Handeln möglich sein?

Bourdieu hat den Vorwurf vielfach widerlegt und darauf insistiert, dass der Habitus auf analytischer Ebene nicht allein die Übereinstimmung mit sozioökonomischen Strukturen beschreiben helfen soll, sondern gerade auch die »Mißverhältnisse«[7] zwischen beiden. Auf politischer Ebene hält Bourdieu zugleich an dem Gedanken fest, dass eine Einsicht in die Prägung die Voraussetzung dafür ist, um von ihr loszukommen. Aber mit einem Appell an den freien Willen und an das richtige Bewusstsein sei es nicht

---

6 Bourdieu betreibe eine »Wissenschaft der Kräfteverhältnisse, die diese für unveränderbar erklärt«, schreibt Rancière schon 1983 und erneuert diesen Vorwurf 2009 im Gespräch mit Axel Honneth, in dem er behauptet, Bourdieu beschreibe eine Welt, »die unveränderlich ist«; Jacques Rancière: *Der Philosoph und seine Armen*. Wien: Passagen Verlag 2010, S. 244f. und Axel Honneth und Jacques Rancière: »Eine kritische Diskussion« [2009]. In: Dies.: *Anerkennung oder Unvernehmen? Eine Debatte*. Berlin: Suhrkamp Verlag 2021, S. 89–137, hier S. 110.

7 Pierre Bourdieu: *Meditationen. Zur Kritik der scholastischen Vernunft*. [1997] Berlin: Suhrkamp Verlag 2001a, S. 204.

getan. Die Effekte der Sozialisation sind nicht einfach abzuschütteln. Es bedürfe, wie beim Sport, einer regelrechten »Arbeit der Gegendressur«[8], schrieb Bourdieu in *Meditationen*, um die Trägheit des Gewohnten zu überwinden. Ein herrschaftsanalytisch wie auch politisch nach wie vor wichtiger Hinweis.

Bourdieus Interesse für die »verborgenen Mechanismen der Macht«, so der Titel eines seiner zahlreichen Aufsatzbände, wurde spätestens in den 1990er Jahren offensichtlich und öffentlich wahrgenommen.[9] Da veröffentlichte er mit seinen Mitarbeiter*innen die Studie *Das Elend der Welt*[10] zu den Auswirkungen des Neoliberalismus, da stand er am Pariser Gare du Lyon und redete vor streikenden Arbeitern. Aber bestanden hat die Aufmerksamkeit für die subtilen Formen von Herrschaft schon Jahrzehnte zuvor: Bereits in seinen ethnologischen Studien im noch kolonialen Algerien der späten 1950er Jahre hatte er sich mit der Frage beschäftigt, warum Menschen ihre Unterdrückung häufig hinnehmen, anstatt gegen sie aufzubegehren. Es ist nämlich nicht allein die angedrohte oder ausgeübte Gewalt der Herrschenden, die die Menschen stillhalten lässt. Bourdieu beschäftigte sich zwar durchaus mit der kolonialistischen Gewalt in Form von Landbesitzverhältnissen und Entwurzelung durch Zwangsumsiedlungen. Seine Feldforschungen, die er als junger Ethnologe in der Kabylei in Algerien betrieb, standen ganz im Zeichen des Verständnisses dieser Gewaltverhältnisse. Um sie zu begreifen, führte Bourdieu nicht nur Interviews. Er bediente sich auch des Mediums Fotografie. So sind rund 2200 Fotos entstanden, die Aspekte des städtischen und ruralen Lebens einfangen und als Gedächtnisstützen dienen sollten.

---

8 Ebd., S. 220.

9 Vgl. Pierre Bourdieu: *Die verborgenen Mechanismen der Macht. Schriften zu Politik & Kultur 1*. Hamburg: VSA 2005a.

10 Pierre Bourdieu et al.: *Das Elend der Welt. Zeugnisse und Diagnosen alltäglichen Leidens an der Gesellschaft*. [1993] Konstanz: Universitätsverlag 1997.

Um aber die Frage nach dem Hinnehmen und Aushalten von Herrschaft zu beantworten, schienen ihm schon früh die Denk- und Wahrnehmungsweisen entscheidender als die rohe Gewalt. Es ging ihm also um die kulturellen Aspekte der Herrschaft. Um Gewohnheiten, unhinterfragte Abläufe und Handlungsroutinen. Es geht um die jeweils verinnerlichte Kultur, die, so schreibt er in einem Text über die Frage der Unterentwicklung in Algerien 1959, »als vorbewußte Intention ganz wie die Sprache von den Individuen erlebt und agiert wird, noch bevor sie als solche gedacht wird«[11].

Dass auch die Intellektuellen davor nicht gefeit sind, das Vorgefundene weiterzudenken statt mit herrschenden Denkweisen zu brechen, wurde Bourdieu nicht müde zu betonen. Für ihn waren seinesgleichen keineswegs automatisch Revoluzzer á la Jean-Paul Sartre und Simone de Beauvoir. Er sah die Intellektuellen als »beherrschte Herrschende«, die ihre Privilegien stets zu hinterfragen hätten, und zwar bis in die Werkzeuge des eigenen Denkens hinein. Dieser Hinweis war alles andere als eine polemische Anklage. Er beschrieb einerseits die Position, die Intellektuelle in der Gesellschaft einnehmen – sie sind zwar sehr sprachmächtig, aber wenig entscheidungsbefugt. Andererseits wollte Bourdieu auf die Gewinne hinweisen, die sich beim Einsatz für die Armen und Unterdrückten ergaben, aber letzteren selten zugute kamen. Als Bourdieu das intellektuelle Feld in einem Gespräch einmal als »eine Welt für sich« bezeichnete, war das durchaus doppeldeutig gemeint: relativ abgeschlossen in seinen Diskursen, aber auch recht exklusiv in Bezug auf das, was produziert und was verteilt wird. Als einer der ersten europäischen Wissenschaftler*innen trat Bour-

---

11 Pierre Bourdieu: »Der Zusammenstoß der Zivilisationen« [1959]. In: Ders.: *Algerische Skizzen*. Herausgegeben und mit einer Einleitung von Tassadit Yacine. Berlin: Suhrkamp Verlag 2010, S. 73–93, hier S. 86.

dieu u.a. deshalb schon 1975 für die »Dekolonisierung der Sozialwissenschaften«[12] ein.

Aber auch gegenüber allzu großen Hoffnungen auf die revolutionäre Rolle der sozialstrukturell untersten sozialen Schichten, damals als Subproletariat adressiert, blieb er skeptisch. Der Grund für diese Skepsis bestand in einer Beobachtung, die er auch schon bei Bäuerinnen und Bauern in Algerien machte: Es bedarf eines minimalen Lebensstandards für einen »Zugriff auf die Welt«[13] und einer Vorstellung von Zukunft, um das Schicksal in die eigene Hand nehmen zu können. Wer darüber nicht verfüge, eigne sich denkbar schlecht dafür, die Rolle des revolutionären Subjektes auszufüllen. Mit diesem Gedanken kritisierte Bourdieu auch die Projektionen vieler Linker. Er reagierte auf seine Zeitgenossen wie etwa den antikolonialen Theoretiker Frantz Fanon, ärgerte sich aber vor allem über die Ahnungslosigkeit seiner französischen Kolleginnen und Kollegen, die aus der Ferne abstrakte Urteile fällten. Bourdieus Skepsis gegenüber der revolutionären Rolle des (Sub-) Proletariats – eine Haltung, die ihn durchaus mit der Kritischen Theorie verband –, blieb aber nicht auf die Kolonialsituation beschränkt. So wurde es auch als Kritik an den Grundannahmen des Marxismus aufgefasst, als Bourdieu den Menschen aus der Arbeiterklasse in *Die feinen Unterschiede* der Tendenz nach eine »Anpassung an die objektiven Möglichkeiten«[14] nachgesagte. In seinen empirischen Analysen fand er bei den Armen vor allem einen Notwendigkeitsgeschmack, also eine Haltung, die die gut findet, was praktisch ist (stabile Möbel, sättigendes Essen usw.). Er fand einen

---

12 Pierre Bourdieu: »Für eine Soziologie der Soziologen« [1975]. In: Bourdieu 2010, a.a.O., S. 443–450. Im Original heißt der Text »Les conditions sociales de la production sociologique: sociologie coloniale et décolonisation de la sociologie«.

13 Pierre Bourdieu: »Der Zusammenstoß der Zivilisationen« [1959]. In: Bourdieu 2010, a.a.O., S. 73–93, hier S. 91.

14 Bourdieu 1982, a.a.O., S. 594.

»außerordentliche[n] *Realismus*«[15] vor, also eher Genügsamkeit als revolutionäre Anwandlungen.

Den in Algerien entwickelten Gedanken, dass es ein Minimum an Zugriffsmöglichkeiten braucht, um das Unmögliche zu wollen – oder überhaupt politisch aktiv zu werden –, griff Bourdieu dann später in den 1990er Jahren in seiner Kritik am Neoliberalismus wieder auf. Bourdieu zufolge bestand die »neoliberale Offensive« nicht nur in Privatisierungspolitiken und einer Deregulierung der Arbeitsmärkte. Er sah im Neoliberalismus auch eine Politik der Verunsicherung, die den Menschen ihre Optionen auf die Zukunft raubt. Und ohne Zukunftsperspektive keine Kraft für Widerstand. Von seinen Artikeln zur politischen Debatte war vielleicht jener der einflussreichste, der den Titel »Prekarität ist überall«[16] trägt. Auf einen Vortrag von 1997 zurückgehend, beschreibt der Text die zunehmende Unsicherheit in Sachen Arbeitsvertrag und Lebensplanung als Effekt gewollter Maßnahmen, um die Arbeitnehmer*innen »zur Hinnahme ihrer Ausbeutung zu zwingen«[17]. Prekarität, diese systematische und verallgemeinerte Verunsicherung, ist demnach »Teil einer neuartigen Herrschaftsform«[18]. Nicht nur mit dieser Diagnose benannte Bourdieu auch einen Trend, der die Entwicklung der westlichen Gegenwartsgesellschaften der folgenden Jahre bestimmen sollte.

Als einige Reden und Aufsätze gegen den Neoliberalismus 1998 unter dem Titel *Contre-feux* – als *Gegenfeuer*[19] im gleichen Jahr auch auf Deutsch – erschienen, rief die französische Wochenzeitschrift *Le Nouvel Observateur* gar »La Bourdieuma-

---

15 Bourdieu 1982, a.a.O., S. 597.

16 Pierre Bourdieu: »Prekarität ist überall«. [1997] In: Ders.: *Gegenfeuer. Wortmeldungen im Dienste des Widerstands gegen die neoliberale Invasion.* Konstanz: Universitätsverlag 1998, S. 96–102.

17 Ebd., S. 100.

18 Ebd.

19 Pierre Bourdieu: *Gegenfeuer. Wortmeldungen im Dienste des Widerstands gegen die neoliberale Invasion.* Konstanz: Universitätsverlag 1998.

nia« aus.[20] Der Autor der Besprechung war der Soziologe Didier Eribon. Seit Ende der 1970er Jahre mit Bourdieu befreundet, brachte Eribon knapp zwei Jahrzehnte nach seinem Artikel mit seinem autobiografisch geprägten Buch *Rückkehr nach Reims*[21] Bourdieus Theorie wieder in die Diskussion. Da war die Bourdieumania längst abgeklungen. In Zeiten der technologischen und kulturellen »Beschleunigung« schien ein Denker, der es vor allem auf die Stabilität und Behäbigkeit des Sozialen abgesehen hatte, wenig attraktiv. Eribon aber konnte offenbar noch einmal plausibel machen, wie tiefgreifend und wie langwierig die Effekte der sozialen Herkunft sind. Auch wenn Bourdieu selbst, noch mehr als Eribon, mit seinem eigenen sozialen Aufstieg aus der ländlich geprägten Provinz Beárn bis ans Collége de France, also an die Spitze des französischen Bildungssystems, eine Ausnahme der beschriebenen Regeln verkörpert.

Dass die sozialen Verhältnisse trotz allem nicht in Stein gemeißelt, also nicht unveränderbar sind, darum drehte sich Bourdieus gesamte Arbeit. Hier folgte er dem Impetus aller kritischen Gesellschaftstheorien: Nichts von dem, was wir im Sozialen vorfinden, ist naturgegeben. Alles ist Ergebnis historischer Praxis und deshalb ist auch eine andere Welt möglich. Bourdieu gehörte – neben anderen Intellektuellen wie Antonio Negri und Michael Hardt, Saskia Sassen, Susan George, Subcomandante Marcos, John Holloway u.a. – sicherlich zu den Stichwortgeber*innen der globalisierungskritischen Bewegungen um die Jahrtausendwende. Er setzte sich für eine Internationalisierung der Gewerkschaftsbewegung ein und plädierte für einen »kämpferischen Syndikalismus«[22]. Zugleich setzte er aber auch auf eine Stärkung dessen, was er die »linke

---

20 Didier Eribon: »Le Bourdieumania«. In: *Le Nouvel Observateur*, 14.-20. Mai 1998, S. 66.

21 Didier Eribon: *Rückkehr nach Reims.* [2009] Berlin: Suhrkamp Verlag 2016.

22 Pierre Bourdieu: »Für eine europäische soziale Bewegung«. In: Ders.:

Hand des Staates«[23] nannte. Damit ist jener Teil der politischen Apparate gemeint, in dem sich die Errungenschaften der sozialen Bewegungen wie etwa die Sozialgesetzgebungen manifestieren. Gerade der Sozial- und Bildungsbereich, der die »linke Hand des Staates« ausmacht, ist im Rahmen der neoliberalen Umstrukturierungen nach wie vor starken Angriffen ausgesetzt.

Allerdings gab es auch Kritik an Bourdieus Positionen: Vielen schien seine Orientierung am keynesianischen Sozialstaat zu reformistisch. Der Staat war ihm schließlich nicht nur das letzte Bollwerk gegen marktradikale Technokratie und Finanzwirtschaft. Im Staat sah er auch grundsätzlich einen Ort, an dem sich gesellschaftliche Errungenschaften wie etwa Arbeitsrechte, Sozialversicherungen usw. ablagern. Das sahen nicht nur die Linksradikalen anders. Es passte letztlich auch nicht ganz zu Bourdieus eigener Theorie. Erst postum sind seine Vorlesung *Über den Staat*[24] erschienen, die er zwischen 1989 und 1992 gehalten hatte. Darin beschreibt er die Entstehung des modernen Nationalstaates ausführlich. Der Staat, heißt es da, »strukturiert die soziale Ordnung als solche – den Stundenplan, das Zeitbudget, unsere Terminkalender«. Und das war keineswegs anerkennend gemeint. Mit der Herausbildung der modernen Gesellschaften mit ihren unterschiedlichen – soziologisch ausgedrückt: funktional differenzierten – Spezialbereichen wie etwa Ökonomie, Kultur, Sport, Recht usw. wird der Staat so etwas wie eine Meta-Macht. Bourdieu nennt ihn die »Zentralbank des symbolischen Kapitals«[25]. Der Staat beglaubigt sozusagen die Gültigkeit aller Währungen, die in den Spezialbereichen – bei

---

Gegenfeuer 2. Für eine europäische soziale Bewegung. Konstanz: UVK 2001b, a.a.O., S. 14–26, hier S. 19.

23 Pierre Bourdieu: »Die rechte und die linke Hand des Staates« [1991]. In: Bourdieu 1998, a.a.O., S. 12–21.

24 Pierre Bourdieu: *Über den Staat. Vorlesungen am Collège de France 1989–1992*. Berlin: Suhrkamp Verlag 2014.

25 Ebd., S. 381.

Bourdieu »Felder« genannt – im Umlauf sind: Er rettet im Zweifel nicht nur richtige Banken, sondern garantiert auch, dass Ehen gültig sind, wann die Ferien beginnen, dass Kunst zugleich mit öffentlichen Geldern gefördert und vor politischen Einmischungen geschützt wird und dass es einheitliche Papiergrößen gibt.

Politisch kritisiert wurde auch Bourdieus Umgang mit Geschlechterverhältnissen. Hatte er sie lange Zeit eher, na ja, stiefmütterlich behandelt, legte er mit *Die männliche Herrschaft*[26] eine grundlegende Analyse vor. Selbst die scheinbar harmlosen Gegensätze, die wir zur Beschreibung der Wirklichkeit benutzen (hoch – tief, oben – unten, hell – dunkel, etc.), sind, so Bourdieu, geschlechtlich aufgeladen und hierarchisch geordnet. Kritisiert wurden daran weniger die Erkenntnisse an sich. Vielmehr richtete sich die Kritik darauf, dass Bourdieu die männliche Herrschaft selbst reproduziere: Denn auf feministische Forschungen, die sich schon Jahrzehnte lang mit dem Zusammenhang von Sprache und Sozialem befasst hatten, geht Bourdieu in seinem Buch kaum bis gar nicht ein.

Außerdem legte Bourdieu wie schon beim Proletariat auch in Bezug auf die Frauen den Schwerpunkt seiner Forschungen auf Komplizenschaft und Beteiligung. Und nicht etwa auf Widerstand. Wieder wurde ihm deshalb Determinismus nachgesagt. Wie selbst das, was verkörpert und habitualisiert ist, den herrschenden Normen »widersteht und sie durcheinanderbringt«[27], kritisierte etwa die Philosophin Judith Butler, könne mit Bourdieu nicht verstanden werden.

In Bezug auf die Frage widerständigen Handelns besteht die Errungenschaft von Bourdieus Sozialkritik aber wohl darin, nicht wie selbstverständlich davon auszugehen, dass die Unterdrückten stets aufbegehren und den Aufstand proben. Vielmehr

---

26 Pierre Bourdieu: *Die männliche Herrschaft*. Frankfurt am Main: Suhrkamp Verlag 2005b.

27 Judith Butler: *Haß spricht. Zur Politik des Performativen*. Frankfurt am Main: Suhrkamp Verlag 2006, S. 222.

richtet er den Blick darauf, dass und wie sie sich allzu oft auch beteiligen lassen, kooptiert werden und selbst noch etwas von der Herrschaft haben. Im Anschluss an Ludwig Wittgenstein benutzte Bourdieu häufig die Metapher des Spiels, um zu verdeutlichen, worum es ihm ging: Wer ein Feld, sei es die Kunst oder das Recht, betritt, beginnt in ein Spiel zu investieren, dessen Regeln er oder sie bei Androhung des Ausschlusses zunächst nicht in Frage stellen darf. Je mehr aber investiert wird, je höher die Einsätze werden, desto größer wird auch die Wahrscheinlichkeit, Gewinne wie Anerkennung, Prestige und nicht zuletzt Geld zu erzielen. Und je mehr Einsatz und Gewinn, desto größer auch die Bindung an das Spiel und seine Regeln. Und zwar auf allen Ebenen des Sozialen, nicht nur ganz oben.

Letztlich handelt es sich bei Bourdieus Ansatz immer um den impliziten Aufruf zum genaueren Hinschauen. Die Infragestellung des Selbstverständlichen war sein Programm. Dieser Appell mündete bei Bourdieu selbst in eine stets skeptische, aber deshalb nicht unbedingt weniger radikale politische Haltung.

Wie stabil die Herrschaftsverhältnisse sind, hängt nach Bourdieu von sozialen Kämpfen ab. Diese spielen sich nicht bloß auf den Barrikaden ab, sondern sie durchziehen alle Bereiche des Sozialen. Durch Kämpfe entsteht Veränderung. Aber auch Stabilität ist Effekt von Kämpfen. In jedem Feld wird um spezifische Formen von Anerkennung, Prestige und Legitimation gekämpft. Was in der Kunst als erstrebens- und als lobenswert gilt, hat im Sport oder im Recht möglicherweise keinerlei Bedeutung und umgekehrt. Sozialer Aufstieg ist von den ganz besonderen skills und tools abhängig, die im jeweiligen Feld erforderlich sind. Bourdieus Arbeiten erlauben es, stellte die Cultural Studies-Theoretikerin Angela McRobbie heraus, einen Prozess zu verstehen, der »Subjekte so formt und umformt, dass sie den Bedürfnissen des [...] Feldes entsprechen«[28].

---

28 Angela McRobbie: *Top Girls. Feminismus und der Aufstieg des neo-*

Deshalb können auch Machtverhältnisse nur begriffen werden, wie Bourdieu immer wieder betonte, wenn die besonderen Methoden der Kämpfe und die Kampfeinsätze im jeweiligen Feld in den Blick genommen werden.

Andreas Reckwitz, der eingangs schon zitierte Star-Soziologe, hatte einst vorgeschlagen, den Feldbegriff Bourdieus weiterzuverwenden, allerdings »ohne dessen Konnotation eines ›Kampffeldes‹«[29] zu benutzen. Bourdieus Sozialtheorie ohne den Kampfbegriff denken zu wollen, käme allerdings in etwa dem Versuch gleich, Kapitalismus ohne Wettbewerb und Welthandel ohne Containerfrachtschiffe zu analysieren: Zentrale Motivationen und Mittel der Dynamisierung werden dabei ausgeklammert. Und nicht zuletzt depolitisiert die Ausklammerung des Kampfbegriffes auch die Theorie. Denn es wird eben das unsichtbar gemacht, was im Zentrum von Bourdieus gesamten Schaffen stand: die Macht- und Herrschaftsverhältnisse.

---

liberalen Geschlechterregimes. Wiesbaden: Springer/ Verlag für Sozialwissenschaften 2012, S. 183.

29 Andreas Reckwitz: *Das hybride Subjekt. Eine Theorie der Subjektkulturen von der bürgerlichen Moderne zur Postmoderne*. Weilerswist: Verlag Velbrück Wissenschaft 2006, S. 51.

»... vielleicht ein anarchistischer Zug«

Anmerkungen zum Verhältnis von Affirmation und Kritik im Staatsverständnis Pierre Bourdieus

Als der Soziologe Pierre Bourdieu sich in den 1990er Jahren gegen die Deregulierung des Arbeitsmarktes und gegen die Privatisierungen staatlicher Betriebe engagierte, war ihm eines sehr bewusst: Im Kampf gegen den Neoliberalismus begab er sich als kritischer Intellektueller in eine paradoxe Situation. Das Paradox bestand laut Bourdieu darin, dazu gezwungen zu sein, »Dinge zu verteidigen, die man eigentlich verändern möchte, etwa den Nationalstaat«[30]. Bourdieu nahm folglich eine notgedrungen ambivalente Haltung dem Staat gegenüber ein. Diese Ambivalenz steigerte sich zu einer regelrechten Spannung, blickt man weiter in die theoretischen Ausführungen, die Bourdieu dem Staat gewidmet hat. Versammelt sind sie in den Vorlesungen, die Bourdieu zwischen 1989 und 1992 am Collège de France in Paris gehalten hat und die seit 2014 auch auf Deutsch vorliegen. Während die theoretischen Ausführungen häufig explizit anarchistische Tendenzen aufweisen, blieb Bourdieu in seinem politischen Engagement vor allem ein linker Sozialdemokrat. Um die Spannung zwischen diesen Positionen geht es in diesem Beitrag.

Staat als Herberge sozialer Errungenschaften

Bourdieu war Theoretiker sozialer Ungleichheit und empirischer Sozialforscher, Ethnologe im kolonialen Algerien, Bildungs-, Lebensstil- und Kunstsoziologe. Nicht zuletzt war er auch ein an kollektiver Arbeit orientierter, kritischer Intellektueller. In all diesen

30 Pierre Bourdieu: »Für eine engagierte Wissenschaft« [1999]. In: Bourdieu 2001b, a.a.O., S. 34–42, hier S. 39.

Tätigkeitsbereichen hat er sich immer wieder auch dem Staat gewidmet. Eine Beschäftigung, die mit seinen Vorlesungen zum Thema ebenso wie mit seinem verstärkten politischen Engagement zu Beginn der 1990er Jahre mehr und mehr in den Vordergrund rückt.

Bourdieus Reden und Aufsätze gegen die »neoliberale Offensive« sind in zwei schmalen Bändchen mit den Titeln *Gegenfeuer* und *Gegenfeuer 2* versammelt. Hier finden sich im Wesentlichen auch jene Verteidigungsappelle im Hinblick auf den Nationalstaat, die ihm zugleich so wichtig wie problematisch erschienen. In *Gegenfeuer 2* etwa wird der Rückzug des Staates am Beispiel der USA ausgeführt und beklagt: »Der Staat hat sich aus allen wirtschaftlichen Bereichen zurückgezogen, ihm gehörende Unternehmen verkauft, *öffentliche Güter* wie Gesundheit, Wohnen, Sicherheit, Erziehung und Kultur – Bücher, Filme, Fernsehen und Radio – *in Handelsgüter und deren Nutzer in Kunden verwandelt*, die ›öffentlichen Dienste‹ an den privaten Sektor verpfändet und auf seine Macht verzichtet, die Ungleichheit zurückzudrängen (die sich nun maßlos verschärft) […]«[31]. Bourdieu beklagt hier den Umbau des Wohlfahrtsstaates zu einem Instrument, das bloß noch die Marktfreiheit garantieren soll. Diese Umgestaltung des Staates geht demnach mit der schwindenden Möglichkeit einher, durch ihn und mit ihm die soziale Ungleichheit zu verringern. Bourdieu nahm es daher auch insbesondere den sozialdemokratischen Parteien übel, diesen neoliberalen Um- bzw. Abbau des Staates betrieben zu haben.

Denn der Staat bei Bourdieu ist nicht bloß Apparat der Unterdrückung und Garant der Ausbeutung. Er ist auch ein potenzieller Akteur emanzipatorischer Veränderungen, nämlich der Verminderung sozialer Ungleichheit. Bei einem Vortrag vor Gewerkschafter*innen sagte er 1996: »[D]er Staat ist durchaus

---

[31] Pierre Bourdieu: »Die Durchsetzung des amerikanischen Modells und ihre Folgen« [1999]. In: Bourdieu 2001b, a.a.O., S. 27–33, hier S. 30.

zweigesichtig. Es wäre zu einfach, ihn allein als Werkzeug im Dienste der Herrschenden zu begreifen. Sicher ist der Staat nie ganz neutral, völlig unabhängig von den Herrschenden, aber er besitzt doch eine gewisse Autonomie, die um so größer wird, je älter, je mächtiger er ist, je mehr seine Institutionen gesellschaftliche Eroberungen beherbergen«[32]. Ein Verständnis des Staates als Herberge für soziale Errungenschaften zielt auf all die Effekte von sozialen Kämpfen, die in Gesetze gegossen wurden: Rechte für Minderheiten, Verbot der Ungleichbezahlung von Frauen und Männern, Umweltschutzmaßnahmen usw. usf. Die Zweigesichtigkeit des Staates hat Bourdieu auch mit einer anderen Körpermetapher beschrieben: Er spricht von der »linken Hand des Staates«[33], personifiziert in Lehrer*innen, Sozialarbeiter*innen u.v.a., die vor allem die Spuren sozialer Kämpfe bewahrt. Die »rechte Hand« hingegen ist unternehmerfreundlich und sicherheitspolitisch ausgerichtet. Dementsprechend ist der Staat nach Bourdieu auch kein homogener Block, sondern eher ein Kräftefeld, in dem verschiedene Positionen miteinander in Konflikt stehen.

Staat als Zentralbank symbolischen Kapitals

Auch in den theoretischen Schriften Bourdieus taucht der Staat als Ort von Kräfteverhältnissen auf. Hier ist Bourdieu allerdings wesentlich weniger emphatisch gestimmt als in seinen globalisierungskritischen Texten. »Wenn es um den Staat geht«, schreibt er einmal geradezu proto-anarchistisch, »kann man gar nicht genug zweifeln«[34]. In den besagten Vorlesungen macht er den anarchistischen Esprit seiner Herangehensweise explizit: »Ich möchte Sie in

---

32 Pierre Bourdieu: »Der Mythos ›Globalisierung‹ und der europäische Sozialstaat« [1996]. In: Bourdieu 1998, a.a.O., S. 39–52, hier S. 43.

33 Pierre Bourdieu: »Keine wirkliche Demokratie ohne wahre kritische Gegenmacht« [1991]. In: Bourdieu 2005a, a.a.O., S. 149–160, hier S. 150.

34 Pierre Bourdieu: »Staatsgeist. Genese und Struktur des bürokrati-

Erstaunen darüber versetzen«, heißt es da, »daß es so viel Ordnung gibt – vielleicht ist es ein anarchistischer Zug, der mich so denken läßt«[35]. Das Hauptanliegen Bourdieus ist es, aufzuzeigen, wie sehr die allgemeinen Muster des Denkens und des Wahrnehmens staatlich geprägt sind. Diese staatliche Prägung zeichnet Bourdieu an verschiedenen Beispielen nach, die von der zunehmenden Akzeptanz einer vereinheitlichten Orthographie bis zur stets gesteigerten Wahrnehmung kollektiver Gemeinsamkeiten in den Kategorien des Nationalstaates (anstatt über das Dorf, den Clan oder die Klasse) reichen. Darin, dass die »Vereinheitlichung der Codes«[36] so umfassend ist, nach denen die Realität staatlich wahrgenommen wird, liegt auch der Grund für den Aufruf zum radikalen Zweifel.

Um über Politik im Sinne der Gestaltung und Formierung des Lebens aller nachdenken zu können, müssten also zunächst einmal diese Denk- und Wahrnehmungsweisen entstaatlicht werden. Dazu muss verstanden werden, worum es sich beim Staat überhaupt handelt. Die allgemeinen Arten und Weisen, zu denken und wahrzunehmen, beschreibt Bourdieu mit dem Begriff des Symbolischen. »Symbolisch« ist hier nicht das Gegenteil von »real«, sondern beschreibt unhinterfragte Muster, die besonders real wirken, indem sie unbewusst bleiben. In einer von verschiedenen Definitionen beschreibt Bourdieu den Staat nun als »Zentralbank des symbolischen Kapitals«[37]. Der Kapitalbegriff beschreibt bei Bourdieu Zugang zu Ressourcen in jeglicher Hinsicht, er unterscheidet neben dem ökonomischen noch das soziale, das kulturelle und das symbolische Kapital. In der Entstehung des modernen Staates konzentrieren sich in der Sicht Bourdieus auch das symbolische Kapital und die symbolische Macht. Das symbolische Kapital

schen Felds«. In: Ders.: *Praktische Vernunft. Zur Theorie des Handelns.* Frankfurt am Main: Suhrkamp Verlag 1998, S. 93–157, hier S. 93.

35 Bourdieu 2014, a.a.O., S. 295.

36 Ebd., S. 254.

37 Ebd., S. 381.

häuft sich durch spezifische Formen des Wahrgenommenwerdens an, die Legitimität schaffen: Reich an symbolischen Kapital ist jemand, der/die sprichwörtlich über Ansehen verfügt, der/die also Reputation und Prestige sein/ihr Eigen nennen kann und deren/dessen Aussagen deshalb geglaubt werden. Die symbolische Macht ist diejenige, die das Einheben von Steuern akzeptabel und anerkennenswert macht (und etwa dafür sorgt, dass es von der mafiösen Schutzgelderpressung unterschieden wird). Die Konzentration symbolischer Macht hat demnach erst die Anerkennung des Staates hergestellt und die Legitimität der Herrschaft gesichert, bevor Steuern erhoben und Kriege geführt werden konnten. Dafür hätten im Übrigen weder die marxistischen Staatstheoretiker*innen noch Soziologen wie Max Weber oder Norbert Elias ein Gespür bzw. Begriffe gehabt.

Den Staat als »Zentralbank symbolischen Kapitals« zu verstehen, bezieht sich aber nicht nur auf seine historische Entstehung, die Bourdieu nachzeichnet. Auch in der Gegenwart fungiert der Staat als eine solche Zentralbank, als eine Art Letztinstanz der Anerkennung und Legitimität. Nicht nur in Bezug auf Steuern: Er verleiht Bildungstitel, erklärt Beziehungen für legitim, regelt Papiergrößen usw. usf. Er setzt also Entscheidungen in so unterschiedlichen Bereichen wie dem Eherecht, der Rechtschreibung, dem Arbeitsmarkt, der Asylgesetzgebung etc. durch. Kurz, die symbolische Macht wird im Staat – wohlgemerkt nicht widerstandslos, sondern als Ergebnis historischer und aktueller Kämpfe – monopolisiert und zentralisiert.

Herrschaft als Integration

Mit vielen neueren marxistischen Ansätzen – mehr noch als mit anarchistischen – teilt Bourdieu hingegen die Abgrenzung von gängigen politikwissenschaftlichen Auffassungen über den Staat. Auch wenn selbst in den Vorlesungen der Staat manchmal als Akteur erscheint: Im Prinzip weist Bourdieu ein Verständnis des Staates als handelndes Subjekt (etwa in Formen eines Verwaltungsapparates) ebenso zurück wie eines vom Staat als Gemeinschaft (verstanden als einander irgendwie ähnliche Personen auf einem Territorium). Nicht die Leute, die zufällig ein willkürlich begrenztes Gebiet bewohnen, erschaffen sich einen Apparat. Stattdessen schaffen die Apparate sie als Menschen, die gegenseitig von einander annehmen, etwas gemeinsam zu haben. Aber Apparat ist schon das falsche Wort, denn Bourdieu wird nicht müde zu betonen, dass es ihm nicht um mechanische Reproduktionen – wie er sie in Louis Althussers Begriff der »Staatsapparate« konzipiert sah –, sondern um widersprüchliche Praktiken konkreter Menschen geht. Er habe sich also gefragt, »wer die handelnden Akteure waren«[38], die zur Entstehung komplexer Regelsysteme auf ihre je spezifische Weise beigetragen haben.

Die relativ autonom funktionierenden Regelsysteme innerhalb eines sozialen Raumes hat Bourdieu Felder genannt. Zeitgleich mit der modernen Ausdifferenzierung von juridischen, religiösen, kulturellen u.a. Feldern entsteht also der Staat, der als eine Art übergeordneter Garant für die Gültigkeit der Regeln und die Legitimität der Ordnung in den jeweiligen Feldern fungiert. Im Staat konzentriert sich die Benennungsmacht, in der alle partikularen Perspektiven sich gewissermaßen auf eine universell anerkannte einigen – und damit auf den Wert der eigenen verzichten. Der Staat tritt als Meta-Legitimator auf, an den alle anderen (feldspezifischen) Legitimationsinstanzen ihre Macht abtreten. Dazu notiert Bourdieu: »Wer ein paar anarchistische Neigungen hat, mag erstaunt sein, dass die Leute auf dieses Recht, zu beurteilen und sich zu beurteilen, verzichtet haben«[39]. Das Recht zur legitimen Beurteilung wird abgetreten, es wird delegiert. Aber warum wird diese Delegation so breit akzeptiert? Dem Erstaunen darüber ist allerdings nicht mit den herkömmlichen, im Anarchismus

38 Ebd., S. 43.
39 Ebd., S. 128.

sehr präsenten Repressionsthesen beizukommen. Denn gerade das kann Bourdieu überzeugend zeigen: Es ist keine direkte physische Gewalt notwendig, nicht einmal deren Androhung, um solchen Verzicht hervorzurufen und zu gewährleisten. Es sind nicht in erster Linie die unterdrückerischen, gewaltsamen Mittel des Staates, die die Menschen zur Akzeptanz seiner Macht und zum Mitmachen im gesellschaftlichen Geschehen zwingen. Vielmehr sind es die spezifischen symbolischen Profite, die nahezu auf jeder Ebene des Sozialen zu machen sind, die die Einzelnen an das Funktionieren sozialer Abläufe binden.

Der Staat ist also demnach kein Unterdrückungs- und Repressionsmonster, sondern ein Kräfteverhältnis, in dem immer auch um Übereinstimmung und Einbeziehung gerungen wird. Kräfteverhältnisse versteht Bourdieu als Kapitalverhältnisse, d.h. in ihnen kommt die jeweilige Akkumulation ökonomischen, kulturellen und sozialen Kapitals gewissermaßen praktisch zur Anwendung. Mit dem Fokus auf Kräfteverhältnisse knüpft Bourdieu zwar implizit an die marxistische Tradition von Antonio Gramsci an, der den Begriff in den *Gefängnisheften* bereits verwendet.[40] Auch der an Gramsci anschließende Staatstheoretiker Nicos Poulantzas spricht vom Staat als »Verdichtung von Kräfteverhältnissen«[41]. Explizit grenzt Bourdieu sich aber von der marxistischen Staatstheorie ab.[42] Während Bourdieu gegenüber den strukturalistischen Ansätzen die Materialität der Kräfteverhältnisse hervorhebt,

---

40 Vgl. Antonio Gramsci: *Gefängnishefte*, Bd. 7, 12.-15. Heft. Hamburg: Argument Verlag 2012, S. 1573.

41 Nicos Poulantzas: *Staatstheorie. Politischer Überbau, Ideologie, Autoritärer Etatismus.* [1978] Hamburg: VSA 2002, S. 167.

42 Bourdieu grenzt sich in seinen Vorlesungen stark von marxistischen Staatstheorien ab, was rückblickend sicherlich auch historisiert und vor dem Hintergrund der damaligen Dominanz solcher Ansätze in den Sozialwissenschaften betrachtet werden muss. Eine nähere Auseinandersetzung mit den – ohne Zweifel bestehenden – Gemeinsamkeiten der staatstheoretischen Ansätze von Antonio Gramsci, Ralph Miliband, Nicos Poulantzas u.a. mit jenen Bourdieus steht sicherlich noch aus.

betont er gegenüber den marxistischen Ansätzen die Ebene der Sinn- und Bedeutungsgebung. »Wären die Kräfteverhältnisse nur physische, militärische oder selbst ökonomische Kräfteverhältnisse, so wären sie wahrscheinlich unendlich brüchiger und leichter umzustürzen«[43]. Für Bourdieu sind die Kräfteverhältnisse »untrennbar von Sinn- und Kommunikationsverhältnissen; der Beherrschte ist auch jemand, der erkennt und anerkennt«. Ein Mittel der Erzeugung von Anerkennung und Konsens ist die Integration: Bourdieu beschreibt sie an verschiedenen Beispielen in all ihren Facetten als Einbeziehen, Eingliedern, Vereinnahmen. Es sei seine »Zentralthese«, dass Integration »die Bedingung von Herrschaft ist«[44]. Für ein Verständnis dafür, wie Herrschaft wirkt, ist dieser Gedanke in der Tat sehr wichtig. Das bedeutet nicht, dass Gewalt bei ihrer Durchsetzung und Ausübung keine Rolle spielen würde, aber, so Bourdieu: »Unterwerfung und Enteignung stehen der Integration nicht antagonistisch gegenüber, sondern setzen Integration voraus«[45].

Staat als Stütze und kämpferischer Syndikalismus

Weil der Staat laut Bourdieu die Wahrnehmungsweisen durchsetzt, die ihm selbst entsprechen, ist er auch nicht leicht zu bekämpfen. Die staatliche Prägung des Denkens und Wahrnehmens sah Bourdieu als dermaßen grundlegend an, dass sogar die Gegner*innen des Staates sie kaum hinterfragen würden. Er kenne »keinen Anarchisten«, schreibt er zum Beispiel, »der nicht die Uhr umstellt, wenn wir zur Sommerzeit übergehen, der nicht ein ganzes Bündel von Dingen als selbstverständlich akzeptiert, die letztlich auf die Staatsmacht verweisen«[46]. Dass die staatliche Regulierung

---

43 Bourdieu 2014, a.a.O., S. 289f.
44 Ebd., S. 391.
45 Ebd., S. 401.
46 Ebd., S. 26.

sozialer Beziehungen in Form von Ehe und Staatsbürger*innschaft im Alltag ebenso selten hinterfragt wird wie die staatlich geregelten Papiergrößen und Sommerferienzeiten, ist für Bourdieu Ausdruck dieser Akzeptanz. Auch Bourdieu selbst war schließlich mit seinen Appellen zur Stärkung der »linken Hand des Staates« nicht frei davon, diese historisch erzeugte Selbstverständlichkeit zu akzeptieren.

Er war aber auch nicht fatalistisch. Er hielt Zeit seines Lebens an der Möglichkeit fundamentalen sozialen Wandels fest. Für grundlegende Veränderung bedarf es, wie es in *Gegenfeuer 2* heißt, auch nicht in erster Linie eines Staates zur Durchsetzung bestimmter Politiken. Die Sozialgeschichte lehre uns, so Bourdieu, »dass es keine Sozialpolitik ohne eine soziale Bewegung zu deren Durchsetzung gibt«[47]. Dennoch müssten sich die sozialen Bewegungen sowohl auf die Gewerkschaften als auch »auf den Staat stützen«[48], allerdings indem sie beide dabei auch veränderten. Bourdieu sprach sich für einen »kämpferischen Syndikalismus«[49] einer internationalistischen, antiautoritären, europäischen Gewerkschaftsbewegung aus. Zu deren Entfaltung brauche es nicht nur organisatorischen Aufwand, sondern auch einen »Sinneswandel« bezüglich der Politik schlechthin. So gilt wohl für jede emanzipatorische Bewegung, was Bourdieu für diese europäische Gewerkschaftsbewegung konstatiert hatte: Sie muss gewissermaßen immer wieder »noch erfunden werden«[50].

Bourdieu hat mit seinen Überlegungen nicht nur die sozialwissenschaftliche Staatstheorie bereichert, sondern auch die globalisierungskritischen Bewegungen der 1990er und 2000er Jahre

---

47 Pierre Bourdieu: »Für eine europäische soziale Bewegung« [1999]. In: Bourdieu 2001b, a.a.O., S. 14–26, hier S. 18.

48 Pierre Bourdieu: »Gegen die Politik der Entpolitisierung: Die Ziele der europäischen Sozialbewegung« [2000]. In: Bourdieu 2001b, a.a.O., S. 62–79, hier S. 68.

49 Pierre Bourdieu: »Für eine europäische soziale Bewegung« [1999]. In: Bourdieu 2001b, a.a.O., S. 14–26, hier S. 19.

50 Ebd., S. 20.

inspiriert. Er selbst hat seine staatstheoretischen Überlegungen angesichts seines plötzlichen Todes 2002 ebenso wenig fortsetzen können wie sein politisches Engagement. Eine Verknüpfung seiner Herangehensweise mit den staatstheoretischen Ansätzen innerhalb des Marxismus steht, wie gesagt, noch aus.

2
Die koloniale Erfahrung

Dekolonisierung des Denkens

Engagement und Distanz in Pierre Bourdieus *Algerische(n) Skizzen*

Lange bevor er zu einem der meist zitierten Soziologen der Gegenwart wurde, forschte Pierre Bourdieu als Ethnologe in Algerien. Das war Ende der 1950er Jahre und in keinerlei Hinsicht ein Pappenstiel: Es herrschte Krieg, seit 1954 kämpfte die antikoloniale Bewegung unter der Führung des Front National de la Libération (FLN) gegen die Kolonialmacht Frankreich. Als französischer Soldat war Bourdieu 1955 überhaupt erst nach Algerien gekommen, erste Feldforschungen begann er 1958. Von Beginn an gegen die Kolonialpolitik eingestellt, war er als französischer Forscher einer in mehrfacher Hinsicht heiklen Situation ausgesetzt.

Die in Algerien entstandenen und einige der später zur Situation in Algerien verfassten Texte Bourdieus finden sich mittlerweile in einem Band versammelt.[1] Bourdieu musste das Land 1961 verlassen, bezog sich im Laufe seiner Karriere als Sozialforscher aber immer wieder auf die koloniale Erfahrung in Algerien. Bei diesen Bezugnahmen ging es nicht nur um die Situation der verarmten Landbevölkerung, um die besonderen Lebensweisen der Kabylen oder um die Folgen der kolonialen Umsiedlungspolitik. In den Schriften zu Algerien findet sich weit mehr als solche konkreten Forschungsergebnisse. Der Titel *Algerische Skizzen* ist insofern auch schön gewählt, denn es handelt sich tatsächlich auch um Vorstudien: Bourdieus gesamte Sozialtheorie hat hier ihre Grundlegung erfahren, inklusive ihres Verhältnisses zum politischen Engagement. Der Band bedient also nicht nur das Interesse für die französische Kolonialgeschichte. Und er bietet wesentlich mehr als nur

1 Bourdieu 2010, a.a.O.

Anschauungsmaterial einer Soziologie in so genannten Entwicklungsländern.

Nun ist es nicht so, dass Bourdieu als Ende zwanzig-, Anfang dreißigjähriger, ehemaliger Philosophielehrer bereits mit allen Begriffen souverän herumhantiert hätte, die für seine spätere Kultursoziologie so prägend wurden. Die Konzepte von Habitus, Feld und Kapital finden sich in den frühen Schriften, wenn überhaupt, nur rudimentär ausgearbeitet. Kultur als eine »spezifische Art und Weise« zu beschreiben, »die Existenz ins Auge zu fassen«[2], wie Bourdieu es in einem Text von 1959 tut, mag zunächst banal klingen. Es benennt aber schon die vorbewusste, nicht an rationalen und intentionalen Motiven ausgerichtete Dimension des Handelns. Es geht um kulturelle Muster als eine Art konstruierte innere Orientierung, die wie die Sprache von den Individuen »erlebt und agiert wird, noch bevor sie von ihnen als solche gedacht wird«[3]. Solche, vom Menschen gemachte und ihm doch nicht bewussten Prägungen beschreibt Bourdieu am Beispiel der weithin misslungenen Versuche, den Algerier*innen französische Gepflogenheiten aufzudrücken. Dabei geht es nicht nur um Essgewohnheiten oder Benimmregeln, sondern um Fragen des Umgangs mit Privateigentum und ökonomischer Rationalität. Durchaus fundamental ist Bourdieus Behauptung, die Einführung einer Wirtschaftsweise setze die »Existenz eines bestimmten Systems von Einstellungen gegenüber der Welt und gegenüber der Zeit voraus«[4]. Warum gegenüber der Zeit? Ohne Perspektive auf die Zukunft ist Sparen sinnlos und Kredit unmöglich. Die Disposition zum Kapitalismus, könnte eine Formel lauten, muss erzeugt werden. Indem er am Bei-

---

2 Pierre Bourdieu: »Der Zusammenstoß der Zivilisationen« [1959]. In: Bourdieu 2010, a.a.O., S. 73–93, hier S. 1S. 86.

3 Ebd.

4 Pierre Bourdieu: »Die traditionelle Gesellschaft: Einstellung zur Zeit und ökonomisches Verhalten« [1977]. In: Bourdieu 2010, a.a.O., S. 94–142, hier S. 94.

spiel der algerischen Landbevölkerung aufzeigt, dass ökonomisches Denken keineswegs eine anthropologische Konstante, also nicht allen Menschen gleichsam von Geburt an mitgegeben ist, kritisiert Bourdieu schon früh die dominanten Schulen der Wirtschaftstheorie, die genau dies voraussetzen. Eine Kritik an der »Naturalisierung« sozialer Prozesse übrigens, die sich in den 1990er Jahren auch in seinen publizistischen Attacken gegen die »neoliberale Offensive« (Bourdieu) wiederfindet. Im Anschluss an den großen Streik bei der französischen Bahn 1995 war Bourdieu verstärkt in der Öffentlichkeit aufgetreten, um als Intellektueller gegen Privatisierung und Deregulierung Stellung zu beziehen.

Die algerische Landbevölkerung ist politisch gesehen aber noch in ganz anderer Hinsicht beispielgebend. Bourdieu hat sich nicht nur für die katastrophalen Auswirkungen der kolonialen Politik auf die – streckenweise fast etwas glorifizierend beschriebenen – gewachsenen sozialen Zusammenhänge interessiert. Auch die Reaktionen darauf, also die Befreiungsbewegungen, standen in seinem Fokus. In zwei recht unterschiedlichen Artikeln, »Vom revolutionären Krieg zur Revolution«[5] und »Revolution in der Revolution«[6], greift er noch während des Unabhängigkeitskrieges in die Debatten unter den französischen Intellektuellen ein. Er unternahm damit Interventionen in linke Diskussionen, die Bourdieu für weitgehend substanz-, da ahnungslos hielt. Zwar habe der Krieg zu einer politischen Sensibilisierung, besonders auch unter Frauen, geführt. Daraus zu folgern, dass die am meisten von der kolonialen Repression Betroffenen sich am ehesten politisch mobilisieren ließen, hielt Bourdieu aber für einen empirisch unzulässigen und politisch gefährlichen Kurzschluss. Er richtete sich damit unter anderem gegen Jean-Paul Sartre. Dieser hatte in seinem be-

---

5 Pierre Bourdieu: »Vom revolutionären Krieg zur Revlution« [1962]. In: Bourdieu 2010, a.a.O., S. 145–156.

6 Pierre Bourdieu: »Revolution in der Revolution« [1961]. In: Bourdieu 2010, a.a.O., S. 157–190.

rühmten Vorwort zu Frantz Fanons *Die Verdammten dieser Erde* nicht nur die antikoloniale Gewalt verherrlicht, sondern auch ganz auf die »ländlichen Massen« als Wegweiser für die Revolution gesetzt. Ausgerechnet von denjenigen eine gestaltende Kraft für die Zukunft eines Landes zu erwarten, die, wie die Bäuerinnen und Bauern oder auch das städtische Subproletariat, nicht einmal die Mittel besäßen, ihre Gegenwart zu bewältigen, erscheint Bourdieu hingegen als völlig irrige Annahme. Dass ein »Minimum an Zugriff auf die Welt«[7] notwendig sei für politische Handlungsfähigkeit, auch dieses Argument taucht in den 1990er Jahren wieder auf. Bourdieu hatte es gegen die Prekarisierung der Arbeitsverhältnisse im neoliberalen Kapitalismus aufs Tapet gebracht. Die Prekarität, schreibt er 1997, ließe die Zukunft im Ungewissen und verwehre damit den Betroffenen »jede rationale Vorwegnahme der Zukunft und vor allen Dingen jenes Mindestmaß an Hoffnung und Glauben an die Zukunft, das für eine vor allem kollektive Auflehnung gegen eine noch so unerträgliche Gegenwart notwendig ist«[8].

Verstehen zu wollen, warum die Menschen wie handeln und dieses Verständnis zu vermitteln, um sie nicht zuletzt doch zu unterstützen, so könnte möglicherweise eine Antwort auf die Frage lauten, wie jemand überhaupt darauf kommt, mitten im Krieg Fragebögen zu verteilen, Interviews zu führen, Listen anzufertigen und das alles auch noch auszuwerten. Die *Algerischen Skizzen* fördern auch einen Ethnosoziologen zu Tage, der sich selbst und seine Profession gerade auf Grund der Lage, in der er sie ausübt, permanent hinterfragt. Diese Zweifel münden nicht nur in sympathische Interviewsätze wie »und alles war so kompliziert und ging weit

---

7 Bourdieu: »Der Zusammenstoß der Zivilisationen« [1959]. In: Bourdieu 2010, a.a.O., S. 91.

8 Bourdieu: »Prekarität ist überall« [1997]. In Bourdieu 1998, a.a.O., S. 97.

über meine Möglichkeiten!«[9] Es hat auch zur Begründung einer eigenen Methode geführt. Bourdieu nennt sie »teilnehmende Objektivierung«. Soziologie braucht eine Distanz zum Gegenstand, auch eine politische, und doch ein Sich-Einlassen auf die Befragten. Sich dabei auch noch selbst als Sozialwissenschaftler zu beobachten, meint nicht, beim Forschen die eigenen Befindlichkeiten zu protokollieren. Bourdieu zielt auf die Offenlegung der Bedingungen von Sozialwissenschaft überhaupt, auf die »Voraussetzungen wissenschaftlicher Objektivität«[10].

Schon 1975 hatte Bourdieu in diesem Zusammenhang die »Dekolonisation der Soziologie« [11] gefordert. Inhaltlich nahm er damit durchaus schon Aspekte jener Kritik vorweg, die von lateinamerikanischen Autor*innen wie Catherine Walsh und Walter Mignolo seit den 1990er Jahren unter dem Label der »Dekolonialistische Theorie« an der Formierung der Wissenschaften und des Wissens schlechthin geübt wurde. Insofern bietet der Band auch die Möglichkeit, Bourdieu als post- oder dekolonialen Denker zu entdecken.

---

9 Pierre Bourdieu: »Mit dem Objektiv sehen: Im Umkreis der Photographie. Ein Gespräch mit Franz Schultheis« [2001]. In: Bourdieu 2010, a.a.O., S. 469–486, hier S. 476.

10 Pierre Bourdieu: »Teilnehmende Objektivierung«. [2003]. In: Bourdieu 2010, a.a.O., S. 417–440, hier S. 420.

11 Bourdieu: »Für eine Soziologie der Soziologen« [1975]. In: Bourdieu 2010, a.a.O., S. 443–450.

Koloniale Klassifikationen

Zur Genese postkolonialer Sozialtheorie im kolonialen Algerien bei Frantz Fanon und Pierre Bourdieu

Die Gemeinsamkeiten zwischen dem Psychologen und antikolonialen Theoretiker Frantz Fanon und dem Soziologen Pierre Bourdieu scheinen sich zunächst darauf zu beschränken, dass beide in Algerien ihrer jeweiligen Arbeit nachgingen, während in der damaligen französischen Kolonie der Unabhängigkeitskrieg (1954–1962) stattfand.[12] Fanon, der noch vor Beendigung des Krieges 1961 an Leukämie starb, leitete die psychiatrische Abteilung der Klinik von Blida-Joinville, bevor er sich ab 1956 vor allem dem antikolonialen Kampf widmete und zeitweise als Sprecher der Nationalen Befreiungsfront FLN tätig war. Bourdieu war 1955 als französischer Soldat im Rahmen seines Militärdienstes nach Algerien geschickt worden und vertiefte die währenddessen begonnene ethnologische Arbeit nach Ausscheiden aus der Armee Ende 1957 u.a. durch Feldforschungen in dem vom Krieg zerrütteten Land. Er verließ Algerien 1961 und begann erst dann seine Karriere als Soziologe in Frankreich. Während Fanon sich in seinem theoretischen Schaffen vor allem auf die marxistische Gesellschaftstheorie und die Psychoanalyse stützte, gehört Marx zwar auch zu den Grundlagen der Bourdieuschen Theorie, die aber nicht weniger von Émile Durkheim, Max Weber sowie dem Strukturalismus geprägt ist.[13] Aber auch Bourdieu ließ an seiner antikolonialen Hal-

---

12 Für ihre hilf- wie kenntnisreichen Anmerkungen zu diesem Text danke ich David Mayer und Tom Waibel.

13 Zur hegel-marxistischen Grundlegung der Fanon´schen Theorie vgl. Basam Tibi: »Revolutionäre Gewalt, Gewaltlosigkeit und Dekolonisation: Fanon und Gandhi«. In: Ders.: *Internationale Politik und Entwicklungsländer-Forschung. Materialien zu einer ideologiekritischen Entwicklungssoziologie.* Frankfurt am Main: Suhrkamp 1979, S. 151–190, sowie Udo Wolter: *Das obskure Subjekt der Begierde. Frantz Fanon*

tung, die seine ethnographische Forschung und damit auch seine spätere Sozialtheorie inhaltlich und methodisch beeinflusste, keinen Zweifel.

Und mit dieser Wechselbeziehung von antikolonialer Haltung und wissenschaftlicher Arbeit beginnen vielleicht schon die Gemeinsamkeiten, denen sich dieser Text – trotz der gewichtigen und durchaus grundsätzlichen Unterschiede sowohl im theoretischen Schaffen als auch in den politischen Positionierungen – widmen wird. Das Lohnenswerte dieser Zusammenschau ergibt sich, so eine der Thesen dieses Textes, durch die Relevanz der sozialtheoretischen Ausführungen dieser beiden Autoren auch für heutige Diskurse um Postkolonialismen und postkoloniale Situationen.[14]

So lassen sich mindestens vier theoretische und methodische Parallelen zwischen Bourdieu und Fanon herausarbeiten. Erstens ist für Fanon wie für Bourdieu die koloniale Situation in Algerien eine der zentralen empirischen Grundlagen für die Entwicklung ihrer jeweiligen Theorie. Es sind also nicht nur tagespolitische und/oder zeitdiagnostische Schriften, in denen die koloniale Situation geschildert und kommentiert wird. Vielmehr dient sie als Grundlage, wird zu einer Matrix für allgemein auf gesellschaftliche Verhältnisse bzw. den sozialen Raum bezogene theoreti-

---

und die Fallstricke des Subjekts der Befreiung. Münster: Unrast Verlag 2001; zum Einfluss der Marx‹schen Praxistheorie bei Bourdieu vgl. Julia Schnegg: *Theorie der Praxis – die Feuerbachthesen von Karl Marx und die Praxeologie von Pierre Bourdieu.* Schkeudiz: Schkeudizer Buchverlag 2009.

14 Während Fanon (1926–1961) noch während der Kampfhandlungen und zudem sehr jung stirbt und ein sozialtheoretisch eher fragmentarisches Werk hinterlässt, hat Bourdieu (1930–2002) gewissermaßen doppelt so viel Zeit, die in Algerien angelegten sozialtheoretischen Ideen im Laufe seiner Karriere zu einer ausgefeilten Theorie auszuarbeiten. Trotz dieser Ungleichheit – und da die folgenden Ausführungen ohnehin nicht einer Wettbewerbslogik folgen – scheint mir die Angemessenheit einer gemeinsamen Lektüre durch den besonderen Bezug auf die im Zusammenhang mit der algerischen, kolonialen Situation entwickelten Gedanken gerechtfertigt.

sche Aussagen. Diese Zentralität des Kolonialismus war im Falle Fanons wegen dessen politischen Engagements von Anfang an offensichtlich, im Hinblick auf Bourdieu wurde sie (im deutschsprachigen Raum) vor allem nach dessen Tod 2002 verstärkt diskutiert.[15] Aus dieser Situation entsteht zweitens eine Haltung, die als wissenschaftliche Parteilichkeit zu bezeichnen wäre und die das Schaffen beider Theoretiker geprägt hat: In dem 1959 verfassten Buch *Aspekte der Algerischen Revolution*[16] beschreibt Fanon nicht nur einzelne Bereiche des durch den Befreiungskampf veränderten Alltagslebens in Algerien, sondern er lässt zudem keinen Zweifel daran, dass die Beschreibung dieser Veränderungen darauf abzielen, den »langsamen Todeskampf des Kolonialismus«[17] zu beschleunigen. Aber auch Bourdieu schreibt in eindeutiger Absicht, zumindest resümiert er im Nachhinein

---

15 Vgl. Franz Schultheis: »Initiation und Initiative. Entstehungskontext und Entstehungsmotive der Bourdieuschen Theorie der sozialen Welt«. In: Pierre Bourdieu: *Die zwei Gesichter der Arbeit. Interdependenzen von Zeit- und Wirtschaftsstrukturen am Beispiel einer Ethnologie der algerischen Übergangsgesellschaft*, Konstanz: Universitätsverlag 2000, S. 165–184; Franz Schultheis und Christine Frisinghelli (Hg.): *Pierre Bourdieu in Algerien. Zeugnisse der Entwurzelung*. Graz: Camera Austria 2003; Franz Schultheis: »Algerien 1960. Zur Genese der Bourdieuschen Theorie der gesellschaftlichen Welt«. In: Margareta Steinrücke (Hg.): *Pierre Bourdieu. Politisches Forschen, Denken und Eingreifen,* Hamburg: VSA 2004, S. 14–33; Christoph Behnke und Ulf Wuggenig: »Pierre Bourdieu und Algerien. Eine chronologische Darstellung«. In: Beatrice von Bismarck, Therese Kaufmann, Ulf Wuggenig (Hg.): *Nach Bourdieu. Visualität, Kunst, Politik*. Wien: Verlag Turia + Kant 2008, S. 101–129; Christian Kravagna: »Bourdieus Fotografie der Gleichzeitigkeit«. In: Beatrice von Bismarck, Therese Kaufmann, Ulf Wuggenig (Hg.): *Nach Bourdieu. Visualität, Kunst, Politik*. Wien: Verlag Turia + Kant 2008, S. 85–99; Nirmal Puwar: »Bourdieu postkolonial. Anmerkungen zu einem Oxymoron«. In: Beatrice von Bismarck, Therese Kaufmann, Ulf Wuggenig (Hg.): *Nach Bourdieu. Visualität, Kunst, Politik*. Wien: Verlag Turia + Kant 2008, S. 239–247.

16 Frantz Fanon: *Aspekte der Algerischen Revolution*. Frankfurt am Main: Suhrkamp Verlag 1969.

17 Ebd., S. 17.

über die 1958 erstmals veröffentlichte Studie *Sociologie de l'Algerie*, er habe Gelegenheit gehabt, ein Buch zu schreiben, in dem er »vor allem den Franzosen auf der Linken darzustellen versuchte, was hier wirklich vor sich ging, in einem Land, das sie oft völlig gleichgültig ließ [...]«[18]. Zu diskutieren wäre dann, wie sich der Zusammenhang zwischen dieser Parteilichkeit und den angewandten, wissenschaftlichen Methoden formiert und ausmachen lässt. Festzuhalten ist jedenfalls, dass sich drittens in beiden Fällen der sozialwissenschaftliche Blick, einmal ethnologisch (Bourdieu) und einmal psychologisch (Fanon), auf die alltäglichen Praktiken richtete, um aus deren Beobachtung allgemeine Aussagen über die gesellschaftlichen Verhältnisse zu gewinnen. Dabei sind beider Ansätze durch ein *Denken der Differenz* geprägt, das, ausgehend von den vielschichtigen, durch den Kolonialismus ausgelösten und/oder verstärkten Ungleichheiten, selten auf anthropologische Konstanten oder überhistorische Tatbestände rekurriert bzw. solche behauptet. Dieses Differenzdenken geht einher mit einem Verständnis gesellschaftlicher Entwicklung, das sich dynamisch und in Auseinandersetzung zwischen sozialen Kräften vollzieht. Methodisch teilen Fanon und Bourdieu insofern ein *Paradigma des Kampfes*. Inhaltlich gibt es viertens durchaus Überschneidungen in den Ergebnissen der Analyse dessen, was die kulturelle Herrschaft ausmacht, die der Kolonialismus auf die Spitze treibt. Schon in seiner vor-algerischen, 1952 veröffentlichten Studie *Peau noire, masques blancs* (*Schwarze Haut, weiße Masken*), schildert Fanon die Macht des Blicks für die Konstitution und folglich die gesellschaftliche Exekution von ethnischer Zugehörigkeit. Fragmente einer Theorie des Blicks finden sich in Fragen der Wirkungsweisen kultureller Herrschaft auch bei Bourdieu. Bedeutender noch als dieses Instrument der Herrschaft scheint jedoch die Dimension ihrer Wirkung, die beide hervorheben und der sie

18 Pierre Bourdieu: *Ein soziologischer Selbstversuch*. Frankfurt am Main: Suhrkamp Verlag 2002, S. 48.

sich ausführlich widmen: Fanon wie Bourdieu leisten eine Herrschaftsanalyse, die der *Verkörperlichung gesellschaftlicher Machtverhältnisse* eine Rolle zuweisen, die später nur von der feministischen Gesellschaftskritik noch eingeholt werden sollte und ohne die auch eine heutige, postkoloniale Kritik kultureller Herrschaft nicht auskommt.

1. »was hier wirklich vor sich ging«. Die koloniale Situation als Grundlage der Sozialtheorie

Vor allem in der deutschsprachigen und angloamerikanischen Debatte wurde Pierre Bourdieu zunächst vor allem als Klassentheoretiker und Lebensstilforscher rezipiert und nicht »als soziologischer Theoretiker des Kolonialismus, der sozialen Transformation und der Situation der ›Verdammten dieser Erde‹ in der Peripherie [...]«[19]. Dass Bourdieu aber als ein solcher Theoretiker des Kolonialismus gelten kann, belegen nicht nur seine zahlreichen Studien zur sozialen, politischen und kulturellen Situation in Algerien, beginnend mit seinem ersten Buch, einer Soziologie Algeriens (*Sociologie de l'Algerie*, Paris 1958). Denn bereits in den frühen Schriften werden ausdrücklich sowohl allgemein die »Situation der kollektiven ›Erniedrigung‹«[20], der die algerische Bevölkerung insgesamt durch den Kolonialismus ausgesetzt sei, als auch konkret die durch den Kolonialismus ausgelösten Veränderungen in den Lebensweisen einzelner Bevölkerungsgruppen benannt, beschrieben und interpretiert. Gemeinsam mit anderen Sozialforschern (Abdelmalek Sayad, Alain Darbel, Jean-Paul Rivet und Claude Seibel) führt Bourdieu eine Studie zur Situation des ehemals bäuerlichen Subproletariats durch, die aufzeigt, dass die Verstädterung der bäuerlichen Landbevölkerung als eine Folge der widersprüchlichen Modernisierung zu interpretieren ist, die das Kolonialsystem dem

19 Behnke/ Wuggenig 2008, a.a.O., S. 114.

20 Bourdieu, zit. n. Behnke/ Wuggenig 2008, a.a.O., S. 103.

Land aufgezwungen hat. In einer späteren, 1962 gemeinsam mit Sayad fertig gestellten und 1964 veröffentlichten Studie untersucht Bourdieu die im Zuge des Krieges vom französischen Militär umgesiedelten Bevölkerungsgruppen. Deren nicht bloß geografische »Entwurzelung« wird eindeutig als Resultat der Zwangsmaßnahmen der kolonialen Administration beschrieben.[21]

Über die Schilderung kolonialer Herrschaft hinausgehend, verwendete Bourdieu die konkret auf die algerischen Bevölkerungsgruppen bezogenen Arbeiten zudem immer wieder als Ausgangspunkte für theoretische Verallgemeinerungen: So diente ihm erstens das Dominanzverhältnis zwischen der französischen und der algerischen Gesellschaft stets als Folie für die Beschreibung der kulturellen Durchdringung von Zentrum und Peripherie innerhalb sozialer Räume, beispielsweise der Dominierung ländlicher Regionen und der Geschmäcker und Verhaltensweisen der dort lebenden Menschen durch die Stadt und die Städter*innen, ausgeführt in *Der Junggesellenball. Studien zum Niedergang der bäuerlichen Gesellschaft*[22]. Zweitens bearbeitet er angesichts der kolonialen Herrschaft in Algerien erstmals systematisch die Frage, die nicht nur sein sozialtheoretisches Werk prägt, sondern auch das durchaus konjunkturelle Verhältnis zwischen soziologischer Forschung und politischem Engagement Bourdieus kennzeichnete: Wie und auf welche Weise prägt kulturelle Herrschaft die Denk- und Wahrnehmungsschemata der Menschen?

So stellt er zum einen bereits in der Untersuchung des bäuerlichen Algerien, *Algérie 60. Structures économique et structures temporelles* [1977] (auf Deutsch erschienen als *Die zwei Gesichter*

---

21 Es handelt sich um die Studie »Le déracinement. La crise de l'agriculture traditionelle en Algérie«, die auf Deutsch nur in Auszügen veröffentlicht ist, in: Schultheis/Frisinghelli 2003, a.a.O.

22 Pierre Bourdieu: *Der Junggesellenball. Studien zum Niedergang der bäuerlichen Gesellschaft*, Konstanz: Universitätsverlag 2008.

der Arbeit [2000][23]) den Zusammenhang von Existenzbedingungen und Einstellungen heraus und schließt von den konkreten Forschungsergebnissen auf allgemeine Strukturierungen des Sozialen: An der Entwicklung der algerischen Übergangsgesellschaft zeige sich deutlich, was für die kapitalistische Wirtschaftsordnung überhaupt gelte, in ihrer alleinigen Betrachtung aber häufig übersehen werde, »nämlich, daß das Funktionieren jedes Wirtschaftssystems an die Existenz eines gegebenen Systems von Dispositionen gegenüber der Welt oder, um genauer zu sein, gegenüber der Zeit gebunden ist«[24]. Zentrale kapitalistische »Institutionen« wie Zins und Kredit blieben ohne ein antrainiertes, zur Disposition gewordenes Verständnis von Wertsteigerung in der Zeit unverständlich und damit auch unpraktizierbar. Zum anderen beobachtet er in den vom Kolonialregime eingerichteten Umsiedlungslagern die Erosion eines ganzen Wertesystems der »Entwurzelten«. Diese Studien einer auf Gewalt basierenden Ausnahmesituation wird sowohl Grundlage für Bourdieus (theoretische) Untersuchungen der Normalität der französischen Gesellschaft in *Die feinen Unterschiede* (1982 [1979]) wie auch für sein (politisches) Anprangern von zur Entwurzelung führenden sozialen und politischen Verhältnisse in *Das Elend der Welt* (1997 [1993]).[25]

---

23 Pierre Bourdieu: *Die zwei Gesichter der Arbeit. Interdependenzen von Zeit- und Wirtschaftsstrukturen am Beispiel einer Ethnologie der algerischen Übergangsgesellschaft.* Konstanz: Universitätsverlag 2000.

24 Ebd., S. 30.

25 Bourdieu hebt den Einfluss der Erfahrungen in Algerien für seine Sicht der Dinge auch persönlich explizit hervor: »Und nicht zuletzt bedeutete Algerien, ein Land, aus dem ich mit einer ethnologischen Erfahrung zurückkehrte, die den schwierigen Bedingungen eines Befreiungskrieges entstammte, für mich einen entscheidenden Bruch mit der gelehrten Sicht der Dinge und führte zu einer kritischen Sicht der Soziologie und der Soziologen, in der der Ethnologe den Philosophen bestärkt und vor allem auch zu einer einigermaßen entzauberten – oder realistischen – Sicht der Intellektuellen, für die in meinen Augen die algerische Frage einen wichtigen Prüfstein dargestellt hat«, Bourdieu 2002, a.a.O., S. 45f..

Die Rezeption Frantz Fanons verlief (und verläuft) äußerst widersprüchlich. Während er einerseits in den 1960er Jahren von antiimperialistisch orientierten Gruppen und Befreiungsbewegungen euphorisch aufgegriffen wurde, unter anderem weil seine Kennzeichnung der kolonialen Situation als eine strikt zweigeteilte, »manichäische Welt«[26], deren Logik stets dahin tendiert, die Kolonisierten physisch und psychisch zu entmenschlichen, sich wegen der dichotomen Beschreibung vor allem für die politische Propaganda gut eignete, gilt er andererseits seit Mitte der 1980er Jahre als einer der zentralen Bezugspunkte der poststrukturalistisch orientierten Postcolonial Studies.[27] Fanon habe gezeigt, heißt es bei-

---

[26] Frantz Fanon: *Die Verdammten dieser Erde*, Frankfurt am Main: Suhrkamp Verlag 1981, S. 34.

[27] Udo Wolter schreibt in seiner subjektkritischen Fanon-Studie, als »Initialzündung für die gesamte poststrukturalistische Fanon-Interpretation« könne Homi K. Bhabhas Essay »Remembering Fanon« (1986) gelesen werden, Wolter 2001, a.a.O., S. 198. Die Attraktivität von Fanons *Schwarze Haut, weiße Masken* ergebe sich insgesamt für eine poststrukturalistische Lesart nicht bloß durch die psychoanalytische Perspektive, so Udo Wolter außerdem, »sondern vor allem aufgrund der wichtigsten Kategorien, über die Fanon die identifizierenden Prozesse von Dominanz und Rassifizierung dort analysiert hat: Sprache, Sehen und Begehren, Körperlichkeit und Sexualität«, Wolter 2001, a.a.O., S. 30. Auch Sabine Grimm (1997) hatte schon früh – bezogen auf die deutschsprachige Konjunktur der Postcolonial Studies – auf die ambivalente Rezeption selbst innerhalb der postkolonialen Kritik hingewiesen. Sowohl befreiungsnationalistische als auch identitätskritische Aspekte, auf die sich diese Ambivalenz bezieht, ließen sich, so Grimm, in *Die Verdammten dieser Erde* tatsächlich finden, Sabine Grimm: »Postkoloniale Kritik«. In: *Die Beute. Politik und Verbrechen*, Heft 14, 2/1997, S. 48–61, hier S. 58. Innerhalb der Cultural Studies gelten Fanons Schriften ebenfalls als wegweisend und werden zugleich scharf kritisiert. So meint beispielsweise der Cultural Studies-Theoretiker Paul Gilroy, Fanons Werk sei gerade wegen seiner »dualistischen Logik« für die Analyse gegenwärtiger, kultureller Politiken »alles andere als hilfreich«, Paul Gilroy: »Der Status der Differenz«. In: Jan Engelmann (Hg.): *Die kleinen Unterschiede. Der Cultural Studies-Reader*. Frankfurt am Main: Campus Verlag 1999, S. 123–139, hier S. 139.

spielsweise beim postkolonialen Theoretiker und Literaturwissenschaftler Homi K. Bhabha mit Bezug auf sein Hauptwerk *Die Verdammten dieser Erde*, dass die Zeit der Befreiung »eine Zeit der kulturellen Ungewissheit und, wichtiger noch, der signifikatorischen oder repräsentationalen Unentscheidbarkeit«[28] sei. In den unterschiedlichen Lagern bzw. Rezeptionsphasen besteht jedenfalls kein Zweifel daran, dass es sich bei seinen Schriften um eine Theorie des Kolonialismus handelt.

Fanons erste Studie, *Schwarze Haut, weiße Masken*, die sich mit den psychischen Auswirkungen von Rassismus und Kolonialismus beschäftigt, entsteht allerdings bereits vor seinem Aufenthalt in Algerien und basiert daher vor allem auf den Erfahrungen in Frankreich selbst. Theoretische Grundlagen sind die Psychoanalyse Jacques Lacans und die marxistische Phänomenologie Jean-Paul Sartres. Dabei folgt *Schwarze Haut, weiße Masken* noch insofern der humanistischen Vision, als Fanon darin die-Teilhabe der Schwarzen im Rahmen der französischen Nation einfordert. Später wandelt sich seine politische Zielperspektive zu einer sozialistischen, aber auch antikolonial-separatistischen, und findet Bestätigung in seinen Beschreibungen der Auswirkungen rassistischer und kolonialer Unterdrückung in Algerien.

2. »auf Eurer Seite«. Parteilichkeit und sozialwissenschaftliche Praxis

Bourdieu, der als Philosoph nach Algerien kam und es als methodenversierter, gewissermaßen autodidaktischer Soziologe wieder verließ, entwickelte eine Vielfalt an Methoden, die die subjektiven Ausdrucksweisen einzelner in einer von physischer und – von Bourdieu schließlich so bezeichneter – symbolischer Gewalt geprägten, objektiven Lage verstehen helfen sollten. Dieses Verste-

28 Homi K. Bhabha: *Die Verortung der Kultur*. Tübingen: Stauffenburg Verlag 2000, S. 53.

hen diente aber nicht bloß dem möglichst effektiven Umgang mit den Daten, sondern es sollte den Interviewten nützen, ihre Situation aufdecken und nachvollziehbar machen. Bourdieu hat mit diesem Anspruch, die Untersuchten zugleich zu unterstützen, einen, wie Franz Schultheis es beschreibt, »sehr persönlichen Ausweg aus dem Dilemma der kolonialen Konstellation«[29] gesucht. Dieses Dilemma bestand in der schlichten Tatsache, als Teil der Kolonialmacht die Kolonisierten zu beforschen.

Bourdieu durchbricht auch methodisch bereits zu Beginn seiner Forschungen in Algerien ethnologische Gepflogenheiten und bedient sich neben den Fragebögen und Aufzeichnungen auch des Fotoapparats als Gedächtnisstütze und Mittel zur Herstellung von Beweismaterial.[30] Bourdieu machte in Algerien rund 2200 Fotos von Menschen, die er interviewte, von Städten und Landesteilen, in denen er sich aufhielt und von Situationen, die das alltägliche Leben wiedergeben. Anhand dieser fotografischen Praxis entwickelt Bourdieu die Methode der »teilnehmenden Objektivierung«, die sich durch eine forschende Distanz innerhalb einer gewissen moralischen Anteilnahme auszeichnet. Diese Distanz ist nicht als eine inhaltliche Distanzierung zu verstehen. Bourdieu nimmt bereits im Vorwort der 1961 veröffentlichten, zweiten Auflage von *Sociologie de l´Algerie* eindeutig Stellung und fordert, dass das Kolonialsystem »von der Spitze bis zur Basis« [...] »radikal zerstört werden«[31] müsse. Auch postum ließ Bourdieu an seinen Sympathien keinen Zweifel: »Fotos zu machen«, sagt er in einem Interview, »war in diesem Fall eine Art und Weise, ihnen zu sagen: ›Ich interessiere mich für euch, ich stehe auf eurer Seite,

---

29 Schultheis 2004, a.a.O., S. 18.

30 Die Debatte über den Status der Fotografie für die sozialwissenschaftliche Forschung ist noch im Gange und hat einen ihrer Ausgangspunkte von den Fotos Bourdieus genommen, vgl. Schultheis/Frisinghelli 2003, Kravagna 2008 und Jens Kastner: *Die ästhetische Disposition. Eine Einführung in die Kunsttheorie Pierre Bourdieus*. Wien: Verlag Turia + Kant 2009.

31 Zit. n. Behnke/ Wuggenig 2008, a.a.O., S. 105.

ich höre euch zu, ich werde bezeugen, was ihr hier erlebt‹«[32]. Franz Schultheis hebt diesen Anteil nehmenden Aspekt der Bourdieu´schen Fotografie noch hervor, indem er die Algerienbilder als Verknüpfung von fotografischer und diskursiver Visualisierug beschreibt.[33]

Um Sichtbarmachung geht es auch Fanon: In *Aspekte der Algerischen Revolution* hatte er es sich zur Aufgabe gemacht, einen Einblick in die Veränderungen des Alltags zu geben, die der antikoloniale Kampf in Algerien ausgelöst hat. Die somit gewählte Perspektive stellt allein schon Parteinahme dar, da auch sie – ähnlich wie bei Bourdieu – die vom Kolonialsystem selbst systematisch miterzeugte Informationslücke über die Zustände in Algerien schließen will. Allerdings sind im Unterschied zu Bourdieus Beschreibungen bei Fanon sämtliche Transformationen positive Entwicklungen, die vom Abstreifen traditioneller Verhaltensweisen, der Überwindung neurotischer Zustände und schließlich der insgesamt durch den antikolonialen Kampf ermöglichten psychokulturellen Emanzipation erzählen. Während er hinsichtlich der europäischen Minderheit noch betont, es sei falsch anzunehmen, sie bilde einen »monolithischen Block«[34], ist das Subjekt der Befreiung ein relativ undifferenziertes algerisches Volk – was noch durch den von Fanon benutzten ethnopolitischen Kollektivsingular (»der Al-

---

[32] Pierre Bourdieu: »Bilder aus Algerien. Ein Gespräch mit Pierre Bourdieu von Franz Schultheis, Collège de France, Paris 26. Juni 2001«. In: Schultheis/ Frisinghelli 2003, a.a.O., S. 23–50, hier S. 32f.

[33] Franz Schultheis sieht in dieser Verknüpfung neben der Parteinahme für die Unterdrückten auch das Entstehen der wissenschaftlichen Methode der dichten Beschreibung. Schultheis sieht darin zudem ein frühes Indiz für das in seiner Lesweise letztlich kontinuierliche Zusammengehen von wissenschaftlicher Analyse und politischem Engagement bei Bourdieu, vgl. Schultheis 2004, a.a.O., S. 38ff.

[34] Fanon 1969, a.a.O., S. 97.

gerier«) unterstrichen wird und bereits früh als vereinheitlichend und »populistisch« kritisiert wurde.[35]

Auch wenn die gesellschaftliche Analyse in *Die Verdammten dieser Erde* in dieser Hinsicht wesentlich komplexer verläuft, und Fanon bereits die nationale Bourgeoisie ebenso scharf kritisiert wie die Renaissance ethnischer Gemeinschaften[36], macht er in diesem Buch die zwischen Kolonisator*innen und Kolonisierten geteilte, »manichäische Welt« abermals explizit. Im Unterschied zu den kapitalistischen Gesellschaften des Westens, in denen eine Vielzahl von Mechanismen der Einbindung in die gegebene gesellschaftliche Ordnung bestünden – Fanon nennt sie »geradezu ästhetische Formen des Respekts vor der etablierten Ordnung«[37] – und Widersprüche abfedern würden, stünden die Ordnungskräfte den Unterdrückten in den kolonialen Gesellschaften direkt gegenüber. In einer auf reiner, physischer und psychischer Gewalt beruhenden Gesellschaft wie der kolonialen ist für Fanon keine andere als eine gewalttätige Strategie der Befreiung denkbar. Eng an seine eigene Hoffnung auf antikoloniale Befreiung gebunden

---

35 So kritisiert beispielsweise Armin Scheil im Nachwort zur deutschen Ausgabe von 1969, dass als Träger des historischen Prozesses bei Fanon – wie bei anderen Theoretikern der antikolonialen Revolution auch – »ein relativ homogenes Volk« konzipiert sei, das keine inneren Widersprüche und Klassenantagonismen zulasse. Auch die internationale Dimension der antikolonialen Befreiung entgehe Fanon dadurch und das schließliche, durch widerstreitende Gruppen- und Klasseninteressen ausgelöste Scheitern der Revolution sei mit einer solchen Einheitskategorie auch nicht zu erklären, vgl. Armin Scheil: »Eine gescheiterte Revolution«. In: Fanon 1969, a.a.O., S. 129–143, hier S. 129. Die bereits während des Krieges bestehenden, gegenläufigen Interesse und unterschiedlichen Strömungen, in denen sich die FLN als hegemoniale Kraft erst durchsetzen musste, beschreibt beispielsweise Bernhard Schmid, vgl. Bernhard Schmid: *Das koloniale Algerien*. Münster: Unrast Verlag 2006. S. 119ff.

36 Deutlich kritisiert Fanon den wieder aufkommenden Bezug auf Stammesverbände und schreibt, »voller Ingrimm muß man den erstaunlichen Triumph der ethnischen Gemeinschaften mitansehen«, Fanon 1981, a.a.O., S. 135.

37 Fanon 1981, a.a.O., S. 31.

sind dementsprechend auch martialisch klingende Schilderungen, wie jene, dass der Kolonisierte grinse, wenn an seine Vernunft appelliert und er mit westlicher Kultur konfrontiert würde, und dann »seine Machete zieht oder sich doch versichert, ob sie in Reichweite seiner Hand ist«[38]. Die offene Sympathie Fanons für antikoloniale Gewalt sollte allerdings den Blick auf den zeitdiagnostischen Gehalt seiner Arbeit ebenso wenig verstellen wie den auf den – weiter unten noch auszuführenden – gesellschaftstheoretischen. Wegen seiner offenen Parteinahme für den »bewaffneten Kampf« sind nicht nur die sozialtheoretischen Errungenschaften Fanons häufig gering geschätzt worden. In der konkreten Form der Parteilichkeit liegt sicherlich darüber hinaus eine der fundamentalen Unterschiede zur Haltung Bourdieus und damit einer der Gründe, weshalb die Ähnlichkeiten zwischen beiden bislang nur wenig Aufmerksamkeit hervorgerufen haben.[39]

Zwar nimmt Bourdieu während des Krieges zunächst auch eine pro-revolutionäre Position ein,[40] aber schon ein Jahr später relati-

---

38 Fanon 1981, a.a.O., S. 36.

39 In Hannah Arendts Essay über Gewalt wie beispielsweise auch in Lou Marins libertärer Würdigung von Albert Camus wird Fanon vor allem als Gewaltverherrlicher abgetan, vgl. Hannah Arendt: *Macht und Gewalt.* [1970] München: Piper Verlag 2000, 14.Aufl., S. 66f. und Lou Marin: *Der Ursprung der Revolte. Albert Camus und der Anarchismus.* Verlag Graswurzelrevolution Heidelberg 1998, S. 155. Die Verdammten der Internationale erwachen laut Fanon nur durch, mit und in der Gewalt, jegliche Formen gewaltfreien Widerstandes gelten ihm bloß als »Schlafkur für das Volk«, Fanon 1981, a.a.O., S. 56. Dass programmatische Gewaltlosigkeit auch im kolonialen Kontext nicht Passivität bedeuten musste (wie auch Sartre im Vorwort zu *Die Verdammten dieser Erde* hämisch gegen Camus gerichtet behauptet hatte), wie die antikoloniale Bewegung in Indien um M.K. Gandhi einige Jahre zuvor hätte nahe legen können, wird bei Fanon systematisch ausgeblendet.

40 Im Einklang mit der Diktion und Analyse Fanons heißt es in »Revolution in der Revolution«: »der Krieg bringt mit einem Schlag die wahren Grundlagen der kolonialen Ordnung ans Tageslicht, nämlich das Kräfteverhältnis, mit dem die herrschende Kaste die beherrschte Kaste unter

viert er seine eigene Haltung und wendet sich gegen die als »Mythos der revolutionierenden Revolution«[41] bezeichneten intellektuellen Illusionen. Gemeint ist die von Fanon und von ihm selbst zuvor vertretene (Fehl-)Annahme, veränderte Meinungen würden mit veränderten Haltungen einhergehen. Erst angesichts der Feststellung, dass zwischen »imaginär formulierten und verbal konformistischen Werturteilen und dem konkreten Verhalten«[42] vieler Algerier*innen eine Lücke klaffte, distanziert sich Bourdieu von seiner eigenen früheren und von Fanons Position. Diese Abgrenzung wird zunehmend schärfer[43] und hat auf Seiten Bourdieus vor allem die empirischen Forschung zum algerischen – städtischen wie ländlichen – Subproletariats zur Grundlage. Während Fanon, um der vom Kolonialismus profitierenden, nationalen »schädlichen Bourgeoisie den Weg [zu] versperren«[44], auf eine Allianz zwischen Intellektuellen und (subproletarischen) Massen im antikolonialen Kampf setzte, stellte Bourdieu scharf die »Widersprüchlichkeit des Subproletariats«[45] im Hinblick auf dessen Trägerschaft für die Revolution heraus. Mangelnde ökonomische und soziale Pers-

Vormundschaft hält.« Pierre Bourdieu: »Revolution in der Revolution« [1961]. In: Ders.: *Interventionen 1961–2001, Bd. 1*, Hamburg: VSA 2003, S. 21–30, hier S. 22. Ebenfalls zunächst noch Fanon sehr ähnlich, beschreibt Bourdieu, wie sich der Bereich der »alltäglichen Verhaltensweisen« wie auch der »Haltung der Individuen« innerhalb des antikolonialen Kampfes »radikal« verwandelt und benennt diese Phänomene Titel gebend als eine »Revolution in der Revolution«, Ebd., S. 23. Vgl. auch Pierre Bourdieu: »Vom revolutionären Krieg zur Revolution« [1962]. In: Bourdieu 2003, a.a.O., S. 31–39.

41 Pierre Bourdieu: »Vom revolutionären Krieg zur Revolution« [1962]. In: Boudieu 2003, a.a.O., S. 31–39, hier S. 31.

42 Pierre Bourdieu: »Vom revolutionären Krieg zur Revolution« [1962]. In: Boudieu 2003, a.a.O., S. 31–39, hier S. 32.

43 Vgl. Beatrice von Bismarck, Therese Kaufmann, Ulf Wuggenig: »Nach Bourdieu«. In Dies.: *Nach Bourdieu. Visualität, Kunst, Politik*. Wien: Verlag Turia + Kant 2008, S. 7–29, hier S. 9ff.

44 Fanon 1981, a.a.O., S. 149.

45 Pierre Bourdieu: »Rückblick auf die algerische Erfahrung«. In: Boudieu 2003, a.a.O., S. 40–47, hier S. 44.

pektiven prädestinierten die Unterschichten gerade *nicht* für revolutionäre Unterfangen.[46] Spätestens hier wird auch deutlich, dass Raewyn Connell Behauptung, Bourdieu nähme die antikolonialen Bewegungen nicht zur Kenntnis, nicht ganz zutrifft.[47]

3. »konkret wahrnehmbare Dynamik«. Alltägliche Praktiken im Fokus

Die sozialwissenschaftliche Analyse kolonialer Situationen hat sich in den 1960er Jahren nahe liegender Weise noch stark auf ökonomische Zusammenhänge fokussiert. Auch die parteiischen, sozialwissenschaftlichen Ansätze wie beispielsweise die verschiedenen Schulen der Dependenz-Theorie widmen sich kaum den kulturellen Dimensionen der Kolonialismen. Wenn heute in der postkolonialen Debatte das Fehlen ökonomischer Analyse beklagt wird,[48] ist zunächst in Rechnung zu stellen, dass die frühen Inter-

---

46 Früh deutet sich hier am Beispiel des algerischen Subproletariats bereits eine Position an, die Bourdieu auch in den 1990er Jahren gegen die Effekte der neoliberalen Offensive, nämlich die Prekarisierung immer weiterer Teile der Bevölkerung ins politische Feld führt: »Weil sie auf die Gegenwart nicht diesen minimalen Zugriff haben, der für die bewusste und rationale Anstrengung unabdingbar ist, die Zukunft zu meistern, sind all diese Menschen eher einem zusammenhanglosen Ressentiment unterworfen als von einem wahrhaft revolutionären Bewusstsein beseelt; das Fehlen von Arbeit oder die Instabilität der Beschäftigung gehen Hand in Hand mit der fehlenden Perspektive von Erwartungen und Meinungen, mit der Abwesenheit eines Systems von Projekten und rationalen Prognosen, zu denen als ein Aspekt der revolutionäre Wille gehört.« Pierre Bourdieu: »Vom revolutionären Krieg zur Revolution« [1962]. In: Boudieu 2003, a.a.O., S. 31–39, hier S. 35.

47 Connell erkennt zwar an, dass Bourdieus Forschung in Algerien den Globalen Süden zu einem zentralen Gegenstand machen, wirft ihm aber vor, »a liberation struggle as a social process« nicht in Betracht zu ziehen, Raewyn Connell: *Southern Theory. The global Dynamics of Knowledge in Social Theory*. Cambridge/ Malden MA: Politiy Press 2007, S. 44.

48 Vgl. María do Mar Castro Varela und Nikita Dhawan: »Dekolonisierung und die Herausforderungen Feministische-Postkolonialer Theo-

ventionen, die sich mit symbolischen, psychologischen, epistemologischen, im weitesten Sinne also kulturellen Folgen des Kolonialismus auseinandersetzten, dies gegenüber einem sozialwissenschaftlichen Mainstream taten, der sich auf die Mechanismen ökonomischer Ausbeutung konzentrierte und bestenfalls noch von Versuchen geprägt war, deren Zusammenhang mit rassistischer Ausgrenzung zu thematisieren. Vor diesem Hintergrund vor allem makrosoziologischer Fragestellungen ist die Aufmerksamkeit zu betrachten und schließlich wertzuschätzen, die sowohl Fanon als auch Bourdieu den Dimensionen intersubjektiver und alltäglicher Praxis schenkten. Diese »Rehabilitation des Alltäglichen«[49] für die Sozialtheorie wurde schließlich zur Grundlage kulturwissenschaftlicher Herrschaftsanalyse und stellt nach wie vor – trotz der später von ihr ausgehenden, kulturalistischen Engführung in der Analyse sozialer Verhältnisse – einen der zentralen Eckpfeiler auch postkolonialistischer Kulturanalyse dar. Bei allen Unterschieden in den Methoden, diesen Alltag zu erforschen, den theoretischen Rahmen, die diesen Forschungen zu Grunde lagen und vor allem auch in den politischen Konsequenzen, die aus ihnen gezogen wurden, gibt es doch hinsichtlich der sozialtheoretischen Folgen zwei wesentliche Gemeinsamkeiten in den von Fanon und Bourdieu gewählten Prämissen: Es sind zum einen kulturelle *Differenzen* und die *Dynamik* ihrer Genese und Gebrauchsweisen, die in den Fokus der wissenschaftlichen Analysen (und ihrer politischen Deutungen) geraten. Zum anderen werden soziale und kulturelle *Kämpfe* als zentrale Dimension historischer gesellschaftlicher Entwicklungen ausgemacht.

---

rie«. In: *Bildpunkt. Zeitschrift der IG Bildende Kunst*, Frühjahr 2010, S. 22-25.

49 Schultheis 2004, a.a.O., S. 18.

In den ersten vier Kapiteln seiner *Aspekte der Algerischen Revolution* schildert Frantz Fanon die Auswirkungen des antikolonialen Befreiungskampfes auf alltägliche Praktiken wie erstens das Tragen des Schleiers, zweitens das Radiohören, drittens die innerfamiliären Beziehungen und viertens die Konsultation von Ärzten bzw. den Umgang mit dem medizinischen System. Gleich zu Beginn erläutert Fanon, dass und inwiefern eine so harmlos erscheinende Praxis wie die Verschleierung der Frauen zu einer »Waffe in einer großen Schlacht«[50] wurde. Die Entschleierung der algerischen Frauen wird zunächst als gleichermaßen von männlichem Begehren wie auch von einer Ideologie der Menschenrechte begleitetes Ziel der kolonialen Propaganda beschrieben. Auf diese reagierten die algerischen Frauen in der ersten Phase des Krieges laut Fanon erst recht mit Verschleierung, die Haltung der Frauen zum Schleier wurde fortan sowohl von den Kolonialherren als auch von den Kolonisierten mit ihrer jeweiligen Einstellung zur Besatzungsmacht gleichgesetzt.[51] Diese Situation ändert sich, als die Frauen, auf Seiten der antikolonialen Bewegung bis 1955 von Kampfhandlungen ausgeschlossen, in diese mit einbezogen werden.[52] Um sich

---

50 Fanon 1969, a.a.O., S. 21.

51 Vgl. Fanon 1969, a.a.O., S. 31.

52 Fanon spricht auch hier durchgängig vereinheitlichend von »der Frau«, wohingegen davon ausgegangen werden muss, dass nur eine Minderheit von Frauen sich tatsächlich dem bewaffneten Kampf anschloss. Eine staatliche algerische Statistik von 1974 zählt unter 336.748 Kämpfer*innen in den Organisationen ALN (Armée de libéracion nationale, Nationale Befreiungsarmee) und OCFLN (Organisation civile du Front de libération nationale, Zivile Organisation der FLN) 10.462 Frauen. Etwa 3,25 Prozent aller Kämpfer*innen waren Frauen, ein gemessen an der Anzahl der Gesamtbevölkerung Algeriens – 1960 etwa 9,1 Mio. Einwohner*innen – ein verschwindend geringer Anteil, vgl. Schmid 2006, a.a.O., S. 133. Über die Zahlen hinaus weist jedoch auch Bernhard Schmid darauf hin, dass das Beispiel dieser Minderheit von Frauen »prägende Bilder im kollektiven Gedächtnis« hinterließ, ebd.

beispielsweise als Botinnen der Befreiungsbewegung in den französischen Stadtteilen Algiers bewegen zu können, mussten die Frauen möglichst »französisch« wirken. Einmal als eigenständige Akteurinnen zugelassen, waren die dadurch bei den Frauen ausgelösten Emanzipationsprozesse nicht mehr zurückzunehmen. Als die Kolonialadministration die Einbindung der Frauen erkannt hatte, wurden auch diese scharf kontrolliert, was zu einer erneuten Verschleierung führte. »Der Schleier«, resümiert Fanon, »abgetan und wieder angelegt, ist funktionalisiert, ist umgewandelt in ein Instrument der Tarnung, in ein Kampfmittel«[53]. Fanons Analyse der »konkret wahrnehmbare[n] historische[n] Dynamik des Schleiers«[54] nimmt damit eine der zentralen Einsichten der Cultural Studies vorweg, die die essentialistische Bestimmung kultureller Zeichen zurückweisen und statt dessen die signifizierenden Effekte der sich wandelnden Alltagspraktiken zum Gegenstand haben.

Auch hinsichtlich der Nutzung von Medien, einem weiteren Kernthema der später von Großbritannien ausgehenden kritischen Kulturstudien, setzt Fanon bereits frühe Impulse, indem er sich dem Gebrauch des Radios während des Unabhängigkeitskrieges widmete. Zunächst als Instrument der identitären Selbstvergewisserung der Kolonialherren von breiten Teilen der algerischen Bevölkerung abgelehnt, gewann das Radio im Laufe des Befreiungskampfes eine vollkommen gewandelte Bedeutung. Mit der Installierung des Senders »Stimme des Freien Algerien« 1956 nahm das Radio eine neue Funktion an: Dermaßen viele Menschen entdeckten das Radiogerät als Quelle von sonst nicht erhältlichen Informationen, dass die Kolonialadministration den Kauf von Radiogeräten verbot. Das Radio wurde von einem abgelehnten technischen Mittel zu einem Gerät, um das sich neue Praktiken wie das heimliche und gemeinsame Hören gruppierten und dessen Bedeutung von einem Medium der feindlichen Herr-

53 Fanon 1969, a.a.O., S. 41.
54 Ebd., S. 43.

schaft zu einem »Schutzmittel«[55] geworden war. In dieser Bedeutungsverschiebung des technischen Geräts verlor sogar die französische Sprache, die es übertrug – die »Stimme des Freien Algerien« sendete auf Arabisch, Kabylisch und Französisch – ihre Eindeutigkeit. Noch in *Schwarze Haut, weiße Masken* hatte Fanon die Kolonialsprache als eindeutigen Ausdruck eines Unterdrückungsverhältnisses und in ihrer Funktionsweise als Teil eines »arsenal of complexes«[56] beschrieben, von dem die Schwarzen sich zu befreien hätten. Bereits in der notgedrungenen Konfrontation und im unumgänglichen Umgang mit der Sprache des »Mutterlandes« würden die Schwarzen permanent auf ihre angebliche Minderwertigkeit festgeschrieben. Am Beispiel derjenigen, die nach einem Aufenthalt im »Mutterland« in die Kolonie heimkehrten und sich »gewählter ausdrücken«, wie auch am Beispiel der französischen Armee, in der schwarze Senegalesen es darauf anlegten, als Kariben »durchzugehen«, macht Fanon bereits deutlich, wie wichtig auch die Hierarchien unter Schwarzen für die Konstitution inferiorer Subjektformen und für das Funktionieren des Rassismus sind. Im revolutionären Algerien allerdings hebt Fanon den möglichen Bedeutungswandel der französischen Sprache hervor, die durch die Aneignung im Befreiungskampf zu einem »Werkzeug des Widerstands«[57] geworden sei.

Während Bourdieu insofern mit Fanon übereinstimmt, als auch er die Verwendung der französischen Sprache unter Algerier*innen als Ausdruck für relativ gewachsenes Selbstbewusstsein interpretiert und diejenigen, die sie (in seinen Befragungen) verwendet haben, als in der Regel »realistischer und revolutionärer«[58] beschreibt, ist dies bei Bourdieu gerade kein Merkmal

---

55 Ebd., S. 61.

56 Frantz Fanon: *Black Skin, White Masks*. New York: Grove Press 1967, S. 30.

57 Fanon 1969, a.a.O., S. 62.

58 Pierre Bourdieu: *Die zwei Gesichter der Arbeit. Interdependenzen von Zeit- und Wirtschaftsstrukturen am Beispiel einer Ethnologie der*

aller Algerier*innen. Die Verwendung des Französischen ist laut Bourdieu Anzeichen der Bessergestellten, die Subproletarier*innen verwenden es fast überhaupt nicht. Es ist die Sprache jener Algerier, die Arbeit haben, insofern sei sie »die Sprache des Dialogs mit dem Arbeitgeber, also die Sprache der Forderungen«[59]. Bourdieu betont demnach den sozialen Distinktionseffekt des Zeichengebrauchs und nicht dessen politisch-aktivistische Dimension und lehnt auch aufgrund dieser Erfahrung die politisch von Fanon vorgebrachte Hoffnung auf die revolutionäre Rolle des Subproletariats ab. Er blendet den Widerstand nicht aus, wie Connell ihm vorwirft, hält ihn aber für weniger relevant als Fanon und viele andere.

Während die Dynamik der Bedeutung kultureller Zeichen deutlich aus den Fanonschen Beispielen spricht, hält sich Fanon vor allem in *Aspekte der Algerischen Revolution* mit Betonungen von solchen Differenzen sehr zurück, die auf die Unterschiede zwischen den Beherrschten abheben oder auf Formen von Herrschaft bzw. Rassismus verweisen, die von den Beherrschten perpetuiert werden. Auf eine soziale Differenzen gleichermaßen anzeigende wie auch reproduzierende alltägliche Praxis, deren Untersuchung im Werk Bourdieus eine Schlüsselstellung einnimmt, geht Fanon nur nebenbei und nicht am Beispiel der Kolonisierten ein. So weist er darauf hin, dass das Lesen bestimmter Zeitungen Zugehörigkeiten und politische Positionierungen verrate: Der Kauf von französischen Zeitungen wie *Express*, *L'Humanité* oder *Le Monde* in Algerien während des Krieges habe bedeutet, »öffentlich seine Verbundenheit mit der Revolution zu bekennen; [...]«.[60]

---

algerischen Übergangsgesellschaft. Konstanz: Universitätsverlag 2000, S. 117.

59 Ebd.

60 Fanon 1969, a.a.O., S. 56. Colin Mercer hat im Rahmen der britischen Cultural Studies aufgezeigt, was Fanon hier nur andeutet: dass und inwiefern Zeitungen seit dem 16. Jahrhundert als Bestandteil materieller Kultur und als Kulturtechnik der Imagination existieren. Produktion, Distribution und Konsumtion von Zeitungen stellen demnach ein

3.2 Kampfparadigma

Nach Fanon sind eue Einstellungsmuster und neue Verhaltensweisen innerhalb der algerischen Gesellschaft, wie er an den Beispielen der Verschleierung und des Radiohörens erläutert hat, als »Erfordernisse des Kampfes«[61] entstanden. Fanon beschreibt in seiner Rede auf dem 1. Kongress schwarzer Schriftsteller und Künstler in Paris 1956, auf Deutsch veröffentlicht unter dem Titel »Rassismus und Kultur«[62], einige Funktionsweisen des kolonialen Rassismus. Dabei betont er unter anderem die Perspektive einer Beendigung des Rassismus, welche dadurch ausgelöst würde, dass den dominanzgesellschaftlichen Kräften das Verständnis der rassistisch Unterdrückten abhanden komme bzw. vorenthalten werde. Diese Verunmöglichung des Verstehens beschreibt Fanon als Effekt antirassistischer Kämpfe, es entstehe durch den »Kampf der Inferiorisierten«[63]. Geschichtliche Entwicklung und Verstehensprozesse werden auf diese Weise theoretisch aneinander geknüpft. In der kolonialen Gesellschaft treten im Verständnis Fanons insofern kulturelle Kämpfe in ihrer Evidenz besonders hervor, d.h. die Prozesse der unterschiedlichen und widersprüchlichen Interpretationen von Zeichen, von Glaubenssystemen und Denkschemata, treten besonders deutlich zu Tage und ergänzen förmlich die zunächst auf ökonomischen Differenzen (i.e. der Besitz der Produktionsmittel) be-

---

komplexes Verhältnis zwischen individuellen und kollektiven Praktiken (dem Lesen) und kollektiven institutionellen Gefügen dar. Zeitungen liefern nicht nur Informationen, »sondern auch eine Position für deren Verständnis.« Colin Mercer: »Konvergenz, Kreative Industrien und Zivilgesellschaft. Auf dem Weg zu einer neuen Agenda«. In: Andreas Hepp und Carsten Winter (Hg.): *Die Cultural Studies Kontroverse*. Lüneburg: Zu Klampen Verlag 2003, S. 137–165, hier S. 144.

61 Fanon 1969, a.a.O., S. 62.

62 Frantz Fanon: »Rassismus und Kultur«. In: Ders.: *Das koloniale Ding wird Mensch. Ausgewählte Schriften*. Leipzig: Reclam Verlag 1986, S. 134–148.

63 Ebd., S. 147.

ruhenden Antagonismen.[64] Der Kampf spielt in der rassistisch formierten Gesellschaft also nicht nur in Form des Klassenkampfes eine zentrale Rolle für die Zuspitzung gesellschaftlicher Gegensätze und die Formierung neuer sozialer Zusammenhänge, sondern, wie Fanon am Beispiel von Schleier und Radio ausgeführt hat, es geht immer auch um »die neuen Systeme der Zeichengebung«[65]. Was hier auf den antikolonialen Befreiungskampf bezogen ist, lässt sich durchaus verallgemeinern auf soziale Kämpfe im Sinne gesellschaftlicher Auseinandersetzung um die Bedeutung von Zeichen übertragen. Solche Kämpfe um Definitionsmacht sind nicht bloß »Gefechte um Worte«, sondern in ihnen werden zentrale Vergesellschaftungsmodi wie Zugehörigkeiten (zu sozialen Gruppen) und Partizipationen (an gesellschaftlichen Institutionen) ausgehandelt.

Einen solchen allgemeinen Begriff von sozialen Kämpfen vertritt Pierre Bourdieu, demzufolge der Kampf, auch jener um die Bedeutung von Zeichen, ein zentrales Moment für die Dynamik sozialer Felder darstellt. Die Feldstrukturen basieren auf ungleichen Verteilungen der verschiedenen Kapitalsorten, diese Verteilungsungleichheiten strukturieren nicht nur die spezifischen Felder, sondern auch den gesamten sozialen Raum. Aus ihnen erwachsen die Positionen, die die Subjekte als Agent*innen einnehmen und die Dispositionen, mit denen sie ausgestattet sind, und sie stellen zugleich die Grundlage jeder Positionierung dar. Solche Positionierungen im sozialen Raum sind Kämpfe um die Anerkennung, Geltung und Durchsetzung von Positionen und damit immer auch »Kämpfe um die legitime Sicht und Vorstellung vom Raum«[66]. In solche Kämpfe speisen sich immer auch bewusste und unbewusste Anpassungsstrategien ein. (Als Beispiel nennt Bourdieu u.a. die Korrektur eines Akzents und man denkt unweigerlich an die von

64 Vgl. Pierre Bourdieu: »Revolution in der Revolution« [1961]. In: Bourdieu 2003, a.a.O., S. 21–30, hier S. 23.
65 Fanon 1969, a.a.O., S. 57.
66 Bourdieu 2001a, a.a.O., S. 236.

Fanon beschriebenen Versuche der senegalesischen Soldaten, als Kariben statt als Afrikaner wahrgenommen zu werden und damit zugleich ihrem eigenen Vorteil und der kolonialen Sichtweise zu nutzen.) Bourdieu spricht von einer »Politik der Wahrnehmung«[67], die darauf abziele, die Kategorien zu konservieren oder zu verändern, mit denen die Ordnung der Dinge erkannt wird.

Sowohl Fanons als auch Bourdieus Verwendungen des Kampf-Begriffes lassen sich insofern als mikropolitische Erweiterungen der Marxschen Klassenkämpfe begreifen. In Kämpfen kommen nicht nur antagonistische gesellschaftliche Verhältnisse zum Ausdruck, sondern soziale Ungleichheiten werden über kulturelle Differenzen auch reproduziert. Die Kämpfe um diese Reproduktion machen zudem die Dynamik gesellschaftlicher Entwicklungen aus. Die Reproduktionen finden nicht störungsfrei und irritationslos statt, sondern sind ständigen Unterbrechungen, Relativierungen und Widerständen ausgesetzt. Hinsichtlich der Ausmaße solcher Widerstände ist Bourdieu allerdings wesentlich skeptischer als Fanon es vor dem Hintergrund seines ungebrochenen Vertrauens auf den teleologischen Geschichtsverlauf sein kann.[68]

---

67 Ebd., S. 239.

68 Manuela Bojadzijev sieht in Fanons Bemühen, Möglichkeiten herauszuarbeiten, im Befreiungsprozess auf die (vom Rassismus durchdrungene) Geschichte Bezug zu nehmen, auch eine damit einher gehende Infragestellung des Denkens der Geschichte als Fortschritts. Für diese Infragestellung scheint es mir hingegen weniger Anhaltspunkte zu geben als für den zweiten, von Bojadzijev herausgearbeiteten Aspekt des Fanonschen epistemologischen Strebens, nämlich dem um die Frage, »wie unter diesen Bedingungen Veränderung möglich ist, ohne darüber eine abstrakte Aussage zu treffen, sondern die materiellen Praktiken der Ent-Subjektivierung in der Geschichte zu analysieren«. Manuela Bojadzijev: *Die windige Internationale. Rassismus und Kämpfe der Migration*. Münster: Verlag Westfälisches Dampfboot 2008, S. 267.

4. *»in den Muskeln«, oder: »wie man sich hält«. Dimensionen einer Soziologie der Herrschaft*

»Soziologie«, schreibt Armin Scheil über Fanon im Nachwort zu *Aspekte der Algerischen Revolution*, »will bei ihm nichts aussagen über den Prozeß der materiellen Produktion und Reproduktion des Lebens, sondern nur über zwischenmenschliches Verhalten«[69]. Auch wenn Scheil hinsichtlich der hier gemeinten, mangelnden Berücksichtigung von (ökonomischen) Produktionsverhältnissen und Arbeitsprozessen bei Fanon sicherlich Recht hat, geht er in seinem impliziten Urteil doch fehl, »zwischenmenschliches Verhalten« habe nichts mit den Prozessen der Produktion und Reproduktion des Lebens zu tun. Hierin gerade kann eine der Errungenschaften der Soziologie Fanons gesehen werden, dass nämlich die Veränderungen des Alltags und der Kampf um die Zeichen als Dimension des Kampfes gegen soziale Ungleichheit beschrieben und gewertet werden.

Eine Dimension sozialer Ungleichheit ist diejenige, die auf ethnischen Klassifizierungen beruht.[70] Diese wiederum werden u.a. durch Blicke vorgenommen, die alltägliche, häufig unbewusste Praxis des Sehens und Gesehen-Werdens. Wie die Blicke mittels ihrer klassifizierenden Effekte die kollektiven Produktionen und Reproduktionen des Lebens bewerkstelligen, wird insbesondere unter Bedingungen radikaler Ungleichheit des Kolonialismus deutlich.

Fanon hat die Effekte solcher Klassifizierungen aber bereits vor seinen Studien in Algerien und anhand der Selbstverleugnungen und Selbstdemütigungen rassistisch Ausgegrenzter auf psychologischer Ebene untersucht. Diese erstmals in *Schwarze Haut, weiße Masken* ausgeführte Wirkungsweisen und Folgen des

---

69 Scheil 1969, a.a.O., S. 141.

70 Vgl. z. B. Anja Weiß, Cornelia Koppetsch, Albert Scharenberg und Oliver Schmidtke (Hg.): *Klasse und Klassifikation. Die symbolische Dimension sozialer Ungleichheit*. Wiesbaden: Springer/ VS 2001.

Kolonialismus selbst auf die Subjektkonstitution findet Fanon in Algerien bestätigt und greift sie in *Die Verdammten dieser Erde* wieder auf. Die unbewussten, einverleibten Strukturen wurden zu einem Thema, so Fanons Mitarbeiterin und Biografin Alice Cherki, »das Fanons ganzes späteres, sowohl psychiatrisches als auch politisches Werk als Theoretiker der Entfremdung durchziehen wird«[71].

Für einverleibte Strukturen hat Bourdieu den Begriff des Habitus entwickelt. Ein Konzept, das bereits in seinen Forschungen in Algerien angelegt, anhand der exemplarischen Situation des Künstlers im sozialen Raum weiterentwickelt und mehrfach ausführlich ausgebreitet und immer wieder empirisch unterfüttert wurde.[72]

Ohne auf die Wechselwirkungen zwischen Blick und Körper genauer einzugehen, sollen beide zunächst als wichtige Indikatoren sozialer Ungleichheit und Mittel zu deren Reproduktion bei Fanon und Bourdieu erläutert werden. Ausgespart bleibt dabei die für eine Herrschaftssoziologie prinzipiell unerlässliche Diskussion um soziale Klassen. Zwar ist die Dimension Klasse für beide eine wichtige epistemologische Prämisse (wenn nicht gar die wichtigste),[73] allerdings würde eine Diskussion der Gemeinsamkeiten in

---

71 Alice Cherki: *Frantz Fanon. Ein Porträt.* Hamburg. Edition Nautilus 2002, S. 47.

72 Vgl. etwa Pierre Bourdieu: *Sozialer Sinn. Kritik der theoretischen Vernunft.* [1980] Frankfurt am Main: Suhrkamp Verlag 1999, 3. Aufl.

73 Fanon und Bourdieu heben beide die Besonderheit der kulturellen Herrschaft des kolonialen Rassismus gegenüber der Klassenherrschaft hervor, führen das Verhältnis zwischen Ethnizität und Klasse aber nicht besonders tief greifend aus. Fanon betont, die »Tatsache der Zugehörigkeit« zu einer »Rasse« sei grundlegender als die zu einer Klasse, in den Kolonien sei der »ökonomische Unterbau zugleich ein Überbau. Die Ursache ist Folge: man ist reich weil weiß, man ist weiß weil reich.« Fanon 1981, a.a.O., S. 33. Bourdieu betont nur, dass die »Revolution gegen das Kolonialsystem und die Unterteilung in Kasten [...] nicht schlicht und einfach mit dem Klassenkampf gleichgesetzt werden« könnten, weil dieser noch eine Beziehung des Forderns (und Verweigerns), nicht aber eine

dieser Frage nicht sehr weit über das bereits ausführlich besprochene Verhältnis von Bourdieus Klassenbegriff gegenüber solchen innerhalb des Marxismus hinausgehen. Vielversprechend scheint hingegen das Hervorheben bislang eher vernachlässigter Aspekte einer Soziologie der Herrschaft, die im Folgend diskutiert werden.

4.1 Blick

Eher in der Tradition von Georg Simmel[74] als in derjenigen der Phänomenologie stellt auch Bourdieu die soziale Bedeutung des Blicks bzw. des Sehens heraus. In Abgrenzung zu Sartres Verständnis des Blicks als abstraktes Objektivierungsvermögen, beschreibt Bourdieu ihn als »symbolisches Vermögen, dessen Wirksamkeit abhängt von der relativen Position dessen, der wahrnimmt, und dessen, der wahrgenommen wird, sowie dem Grad, in dem die Wahrnehmungs- und Bewertungsschemata von dem, auf den sie angewandt werden, gekannt und anerkannt werden«[75]. Auch in diesem Fall dient Bourdieu die kabylische Gesellschaft als paradigmatischer Gegenstand, der quasi in Reinform offenbart, was für alle europäischen Gesellschaften gilt: Anhand der sich körperlich manifestierenden (Auf-)Teilung der alltäglichen und rituellen Tätigkeiten zwischen Männern und Frauen in der Kabylei analysiert

---

der prinzipiellen Erniedrigung (wie im Kolonialismus) impliziere, Pierre Bourdieu: »Revolution in der Revolution« [1961]. In: Boudieu 2003, a.a.O., S. 21–30, hier S. 23.

74 Georg Simmel hatte in seinem »Exkurs über die Soziologie der Sinne« dem Blick nicht nur eine soziale Dimension bescheinigt, da er der Selbst- wie auch der Fremdkonstitution von Gruppen diene, d.h. soziale Unterschiede schaffe und reproduziere. Simmel stellte damit bereits die Annahme von der Neutralität Blicks als Medium der (auch wissenschaftlichen) Praxis in Frage, Georg Simmel: »Exkurs über die Soziologie der Sinne«. In: Ders.: *Soziologie. Untersuchungen über die Formen der Vergesellschaftung*. Berlin: Dunker & Humblot 1908, S. 483–493.

75 Bourdieu 2005b, a.a.O., S. 115.

Bourdieu die Produktion und Reproduktion geschlechtsspezifischer Ungleichheit. Die soziale Ordnung funktioniere, stellt er dabei nicht nur für die algerische Teilgesellschaft fest, wie eine »gigantische symbolische Maschine zur Ratifizierung der männlichen Herrschaft [...]«.[76] Frauen werden in dieser Ordnung als symbolische Objekte konstituiert, deren Sein ein »Wahrgenommenwerden« sei, eine Existenz »für und durch die Blicke der anderen«[77]. Frauen als aktive Akteurinnen sind in diesem Modell, wenn überhaupt denkbar, stets zumindest in einer »*double-bind*-Situation«[78]. Auch die Kategorien jenes Sehens, das sich nicht auf Geschlechter bezieht, sind, da aus der Praxis jener Aufteilung von Arbeit und Leben hervorgegangen, geschlechtsspezifisch vorgeprägt: Fundamentale Unterscheidungen wie oben/unten, hoch/tief, hell/dunkel, aktiv/passiv etc. sind demnach immer geschlechtlich konnotiert.

Neben den Klassifizierungs*effekten* des Sehens macht Bourdieu aber vor allem auch auf dessen antrainierte *Grundlagen* aufmerksam: Auch die »Fähigkeit des Sehens«[79], hier verstanden als die Möglichkeit, den richtigen, d.h. legitimen Blick auf die richtigen/legitimen Dinge zu werfen, ist ebenso wenig wie das Wahrgenommenwerden eine Naturtatsache, sondern beruht auf sozialem Training. Sehen, das Bedeutung stiftet, ist ohne »ererbtes« Bildungskapital nicht möglich. Auch die Fähigkeit, richtig zu Sehen, d.h. bedeutende Blicke zu werfen, beruht auf antrainierten Dispositionen.

---

76 Ebd., S. 21. Es ist kaum zu übersehen und bereits verschiedentlich, vor allem von feministischer Seite bemerkt worden, dass Bourdieu selbst aus dieser grundlegenden Erkenntnis kaum Schlüsse gezogen hat. Seine großen Studien wie *Die feinen Unterschiede* oder *Die Regeln der Kunst* thematisieren geschlechtsspezifische Dimension fast überhaupt nicht, vgl. Terry Lovell: »Thinking feminism with and against Bourdieu«. In: Bridget Fowler (Hg.): *Reading Bourdieu on Society and Culture.* Oxford/Malden, MA: Blackwell Publishing 2000, S. 27–48.

77 Bourdieu 2005b, a.a.O., S. 117.

78 Ebd., S. 120.

79 Bourdieu 1982, a.a.O., S. 19.

Fanon hat sich mit solchen Vorprägungen auf Seiten der Kolonisierten und ethnisch ausgegrenzten ausführlich beschäftigt. Am Beispiel der »Dynamik des Schleiers« beschreibt er eine Veränderung, die vor allem auch bestätigt, was als Thema schon *Schwarze Haut, weiße Masken* durchzieht: dass es sich bei dem Verhältnis von Sehen und Gesehen-Werden um eines von stets umkämpfter und gesellschaftlich höchst relevanter Praxis handelt. »Eine Frau, die sieht, ohne selbst gesehen zu werden«, schreibt Fanon in *Aspekte der Algerischen Revolution*, »erzeugt im Kolonisator ein Gefühl der Ohnmacht. Es gibt keine Wechselbeziehung«[80]. Es mangele aber nicht nur an einer Austauschrelation, sondern der Kolonisator muss die Verschleierung als Widerstand auffassen, die ihn des Mittels seiner Herrschaft, des erfassenden und definierenden Blicks beraubt, oder zumindest einer »Einschränkung seiner Wahrnehmung«[81] gleichkommt.

»Der Fakt des Schwarzseins«, so der Titel des fünften Kapitels von *Schwarze Haut, weiße Masken*, basiert ganz fundamental auf dem Verhältnis des Sehens. Durch die eindeutige Kategorisierung innerhalb eines sozialen Herrschaftsverhältnisses muss die Zuschreibung zum Schwarzsein als Unterordnung fungieren und als solche auch erfahren werden. Der harmlos wirkende, von einem Kind ausgesprochene Satz »Maman, regarde le nègre« (»Look, a Negro!«) wird Fanon zum Beispiel, um zu verdeutlichen, wie in einer ganz alltäglichen Wahrnehmungs- und Kommunikationssituation, die schließlich sämtliche historische Konnotationen mit transportiert, die Schwarzen als »Andere« konstituiert werden.[82] Dieser durch den Blick zugeschriebene Status ist materiell äußerst wirksam und ruft sehr unterschiedliche Reaktionen hervor, die wiederum sehr unterschiedlich gewertet werden. Indem er beschreibt, dass der Kampf gegen den Schleier durch die Kolo-

---

80 Fanon 1969, a.a.O., S. 28.
81 Ebd.
82 Vgl. Fanon 1967, a.a.O., S. 109ff.

nialherren einen »Kult des Schleiers«[83] durch die Kolonisierten zur Folge haben kann ebenso wie die Konstitution des Schwarzseins die Négritude-Bewegung zur Folge hatte, beschreibt Fanon – inhaltlich sehr skeptisch – schon Momente eines Umgangs mit dem zugeschriebenen Status, die auf Umwertung und Verschiebung der Bedeutung von Zeichen abzielen und denen die Cultural Studies später so viel Aufmerksamkeit widmeten.

4.2 Verkörperlichung

Der dekolonialistische Theoretiker Walter Mignolo beschreibt Fanons Einklagen des Körpers als Ausgangspunkt menschlicher Bewusstwerdung, einer neuen Ökonomie des Wissens, der ein grundsätzlicher »epistemischer Bruch«[84] vorausgeht. Fanon hatte die Auswirkungen des Kolonialismus immer auch als körperliche beschrieben, die Dekolonisierung folglich als Prozess, der von ständiger »Anspannung der Muskulatur«[85] begleitet sei. Epistemisch daran ist, dass Dekolonisierung nach Fanon nur verstanden werden könne, wenn ihre verkörperlichte Intelligibilität verstanden würde.

Dass die kolonialen Gesellschaften auf Gewalt basieren, ist eine der zentralen Thesen aus *Die Verdammten dieser Erde*, und diese Gewalt schlage sich unweigerlich bis in die Körper der Beherrschten nieder. Die repressiven gesellschaftlichen Verhältnisse wirkten sich bis in die individuellen Körper aus und führten dazu, dass Menschen gelernt haben, auf ihrem »Platz zu bleiben, die Grenzen nicht zu überschreiten«[86]. Dass in den Kolonisierten mit dem inkorporierten Wissen um ihren Platz in der Gesell-

---

83 Fanon 1969, a.a.O., S. 31.

84 Walter D. Mignolo: *Epistemischer Ungehorsam. Rhetorik der Moderne, Logik der Kolonialität und Grammatik der Dekolonialität.* Wien: Verlag Turia & Kant 2012, S. 164.

85 Fanon 1981, a.a.O., S. 45.

86 Ebd., S. 43.

schaft zugleich eine in den »Muskeln sitzende Aggressivität«[87] entstehe, beschreibt eine dekoloniale Möglichkeit. Es stellt kein biologisches Faktum dar, sondern eine historische Variante auf Einzelne wirkender Verhältnisse.

Auf der beschreibenden und gesellschaftsanalytischen Ebene ist hier allerdings durchaus angelegt, was Bourdieu später mit dem Begriff des Habitus als »Leib gewordene Geschichte«[88] ausgearbeitet und an vielen Beispielen empirisch belegt hat, dass nämlich gesellschaftliche Verhältnisse sich in den einzelnen Körpern ablagern. Wenn sich Unterdrückungsverhältnisse körperlich niederschlagen, muss dies schließlich auch für Emanzipationsprozesse gelten. Dementsprechend meint Fanon in seiner emphatischen Schilderung der algerischen Revolution auch erste Effekte auf die Körper ausmachen zu können – Beobachtungen, die Bourdieu allerdings nicht bestätigt und die als relativ kurzfristig eingetretene sicherlich auch Bourdieus Annahme von der Behäbigkeit sozialer Verhältnisse widersprochen haben. Fanon beschreibt beispielsweise die Effekte der taktischen Entschleierung keineswegs nur auf der Ebene geistiger Emanzipation: »Die Schultern der entschleierten Algerierin sind entspannt. Ihr Gang ist leicht und geübt. Sie ist zu sich selbst gekommen«[89].

Auch Bourdieus Fokus liegt auf der in die Körper eingeschriebenen kulturellen Herrschaft. Immer wieder betont er, dass die Aufrechterhaltung der gegebenen symbolischen Ordnung nicht in erster Linie effektiver Propaganda und wirksamer »ideologischer Staatsapparate« zu verdanken sei, sondern der in die Körper eingeschriebenen Gewohnheit der Beherrschten. Also nicht bzw. nicht nur bewusste Übereinstimmung oder vertragliche Zustimmung, son-

---

[87] Ebd.

[88] Joseph Jurt: *Das literarische Feld. Das Konzept Pierre Bourdieus in Theorie und Praxis*. Darmstadt: Wissenschaftliche Buchgesellschaft 1995, S. 81.

[89] Fanon 1969, a.a.O., S. 40.

dern ein unbewusstes Sich-Fügen sei für die Aufrechterhaltung bestehender Ordnungen entscheidend. Bourdieu lastet diese Haltung den Beherrschten nicht moralisch an, sondern beschreibt sie als eine Form symbolischer Gewalt. Diese ist im Habitus der einzelnen Menschen verankert. »Als Produkt der Einverleibung einer sozialen Struktur in Form einer quasi natürlichen, oft ganz und gar angeboren wirkenden Disposition ist der Habitus die *vis instiae*, die potentielle Energie, die schlafende Kraft, aus der die symbolische Gewalt, und zwar insbesondere die, die mittels performativer Äußerungen ausgeübt wird, ihre geheimnisvolle Wirksamkeit bezieht«[90]. Wenn sich zentrale Differenzen der sozialen Stellungen in der Körperhaltung wieder finden lassen, in der Art und Weise, »wie man *sich hält*«[91], dann muss auch politische Intervention nicht nur an Bewusstseinprozessen, sondern an diesen verkörperlichten Dispositionen ansetzen. Judith Butler hat den Habitus-Begriff treffend als »Theorie des Körperwissens«[92] bezeichnet, also zugleich als eine Form dessen, was der Körper weiß und was über ihn gewusst wird. Um sein Habitus-Konzept zu veranschaulichen, zitiert Bourdieu den schwarzen US-amerikanischen Schriftsteller James Baldwin mit einer Beschreibung, die aus *Schwarze Haut, weiße Maske* stammen könnte: Den Unterschied zwischen Schwarzen und Weißen erfahre das schwarze Kind unbewusst und, »'(l) ange bevor das schwarze Kind diesen Unterschied wahrnimmt, und sehr viel früher, als es ihn begreift, hat es begonnen, auf ihn zu reagieren, von ihm kontrolliert zu werden.'«[93] Es habe sein Verhalten doppelt anzupassen, da es einer doppelten Angst vor Bestrafung unterworfen sei: der Bestrafung durch die Eltern und derjenigen durch eine Gesellschaftsstruktur, die noch in der Stimme der Eltern zum Ausdruck käme. In dieser Schilderung, so Bourdieu, trete besonders die Erfahrung zu Tage, wie ein Körper sich

90 Bourdieu 2001a, a.a.O., S. 216
91 Bourdieu 1999, a.a.O., S. 129.
92 Butler 2006, a.a.O., S. 237.
93 Bourdieu 2001a, a.a.O., S. 217.

mit der »Gewalt der den Gesellschaftsstrukturen inhärenten Zensuren solidarisiert«[94]. Obwohl er selbst das Beispiel des schwarzen Kindes wählt, verdeutlicht sich für Bourdieu hier bloß die *allgemeine* präreflexive Einordnung der Körper in die symbolische Ordnung bzw. die Unterordnung unter diese. Auf die *speziell*e ethnische Dimension des Habitus geht er kurioser Weise nicht ein – und macht sie damit für die Analyse unsichtbar.[95]

Aber auch für die Geschlechterverhältnisse beschreibt Bourdieu eine Verkörperlichung von Herrschaft. Hier folgert er aus seinen Beobachtungen der kabylischen Gesellschaft: »Die soziale Welt konstruiert den Körper als geschlechtliche Tatsache und als Depositorium von vergeschlechtlichten Interpretations- und Einteilungsprinzipien. Dieses inkorporierte soziale Programm einer verkörperten Wahrnehmung wird auf alle Dinge in der Welt und in erster Linie auf den *Körper selbst* in seiner biologischen Wirklichkeit angewandt«[96]. Die körperlich eingeschriebenen Grundlagen

---

94 Ebd.

95 Die Analyse ethnischer Herrschaft spielt in der Bourdieu-Rezeption insgesamt eine untergeordnete Rolle, mit Ausnahme sicherlich der Arbeiten von Loïc Wacquant, vgl. Loïc Wacquant: »Tödliche Symbiose. Wenn Ghetto und Gefängnis sich verbinden«. In: Uwe H. Bittlingmayer, Rolf Eickelpasch, Jens Kastner und Claudia Rademacher (Hg.): *Theorie als Kampf? Zur politischen Soziologie Pierre Bourdieus*. Opladen: Verlag Leske + Budrich 2002, S. 269–317. Für Ethnizität als eigenständige Dimension des Habitus habe ich an anderer Stelle plädiert, vgl. Jens Kastner: »Fleischgewordene Höllenmaschine«. Staatlicher Rassismus als neoliberale Politik«. Uwe H. Bittlingmayer, Rolf Eickelpasch, Jens Kastner und Claudia Rademacher (Hg.) 2002, a.a.O., S. 319-341. Ethnizität kann im Anschluss an Bourdieu als soziale Klassifikation und »gewaltgenerierte Existenzweise« begriffen werden, Jens Kastner: »Staat und kulturelle Produktion. Ethnizität als symbolische Klassifikation und gewaltgenerierte Existenzweise«. In: Michael Schultze, Jörg Meyer, Britta Krause, Dietmar Fricke (Hg.): *Diskurse der Gewalt – Gewalt der Diskurse*. Frankfurt a. M./ Berlin/ Bern/ Brüssel/ New York/ Oxford/ Wien: Lit Verlag 2005, S. 113-126, hier S. 120f.

96 Bourdieu 2005b, a.a.O., S. 22.

der Wahrnehmung und des Denkens sind letztlich auch Indikatoren für die Veränderlichkeit sozialer Verhältnisse.

5. »a man who questions«. Reflexive postkoloniale Soziologie

Fanons Buch *Schwarze Haut, weiße Masken* endet mit der etwas pathetischen Beschwörung: »My final prayer: Oh my body, make of me always a man who questions!«[97] Fanon fordert damit dem eigenen Denken gegenüber eine skeptische, reflexive Haltung ein. Ohne den Bogen der Gemeinsamkeiten zwischen dem antikolonialen Theoretiker Fanon und dem Soziologen Bourdieu überspannen zu wollen, lässt sich doch auch bei Bourdieu dieses Reflexivitätsgebot als unbedingte Voraussetzung der eigenen wissenschaftlichen Tätigkeit ausmachen.[98] Die Ursprünge dieses Anspruches lassen sich, wie gezeigt, unter anderem in dem Dilemma verorten, als französischer Ethnologe im kolonialen Algerien zu arbeiten und damit die eigene Forscherposition permanent in Frage zu stellen. Fanon betont mit seinem Buchabschlussgebet aber noch etwas anderes, nämlich die körperliche Dimension von Erkenntnisprozessen. Auch diese konnte als gemeinsamer, unter den kolonialen Bedingungen in Algerien ausgebildeter Fokus beider Autoren herausgestellt werden.

Diese zugerichteten und unterworfenen Körper sind zugleich die mit Handlungsmacht ausgestatteten Subjekte: eine oft beschriebene, moderne Ambivalenz, die in der kolonialen Situation besonders deutlich hervortritt, aber auch in unseren heutigen postkolonialen Verhältnissen nicht an politischer und sozialer Relevanz verloren hat. Denn Postkolonialismus bezeichnet nicht nur die historische Ära nach dem Abzug der Kolonialmacht aus

97 Fanon 1967, a.a.O., S. 232.

98 Vgl. Pierre Bourdieu und Loïc Wacquant: »Die Ziele der reflexiven Soziologie. Chicago Seminar, Winter 1987«. In: Dies.: *Reflexive Anthropologie*. Frankfurt am Main: Suhrkamp Verlag 2006, S. 95–249.

der Kolonie, sondern eine sowohl die ehemalige Kolonie als auch die Ex-Kolonialmacht aktuell durchziehende ökonomische, soziale und kulturelle Prägung. So plädiert Robert J.C. Young in seiner historischen Rekonstruktion des Postkolonialismus dafür, diesen als Verknüpfung von erkenntnistheoretischen und politischen Aspekten in einer nach-kolonialen Situation zu fassen: »It combines the epistemological cultural innovations of the postcolonial moment with a political critique of the conditions of postcoloniality«[99]. Postkolonialität wiederum bezeichnet die ökonomischen, materiellen und kulturellen Bedingungen innerhalb des globalen Systems, in denen postkoloniale Subjekte (und nach Young auch Nationen) gezwungen sind zu handeln. In einer so breiten bzw. offenen Definition gibt es, da der Kolonialismus schließlich als ein weltumspannendes Phänomen betrachtet werden muss, letztlich überhaupt keine anderen als postkoloniale Subjekte. Dementsprechend müssten auch die Sozialwissenschaften konsequenter Weise – analog zur Unterscheidung international/internationalistisch – nicht nur postkolonial, sondern auch postkolonialistisch sein, sie müssten also mit dem bloßen Faktum der Postkolonialität offensiv umgehen, d.h. sie in Inhalten und Methoden reflektieren.[100] Postkolonialistisch sind die Sozialwissenschaften (in Westeuropa und Nordamerika), gemessen an der expliziten Thematisierung

---

[99] Robert J.C. Young: *Postcolonialism. An Historical Introduction.* Malden, MA/ Oxford/ Victoria 2001, S. 57.

[100] Der peruanische Soziologe Anníbal Quijano hat mit seinem, in Lateinamerika breit rezipierten Konzept der »Kolonialität der Macht« diesen Anspruch an die Sozialwissenschaften ausgeführt. Die »Kolonialität der Macht« gründe sich auf eine ethnische Klassifikation der Weltbevölkerung, die der Dreh- und Angelpunkt der Organisation kapitalistischer Herrschaft sei. Sie wirke auf all deren Ebenen, in allen Breichen und materiellen wie subjektiven Dimensionen der alltäglichen und gesellschaftlichen sozialen Existenz, vgl. Aníbal Quijano: *Kolonialität der Macht, Eurozentrismus und Lateinamerika.* Wien/ Berlin: Verlag Turia & Kant 2016, zusammenfassend vgl. auch Jens Kastner: *Dekolonialistische Theorie aus Lateinamerika. Einführung und Kritik.* Münster: Unrast Verlag 2022.

und Problematisierung der Folgen und Effekte des Kolonialismus, aber definitiv nicht. Es braucht also Anstöße für eine explizit postkolonialistische Ausrichtung der Sozialwissenschaften, sowohl theoretischer als auch methodischer Art.[101]

In dem oben angestrengten Vergleich sind einige theoretische Aspekte in den Schriften Fanons und Bourdieus herausgearbeitet worden, die innerhalb der spezifisch kolonialen Situation erarbeitet wurden, um sie schließlich in die jeweils universelle Sozialtheorie zu inkludieren. Es ist deutlich geworden, dass die Auseinandersetzungen mit den besonderen Verhältnissen der Kolonialherrschaft nicht nur besondere wissenschaftliche Methoden, sondern auch spezifische, aber verallgemeinerbare sozialtheoretische Motive hervorgebracht haben: Dass soziale Herrschaft auch über den Blick generiert wird und sich in den Körpern ablagert, und dass widerständige Praktiken sich nicht erst im makropolitischen Klassenkampf manifestieren, sondern bereits in mikropolitischen, alltäglichen Umdeutungsprozessen. Die »soziale Klassifikation«[102], die wissenschaftliche, politische und soziale Herstellung von autorisierten, legitimierten und damit wirkmächtigen Kategorien muss somit in postkolonialistischer Perspektive als ein Gender und Ethnizitäten ebenso wie Klassen generierendes Moment

---

101 Julia Reuter und Paula-Irene Villa beschreiben die postkoloniale Theorie als mehrdimensionale Herausforderung für die Soziologie und nennen einige Kriterien für die Wissen(schaft)ssoziologie, die Kultursoziologie, die Soziologie der Globalisierung sowie für die Ungleichheits- und Geschlechtersoziologie, vgl. Julia Reuter und Paula-Irene Villa: »Provincializing Soziologie. Postkoloniale Theorie als Herausforderung«. In: Dies. (Hg.): *Postkoloniale Soziologie. Empirische Befunde, theoretische Anschlüsse, politische Intervention*, Bielefeld 2010, S. 11–46. Die Dekolonisierung der Soziologie fordern und betreiben auch die Beiträge in Encarnación Gutiérrez Rodríguez, Manuela Boatca und Sérgio Costa (Hg.): *Decolonizing European Sociology. Transdisciplinary Approaches*, Farnham/ Burlington 2000.

102 Aníbal Quijano: *Colonialidad del Poder y Clasificacion Social*, in: Journal of World-Systems Research, VI, 2. Summer/Fall 2000, S. 342-386.

ausgemacht werden.[103] Die soziale Klassifikation schafft Ungleichheiten und Differenzen, auf die sich Herrschaft gründet und derer sie zu ihrer Reproduktion bedarf. Diese empirisch fundierten, sozialtheoretischen Motive ebenso wie die inhaltliche Dimension der Klassifikation neben den Fragen nach ökonomischen Strukturbedingungen in jede herrschaftskritische Sozialforschung zu postkolonialen Gegenwartsphänomenen wie der transnationalen Migration und der ökonomischen wie kulturellen Globalisierung einfließen zu lassen, wäre eine der wesentlichen Schlussfolgerungen aus den unter kolonialen Bedingungen erarbeiteten sozialtheoretischen Ansätzen Frantz Fanons und Pierre Bourdieus.[104]

---

103 Quijano, der diesen Vorschlag gemacht hat, fällt allerdings in Bezug auf die Kategorie Geschlecht hinter die feministischen Debatten seit den frühen 1990er Jahren zurück, indem er, anders als bei Ethnizitäten, beim Geschlecht eine dem Sozialen vorgängige, biologisch bestimmbare Kategorie behauptet.

104 Die Diskussion darüber, warum Bourdieu selbst in seinen Untersuchungen zum Habitus, die vor allem nach Klasse und wenig nach Ethnizität fragen, diesem Anspruch kaum gerecht wird, kann an dieser Stelle nicht geführt werden.

3
Kunstfeld und Kunstkritik

Strategie des Doppelschlags

Über die Vorlesungen Pierre Bourdieus zu Werk und Werdegang des Malers Edouard Manet

Wegen seines Bildes *Das Frühstück im Grünen* (1863) galt der Maler Edouard Manet (1832–1883) als Provokateur. Von der Abbildung nackter Frauen bis zum formalen Aufbau, kaum eine Dimension des Bildes blieb von der Kritik verschont. Ebenso erging es der *Olympia* (1865), wo die bloße Haut mindestens ebenso empörte wie die malerische Gleichbehandlung der Person und von banalen Dingen wie einem Blumenstrauß. Seinerzeit vom Publikum verspottet und von einem Großteil der Kritik verhöhnt, machte aber genau diese malerische Haltung Manet letztlich zu dem, als der er heute unbestritten gilt: Als Erneuerer der modernen Kunst, als – neben Paul Cézanne – wichtigster Wegbereiter der modernen Malerei.

Hat eine soziologische Perspektive diesem kunsthistorischen Konsens noch etwas hinzuzufügen? Die Vorlesungen Bourdieus zu Werdegang und Werk des Malers sind ein rund 900-seitiges Ja auf diese Frage. Die Vorträge aus den Jahren 1998 bis 2000 beschäftigen sich zwar auch mit Bildgrößen und ikonographischen Verweisen, mit Gattungshierarchien und den Grundlagen der Kunstkritik. Im Wesentlichen aber geht es Bourdieu um die Weiterentwicklung seiner kritischen Kunstsoziologie. Darin geht es um Fragen wie die, was als legitime Kunst gilt und was nicht und wer das wie bestimmt. Es geht um Rahmenbedingungen künstlerischen Schaffens, um die Wert verleihende Macht von Institutionen wie dem Museum, um Netzwerke zwischen Künstlerinnen und Künstlern. Es geht um das auf und ab von Stilen, Gattungen und Karrieren, um ganz spezifische Dynamiken also. Aber es geht auch um die allgemeine, von Generationen kritischer Theoretikerinnen und

Theoretiker behandelte Frage nach dem Wechselverhältnis von Kunst und der sonstigen Gesellschaft.

Davon handeln letztlich auch die Manet-Vorlesungen. Nun lässt sich heute, wo Manets Bilder ähnlich wie die anderer Größen der Kunstgeschichte, Radiergummis und Kloposter zieren, nur mehr schwer nachvollziehen, worin deren Sprengkraft gelegen hat. Oder, wie Bourdieu es formuliert: »Wie hat ein Werk für Keksdosen eine unvorstellbare Gewalt entfesseln können?«[1]

Um nicht weniger nämlich geht es, nachzuweisen, dass Manet nicht nur die Kunst umgewälzt hat. Er hat darüber hinaus Sichtweisen im weitesten Sinne verändert. Aus der Perspektive Bourdieus hat er eine »symbolische Revolution« ausgelöst. Dabei ist das Symbolische bei Bourdieu keineswegs ein Gegensatz zum Realen oder nur ein anderes Wort für Wirkungslosigkeit. Im Gegenteil: Es geht dabei um das Denk- und Wahrnehmbare überhaupt. Eine symbolische Ordnung besteht aus dem Selbstverständlichen und Unhinterfragten, soziologisch formuliert macht sie die »Übereinstimmung zwischen Wahrnehmungsstruktur und Sozialstruktur«[2] aus.

Manets Gemälde waren nicht nur Angriffe auf die zeitgenössische Kunst, ihre werkbezogenen Maßstäbe und ihre Institutionen. Sie attackierten auch die moralischen und politischen Haltungen des Bürgertums. Um sich dennoch durchsetzen zu können, mussten sie zugleich neue Kriterien etablieren, nach denen sie selbst fortan beurteilt wurden. Bourdieu legt sehr viel Wert darauf aufzuzeigen, dass die Effekte von Bildern auf soziale Situationen extrem voraus-

---

1 Pierre Bourdieu: *Manet. Eine symbolische Revolution. Vorlesungen am Collège de France 1998–2000.* Mit einem unvollendeten Manuskript von Pierre und Marie-Claire Bourdieu. Berlin: Suhrkamp Verlag 2015, S. 40.

2 Ebd., S. 44.

setzungsreich sind. Um sie zu erklären, spricht er über Manets soziale Herkunft und die seiner Kritiker, seine linken politischen Ansichten und die Struktur des entstehenden Kunstmarkts, das Verhältnis von Kunstkritik und Journalismus und vieles mehr. Das Projekt, dies alles nachzuvollziehen, beschreibt Bourdieu selbst als »monströs«, für dessen Durchführung man eigentlich »ein Leben«[3] bräuchte.

Besonderes wichtig ist Bourdieu jedenfalls hervorzuheben, dass Manets Angriffe auf die Bourgeoisie nicht ohne seine spezifisch künstlerischen Abweichungen und Verstöße zu denken ist. Und ohne sie auch nicht funktioniert hätten. Was das bedeutet, wird gerade in seiner Abgrenzung zu marxistischen Kunsttheorien deutlich. Bourdieu setzt sich in den Vorlesungen immer wieder mit den Positionen des marxistischen Kunsthistorikers Timothy J. Clark auseinander. Auch Clark hatte mit *The Painting of Modern Life* (1985) ein Buch über Manet geschrieben und dessen Bilder mit den sozialen Veränderungen seiner Zeit kurzgeschlossen. Ein Versuch, den Bourdieu als »höchst achtenswert und zugleich nicht zu verteidigen«[4] beschreibt.

Bourdieu wendet sich gegen die Vorstellung, die soziale Realität schlage sich in irgendeiner Weise unmittelbar im Bild nieder. Sowohl die Bilder als auch die sozialen Verhältnisse seien viel zu komplex für dermaßen einfache Ableitungen. Einerseits hätten also die herrschenden Gedanken, selbst wenn sie, wie Marx und Engels in *Die Deutsche Ideologie* vereinfachend meinten, immer nur die Gedanken der Herrschenden wären, noch unzählige Möglichkeiten, sich zu repräsentieren. Und deshalb sind die sozialen Verhältnisse auch nicht unbedingt Gegenstand der künstlerischen Arbeit selbst. Wenn man schon nach den sozialen Klassen forsche, schreibt Bourdieu, sollte man sie »vielleicht doch da suchen, wo sie sind und nicht notwendig in den Bildern direkt«[5]. Die sozia-

---

3 Ebd., S. 39.

4 Ebd., S. 471.

5 Ebd., S. 485.

len Klassen finden sich in den Praktiken, die die Bilder und die Arten und Weisen, sie zu sehen, hervorbringen.

Das können die Vorlesungen tatsächlich zeigen: Hier kämpfen nicht nur proletarische gegen bürgerliche Intellektuelle, linke gegen rechte Künstlerinnen und Künstler, aufstrebende Journalisten gegen etablierte Literaten und marktfreundliche gegen staatliche Instanzen. Erst diese Vielzahl widerstreitender sozialer Positionen führt zu neuen Wahrnehmungsformen. Ästhetik und Kunst im engeren Sinne sind da zwar nur ein Beispiel, aber eines von Gewicht. Und dieses Eigengewicht vernachlässigt der Marxismus in der Regel. Der Fehler von Clark und anderer marxistischer Ansätze liegt Bourdieu zufolge also in einem Kurzschluss. Statt die kunsteigenen Maßstäbe und Mechanismen ernst zu nehmen, würden sie gleich vom großen Ganzen aufs einzelne Kunstwerk schließen. Clark etwa gehe »unvermittelt vom Makrokosmos zum einzelnen Bild über, unter Vernachlässigung des Mikrokosmos«[6].

Die Abgrenzung von marxistischen Erklärungsmodellen wird durch die vielen empirischen Verweise durchaus plausibel. Darin unterscheiden sich die Manet-Vorlesungen auch von Bourdieus Vorlesungen *Über den Staat*. In den Ausführungen zur Staatstheorie aus den frühen 1990er Jahren, die 2014 auf Deutsch erschienen waren, hatte der Soziologe auch immer wieder die Distanz zum Marxismus herausgestrichen. Allerdings beschränkte er sich dabei auf Andeutungen, gerade wo er Theoretiker mit sehr ähnlichen Herangehensweisen wie etwa Antonio Gramsci oder Nicos Poulantzas referierte. In den Vorlesungen zu Manet hingegen mündet die akribische Aufarbeitung der historischen Situation in eine überzeugende Theorie. Wie einzelne Pinselstriche nicht nur moralische Empörung auslösen, sondern ganze Denksysteme erschüttern können, ist jedenfalls selten so einleuchtend erläutert worden.

---

6 Ebd., S. 497.

Mit der Analyse der bildenden Kunst im 19. Jahrhundert ergänzt Bourdieu einerseits die Untersuchung zur Literatur aus seinem kunstsoziologischen Hauptwerk *Die Regeln der Kunst*. Hier hatte er sich den Werken von Gustave Flaubert und ihren Produktionsbedingungen gewidmet. Wie Manet Formalist und Realist zugleich, wird Flaubert eine ähnlich revolutionäre Rolle zugedacht wie seinem Malerkollegen. Andererseits geht es Bourdieu aber auch um politisch-theoretische Interventionen in die Gegenwart. Denn zu verstehen, wie gegen die Autoritäten des eigenen Feldes und gegen die bürgerlichen Klassengesellschaft zugleich vorgegangen werden kann, ist nach Bourdieu auch die Voraussetzung für jede zukünftig erfolgreiche »Strategie des Doppelschlags«[7].

---

7 Ebd., S. 49.

Zur Kritik der Kritik der Kunstkritik

Feld- und hegemonietheoretische Einwände

Kritik, auch die Kunstkritik, steht immer schon in einem ambivalenten Verhältnis zur Macht. Eigentlich ist das schon missverständlich ausgedrückt, denn sie steht der Macht nicht gegenüber und geht nicht von dort aus uneindeutige Beziehungen mit ihr ein. Stattdessen ist sie mit der Macht verwoben, in sie verstrickt. Dass es kein Gegenüber oder Außerhalb der Macht gibt, ist selbstverständlich keine neue Entdeckung. Louis Althusser hat sie gemacht, als er die modernen Subjekte qua Anrufung durch die ideologischen Staatsapparate konstituiert sah, die die Macht in deren Inneres verlegt hatte. Aber bereits Karl Marx wusste davon, als er über Fetischisierung und Verdinglichung schrieb und damit das an die bestehenden Zustände gefesselte Denken der Menschen beschrieb. Michel Foucault hat uns zudem erläutert, dass die Macht allgegenwärtig ist, weil sie von überall kommt, und dass sie zwar durch die Subjekte hindurchgeht, aber besser zu verstehen ist als der Name für eine komplexe strategische Situation innerhalb einer Gesellschaft. Und von Pierre Bourdieu wissen wir, dass sich auch kritische Stellungnahmen – in seinen Worten: Positionierungen – immer auf bereits bestehende Positionen und Dispositionen innerhalb eines Feldes gründen.

Da die Positionen innerhalb des künstlerischen Feldes immer auch Positionen im sozialen Raum sind, lassen sie sich nicht ohne Macht denken. Es gibt sogar konkrete Überschneidungen von künstlerischem und politischem Feld – ob man sie nun personalisiert denkt in Form eines heterosexuellen, Mitte fünfzigjährigen Museumsdirektors eines renommierten Hauses für Gegenwartskunst in einer westeuropäischen Metropole und dessen Parteibuch und Tennisfreund*innen oder ob man sie sich strukturell vorstellt als Reproduktion einer ästhetischen Disposition, einer Haltung also, die die akademisch geprägten Kunstgenießer*innen an ihre soziale Klasse bindet und sie gegen Banausen aller Art verteidigt. Es ist also durchaus sinnvoll, gerade in einem Feld wie dem künstlerischen, in dem die Illusion besonders verbreitet ist, relativ weit weg von der Macht oder zumindest ihr abgewandt zu produzieren und zu existieren, auf die Relation (statt des Gegenübers), auf die Ambivalenz (statt der Eindeutigkeit) und auf Affirmation (statt Widerständigkeit) zu verweisen.

Aber die Verwobenheit von Kunst, Macht und Kritik ist keine statische Angelegenheit. Sie ent- und besteht innerhalb gesellschaftlicher Kräfteverhältnisse und ist der jeweils historisch konkrete Effekt sozialer Kämpfe. Und aus diesem Aber, um das sich der folgende Text drehen wird, ergeben sich zwei grundsätzliche Fragen. Zum einen drängt sich die Frage danach auf, was daraus zu folgern ist, welche Schlüsse also für die Praxis der Kunstkritik aus der Diagnose gezogen werden, dass sie selbst in Machtverhältnisse eingebunden ist, in ihnen uneindeutig agiert und im Zweifel sogar affirmative Effekte zeitigt. Und die andere Frage wäre eine weniger normative, nämlich die danach, wie genau diese Ambivalenz der Kritik aussieht, wie sie produziert wird und sich in ihrer jeweiligen historisch-konkreten Situation reproduziert. So nacheinander formuliert, deutet sich vielleicht schon an, dass die zweite Frage einen Teil der Antwort auf die erste bereits enthält. Dass das Antworten sich im Sinne einer Fortsetzung kritischer Praxis überhaupt lohnt, das hat beispielsweise Judith Butler versucht zu vermitteln, die uns schließlich gelehrt hat, das die Handlungsfähigkeit des Subjekts, selbst eine kritische, auch denkbar ist, wenn sie sich selbst aus der anrufenden und regulierenden Macht speist.

Die Analyse jener Verwobenheit von Kunst, Kritik und Macht hat in letzter Zeit häufig dazu geführt, dass mit Bezug auf die Theorie Bourdieus die Möglichkeit angezweifelt, eingeschränkt oder überhaupt abgestritten wurde, mit Kritik etwas anderes zu erreichen als die Reproduktion jenes Feldes, in und aus dem sie entstanden ist und formuliert wird. Weil das Feld der Macht und das Kunstfeld sich überlappen, betont beispielsweise der Kritiker und Kurator Helmut Draxler besonders das ambivalente Verhältnis von Macht, Kunst und Kritik.[8] Die Kritik im Kunstfeld ist demnach keineswegs selbstverständlich ein Mittel, mit dem sich die Akkumulation von kulturellem Kapital in Frage stellen und die Profiteure und Profiteurinnen benennen ließen. Im Gegenteil, diese Ambivalenz führe sogar dazu, dass die Kritik selbst als »inkorporiertes Kapital«[9] zu verstehen sei.[10] Keine der drei Bedeutungsebenen oder historischen Narrative der Kunstkritik, die Draxler beschreibt, ist gegen dieses Dilemma gefeit: Die Kritik, die auf die Verbesserung der künstlerischen Arbeit abzielt, die Kritik im Namen der Kunst, also politisch engagierte künstlerische Arbeiten selbst, sowie die Kritik an der Kunst.[11] Bevor nun allerdings An-

---

8 Helmut Draxler: *Gefährliche Substanzen. Zum Verhältnis von Kritik und Kunst.* Berlin: b_books 2007, und Helmut Draxler: »Der Habitus des Kritischen. Über die Grenzen der reflexiven Praxis«. In: Beatrice von Bismarck, Therese Kaufmann und Ulf Wuggenig (Hg.): *Nach Bourdieu. Visualität, Kunst, Politik.* Wien: Turia + Kant 2008, S. 265–273. Der Aufsatz erschien unter identischem Titel, aber leicht verändert zudem im Webjournal *transversal*, Wien, 03/2008, https://transversal.at/transversal/0308/draxler/de (zuletzt abgerufen am 14.02.2023).

9 Draxler 2008, a.a.O., S. 269.

10 Dass sich mit einer engagierten, sich selbst als politisch verstehenden Kunst- und Kunstkritikpraxis selbst Distinktionsgewinne einfahren lassen, ist allerdings nicht Draxlers Entdeckung. Innerhalb einer sich politisierenden Kunstszene im deutschsprachigen Raum der 1990er Jahre wurde diese Problematik bereits reflektiert und diskutiert, Holger Kube Ventura gibt diese Diskussionen wieder und schließt sich dabei der von ihm zitierten Position Gerald Raunigs an, dass kunsttheoretische Konstruktionen, die Kunst und Politik zusammen denken, schließlich *auch*, aber *nicht nur* Distinktionsprofite für linke Kunsttheoretiker*innen abwerfen. Holger Kube Ventura: *Politische Kunst Begriffe in den 1990er Jahren im deutschsprachigen Raum.* Wien: edition selene 2002, S. 221.

11 Vgl. Draxler 2007, a.a.O., S. 132.

sprüche an die Kunstkritik und ihre Potenziale diskutiert werden, soll zunächst Draxlers Kritik an der Kunstkritik genauer beleuchtet werden.

Diese Kritik soll dabei als stellvertretend für eine gegenwärtige Tendenz innerhalb des Kunstfeldes gelesen werden, auf der Grundlage der Feldtheorie Bourdieus zwar einerseits die Verwobenheit von Macht und Kritik als sozialen Effekt zu beschreiben, andererseits aber die künstlerische Intervention in soziale Kämpfe als illusorisch zurückzuweisen. Kritik an den Institutionen könne demnach über die Institutionen des künstlerischen Feldes nicht hinauskommen, oder wie es die institutionskritische Künstlerin Andrea Fraser für ihresgleichen paradigmatisch formuliert: »We are trapped in our field«[12]. Diese Tendenz ist auch insofern bemerkenswert, als sie zeitgleich mit gegenläufigen Strömungen innerhalb der Sozialwissenschaften auftritt, die – im Gegensatz zum soziologischen Mainstream – gerade die Bedeutung künstlerischer Praktiken und Bewegungen für die Moderne, den gegenwärtigen Kapitalismus und/oder zeitgenössische Lebensstile betonen.[13] Ohne auch

---

12 Andrea Fraser: »From the Critique of Institutions to an Institution of Critique«. In: *Artforum*, Vol. 44, New York, September 2005, S. 278–283, hier: S. 282. Zur Kritik an Positionen wie der von Fraser vgl. auch Gerald Raunig, »Instituierende Praxen, No. 1. Fliehen, Instituieren, Transformieren«. In: Stefan Nowotny / Gerald Raunig: *Instituierende Praxen. Bruchlinien der Institutionskritik*, Wien: Turia + Kant 2008, S. 21–34.

13 Stellvertretend seien hier nur einige, in ihrer Beschreibung ähnliche, in der Wertung des Beschriebenen aber zum Teil sehr divergierende Beiträge zum Stellenwert künstlerischer Praktiken für die kulturellen und ökonomischen Veränderungen der westlichen Gegenwartsgesellschaften genannt: Luc Boltanski und Ève Chiapello: *Der neue Geist des Kapitalismus*. Konstanz: UVK 2003; Richard Florida: *The Rise of the Creative Class. And how it's transforming work, leisure, community and every day life*. New York: Basic Books 2004; Pierre-Michel Menger, *Kunst und Brot. Die Metamorphosen des Arbeitnehmers*. Konstanz: UVK 2006; Andreas Reckwitz: *Das hybride Subjekt. Eine Theorie der Subjektkulturen von der bürgerlichen Moderne zur Postmoderne*. Weilerswist: Vel-

noch in diese Debatten einzusteigen, soll zumindest deren Impetus, eine grundsätzliche Durchdringung von Kunstgeschichte und Geschichte und die gesteigerte Bedeutung Ersterer für die westlichen Gegenwartsgesellschaften zu betonen, aufgegriffen werden. Das bedeutet für die Frage der Kunstkritik, das Phantasma einer Gefangenschaft im Feld als beschränkende Selbstbeschreibung bestimmter Kunstfeldakteur*innen zurückzuweisen und darauf zu beharren, dass die Macht zwar ohne den König, doch die Kritik *nicht* ohne soziale Kämpfe zu denken ist.

Kritik der Kunstkritik

An verschiedenen Stellen seines Buches bezieht Helmut Draxler sich auf die Kunstfeldtheorie Pierre Bourdieus, ganz explizit widmet er der Auseinandersetzung mit diesem Ansatz einen eigenen Aufsatz. Die folgende Auseinandersetzung bezieht sich in der Hauptsache auf die Bourdieu-Interpretationen Draxlers und legt es nicht darauf an, sein Modell der »gefährlichen Substanzen« in Gänze zur Diskussion zu stellen. Draxlers Lesweise von Bourdieu allein gibt bereits einiges her. Im Gegensatz zu anderen Sozialtheorien erlaubt es der relationale Ansatz Bourdieus, in Bezug auf das Verhältnis bestimmter Akteur*innen und Positionen zur politischen und gesellschaftlichen Macht Ambivalenzen sehr stark zu betonen. Deshalb greift Draxler auf Bourdieus Theorie zurück. Akteur*innen wie beispielsweise Intellektuelle und Künstler*innen werden durch die Analyse ihrer Position im sozialen Raum als »beherrschte Herrschende« beschreibbar. Ihre in Relation zu anderen entstandenen Dispositionen machen sie reich an kulturellem Kapital, das unter bestimmten Bedingungen in ökonomisches transferiert werden kann, reicher jedenfalls als andere und immer noch so reich, dass ihre Positionierungen nicht automatisch der Seite der

---

brück 2006; Zygmunt Bauman: *The Art of Life*. Cambridge/UK: Polity Press 2008.

Beherrschten zuzurechnen sind – auf der Intellektuelle sich lange Zeit per se verorteten. Kurz, ihre Position ist in der Regel eine ambivalente, und das gilt nicht weniger für ihre Positionierungen. Zu diesen zählt auch die Kunstkritik. Weil die besagte Ambivalenz bestehe, könne oder müsse sogar die Kritik als »inkorporiertes Kapital« verstanden werden. Wenn selbst die Kritik als verkörperlichtes kulturelles Kapital fungiert, d. h. eingesetzt werden kann zur Aufwertung der eigenen Person und Position und zur Abwertung und zum Ausschluss anderer, dann liegt der Schluss nahe, dass »die noch so radikale Infragestellung des ›Systems‹ [...] deshalb unter Umständen der präzise Ausdruck ebendieses Systems sein [kann]«.[14]

Draxler fragt sich, worin oder wie überhaupt sich das Programm einer »kritischen Soziologie« von einer »rein feldspezifischen Positionierung« unterscheiden könne, und folgert dann gleich im nächsten Satz, dass sich Kritik nicht theoretisch begründen ließe, wenn sich »die kritischen oder politischen Positionierungen nie strikt und kategorisch von feldspezifischen Positionierungen unterscheiden lassen«[15]. Was »rein feldspezifische« im Gegensatz zu unreinen feldspezifischen oder rein feldunspezifischen Positionierungen überhaupt sein könnten, führt Draxler nicht aus. Es lässt sich auch gar nicht ausführen, weil es diesen Gegensatz in der Logik Bourdieus gar nicht gibt. Anders gesagt: Kritische und politische Positionierungen sind *auch* feldspezifische, wenn sie aus dem Kunstfeld kommen und sich in der dortigen Auseinandersetzung entwickelt haben. Dass bedeutet weder, dass deshalb jede feldspezifische Positionierung kritisch oder politisch sein muss, noch bedeutet es, dass kritische/politische Positionierungen »rein feldspezifisch« in dem Sinne wären, dass sie »der präzise Ausdruck ebendieses Systems« wären. Während er sonst äußerst viel Wert auf die

---

14 Draxler 2008, a.a.O., S. 269 f.
15 Ebd., S. 268.

Ambivalenz legt, vereindeutigt Draxler an dieser Stelle und lässt die Formulierung, »unter Umständen« werde Kritik zum Ausdruck des Systems, zur reinen Rhetorik verkommen. Denn für die genauen Umstände, unter denen dies geschieht und die den eigentlich interessanten Gegenstand einer Forschung zur Kunstkritik ausmachen würden, interessiert er sich fortan nicht mehr. Alle Kritik gerät bei Draxler unter den starken Verdacht der Systemaffirmation. Das ist eine deterministische Engführung, die weder der Theorie Bourdieus noch den Praktiken gerecht wird, die damit beschrieben werden sollen.

Draxler meint einen »Habitus des Kritischen«[16] auszumachen, der in Wirklichkeit gar nicht kritisch, sondern systemkonform ist (»der präzise Ausdruck ebendieses Systems«). Der »Habitus des Kritischen« deute darauf hin, »dass sich in einem bestimmten Gestus von Kritik gesellschaftliche Verhältnisse eher reproduzieren als verändern und vielleicht sogar soziale Ungleichheiten sich stärker festsetzen als auflösen«[17]. Draxler geht es mit der Behauptung dieser Figur weder um ihre moralische Bewertung noch um eine zeitdiagnostische Signatur – was beides allerdings stark mitschwingt.[18] Er zielt vielmehr auf die Frage, ob die Begründung von Kritik, falls sie überhaupt möglich ist, nicht habituelle Aspekte mit einbeziehen muss. Die Frage ist selbstverständlich rhetorisch gestellt und die Antwort ist eine jener Vereindeutigungen, die sich durch Draxlers gesamte Bourdieu-Lektüre ziehen. Vereindeutigt meint hier, dass selbst wenn habituelle Aspekte in die Betrachtung von Genese und Effekten der Kritik mit einbezogen würden, dies eben nicht heißen

---

16 Ebd., S. 266.

17 Ebd., S. 266 f.

18 Dieser Hinweis findet sich gleichlautend in der Internetversion des Aufsatzes, die allerdings – anders als die Buchversion – gleich in der zweiten Zeile mit der klar zeitdiagnostischen Behauptung einsetzt, es gebe einen »*Mainstream* des Kritischen«. Dieser reiche »von den Anforderungsprofilen für Master-Lehrgänge über Michael Moore und Herbert Grönemeyer bis zu den meisten Documenta-Künstler/innen«.

muss, der »Habitus des Kritischen« ziele letztlich, wie Draxler behauptet, viel eher auf »Bewahren und Wiederherstellen« statt auf Infragestellung und Neuerungen.[19] Nun wäre es albern, dem entgegenzutreten mit der Behauptung, es gäbe eine Kritik, die substanziell resistent ist gegen Vereinnahmungen oder die eben nicht auf Positionierungen und Dispositionen aufbaut. Denn gerade Bourdieu hat plausibel gemacht, dass so etwas wie eine Substanz oder ein Wesen von Kritik nicht existiert, sondern dass sich das Kritische einer Haltung nur in Relationen zwischen Positionen ermitteln lässt. Aber: Entweder man liest den Habitus als Leib gewordene Geschichte in erster Linie als verkörperten, relativ statischen Knotenpunkt, der die Praxis in gegebene Strukturen überführt. Dann macht allerdings der Begriff »Habitus des Kritischen« keinen Sinn, denn eine Haltung wäre dann *entweder* habituell im Sinne von reproduzierend *oder* kritisch. Oder man liest den Habitus als dynamische Vermittlung zwischen Struktur und Praxis. Dann aber ist er zwar immer noch behäbig, aber weder bloß reproduzierend noch revolutionierend. Das müsste dann eben auch für einen »Habitus des Kritischen« gelten.

Um es nicht bei einem Auslegungsstreit zu belassen, wird im Anschluss an die Aufschlüsselung von Draxlers paradigmatischen Kurzschlüssen der Versuch unternommen, eine alternative Lesweise Bourdieus anzubieten. Dabei geht es unter anderem darum, politische Aktivismen einerseits nicht aus dem Analyserahmen von Bourdieus Kunsttheorie auszuschließen und andererseits solche Aktivismen als mindestens ebenbürtige Alternative zu der von Draxler vorgeschlagenen Metakritik zu behaupten. Dass sich andere Theorieansätze möglicherweise noch eher dazu anböten, um die von Draxler abgelehnten Kunst-Aktivismen gegenüber seinem metakritischen Standpunkt in Stellung zu bringen, sei damit nicht ausgeschlossen.

---

19 Ebd., S. 272.

»... klarer als jede Überschreitungslogik« – Metakritik oder Ausstieg

Die Metaposition Draxlers ruft implizit schlicht den Eindruck hervor, als ginge es bei der Kunstkritik im Grunde um nichts – um nichts Wichtiges jedenfalls. Den Ausstieg aus dem ganzen Zirkus des sich um Anerkennung drehenden künstlerisch-bohemistischen Lebenszusammenhangs beschreibt er als Option, die in den 1970ern und abermals in den 1990ern von vielen deshalb auch als *politische* Option wahrgenommen worden wäre. Als individuelle Entscheidung sei das nicht nur nachvollziehbar, sondern »in jedem Fall klarer als jede Überschreitungslogik, die im symbolischen Feld von Kunst gefangen bleibt«[20].

Sicherlich gibt es Wichtigeres als Kunst, sehr vieles sogar, aber dennoch scheint die Gegenüberstellung des klaren Ausstiegs auf der einen und der unklaren, weil unbewusst gefangenen Position auf der anderen Seite doch etwas merkwürdig. Erstens ist keinesfalls ausgemacht, warum die Absage daran, sich überhaupt in und mit dem künstlerischen Feld zu beschäftigen, »klarer« sein sollte, als dies weiterhin zu tun. Denn mit irgendetwas ist man ja immer beschäftigt, und wieso es in anderen Feldern dabei im Hinblick auf die Macht weniger ambivalent zugehen sollte als im künstlerischen, ist nicht einzusehen. (Womit nicht in Abrede gestellt ist, dass Intellektuelle, zu denen im weitesten Sinne auch Künstler*innen gehören, durch ihren Status als »beherrschte Herrschende« eben auch Herrschende sind und damit sicherlich mehr Anteil an der Reproduktion von Herrschaft haben als untere soziale Milieus. Abgesehen davon, dass die Ambivalenz bestehen bleibt, nur möglicherweise weniger schwerwiegende Folgen hat, kann ein Ausstieg aus dem Kunstfeld im Draxler'schen Sinne kaum als Abtauchen in untere soziale Milieus gemeint sein, weil das wiederum keine Frage

20 Draxler 2007, a.a.O., S. 148.

individueller Entscheidung ist.) Es gibt deshalb auch zweitens keinen zwingenden Grund dafür, Kritik nicht als Kritik am künstlerischen Feld, in ihm und um es herum zu positionieren. Denn wenn man sich schon auf Bourdieu bezieht, dann sollte auch klar sein, dass es bei der Kunstkritik nicht allein darum geht, ob eine künstlerische Arbeit schön ist oder nicht und welche Kriterien es dafür gibt. Selbst wenn in der Analyse von der künstlerischen Arbeit selbst ausgegangen wird, lässt sich doch zu durchaus gesellschaftsrelevanten Fragestellungen vorrücken. Bourdieu hat immerhin selbst ein Forschungsprogramm in Bezug auf Kunst vorgeschlagen, in dem durch einen recht komplexen methodischen Dreischritt zunächst die Ikonologie/Dekodierung der künstlerischen Arbeit, dann die Analyse der Wahrnehmung(en) als Voraussetzung für deren Existenz und schließlich die Analyse der Wahrnehmung(en) als ausgebildete Instrumentarien, also der Habitus von Produzent*innen und Rezipient*innen und die Produktionsbedingungen der Kunst analysiert werden müssten.[21] (Ein Programm im Übrigen, dass im Alltag der Ausstellungsbesprechungen kaum durchzuführen ist, da dafür die publizistischen Formate in der Regel ebenso fehlen wie die institutionellen Voraussetzungen, deren es für solcherlei Forschungen bedürfte). Werden also diese Konstitutionen der Wahrnehmung inklusive ihrer Produktions- und Reproduktionsbedingungen analysiert, stößt man durchaus auf mehr als auf ein besseres Bildverständnis, beispielsweise auf die am Kunstwerk erprobte und trainierte Reproduktion des »interesselosen Interesses«, das soziale Klassen reproduziert, oder auf die Ausbildung ethnozentrischer und patriarchaler Blickregime. Geht man, über die einzelnen Arbeiten hinaus, mit Bourdieu daran, die Feldlogiken genauer zu analysieren, so lässt sich ebenfalls mehr entdecken als die sich selbst reproduzierenden Wechselwirkungen aus Positionen, Dispositionen und Positionierungen. Auch wenn es abge-

21 Pierre Bourdieu: »Elemente einer Soziologie der Kunstwahrnehmung«. In: Ders.: *Zur Soziologie der symbolischen Formen*. Frankfurt am Main: Suhrkamp Verlag 1974, S. 159-201.

schmackt klingt, darauf hinzuweisen, der Museumsbesuch fördert nach wie vor soziale Segregation, die großen Ausstellungen des Betriebes sind trotz aller Globalisierung nordamerikanisch-westeuropäisch dominiert, produzieren also permanent Ausschlüsse, und die Rolle von Kunst innerhalb der Ausbildung postfordistischer Sozialdisziplinierung – von der habituellen Vorbildfunktion von Künstler*innen bis zur Etablierung von Cultural Industries als Standortfaktor – wird keineswegs kleiner.

Während Draxler mehrmals linke und globalisierungskritische Kritik wegen ihrer vermeintlichen Reproduktion dualistischer Sichtweisen und illusionärer Haltungen zur Zielscheibe seiner Metakritik macht, tauchen die rechten Verhältnisse und die neoliberalen Akteur*innen, gegen die sich jene Kritiken richten, in seiner Metakritik kaum auf. Das ginge ja auch anders: Wenn sich Kunstinstitutionen heute mit kritischen Positionen schmücken und künstlerische Arbeiten ausstellen, die die prekären Arbeitsbedingungen unter globalisierten Bedingungen kritisieren, und diese Ausstellung dann von schlecht bezahlten, ohne feste Verträge engagierten Leuten aufbauen lassen, die »eigentlich« selbst Künstler*innen sind, dann kann man natürlich die Kunst kritisieren, die sich hier einspannen lässt und nicht abdichtet gegen die Verhältnisse, auf die sie selbst angewiesen ist. Man kann auch die Kunstkritik schelten, die dann so tut, als profitiere sie nicht auch davon, dass es solche Ausstellungen gibt, denn schließlich verschaffen sie ihr ihren Gegenstand. Man kann aber auch beides tun und zudem, nicht zu vergessen, die Kritik auf die Institutionen richten und auf die sozialen und politischen Rahmenbedingungen, die solche Arbeitsverhältnisse befördern.

Die Kritik an all dem ist, wenn sie aus dem Kunstfeld kommt und innerhalb von Kunst geäußert wird, sicherlich »spezifischer Ausdruck des Möglichkeitshorizonts von Kunst«[22], der dessen flexible Grenzen mitdefiniere. Es spricht aber nichts dagegen, zumindest nicht Bourdieus Kunsttheorie, davon auszugehen, dass ein solcher Horizont nicht nur begrenzt, sondern erweitert und vervielfacht werden kann. Draxler behauptet zwar, es ginge ihm nicht darum, den Aktivismus im Kunstfeld zu diskreditieren, sondern nur darum, seine »diskursiven Rahmenbedingungen genauer unter die Lupe zu nehmen und für eine stärkere Differenzierung der künstlerischen und politischen Anliegen zu argumentieren«[23]. Unter dieser Lupe entdeckt er aber dann vor allem, dass der Aktivismus in der Kunst unter der Fahne der Überschreitung bürgerlicher (Kunst-)Kategorien diese Kategorien bloß aufzeigt und nicht einmal ankratzt: Der Kunst-Aktivismus verweise auf das substanzielle Regime der Kunst, auf »die Substanz als Medium«[24]. Darauf zu beharren, es ginge bei jeder künstlerischen Kritik an der Kunst stets nur um die affirmative Reproduktion des Systems, läuft letztlich auf den sozialkonstruktivistischen Kurzschluss hinaus, dass jegliche Benennung immer schon Reproduktion des Benannten ist. (Man muss nicht auf die falsche Suche nach der »eigentlichen Intention« zurückfallen, um diesen Kurzschluss zu vermeiden, sondern kann sich beispielsweise dem widmen, wie das Benennen vor sich geht, wann und wodurch eine Benennung gültig bzw. legitim wird, was sie außer der einen Bedeutung noch hervorbringt etc.)

Bourdieu beschreibt zwar ebenfalls die extrem wirksame Eigenlogik feldspezifischer Praktiken und betont gerade im Hinblick auf das künstlerische Feld, wie sehr die feldspezifische Geschichte als Bezugspunkt im Zuge der fortschreitenden Autonomisierung immer stärker in den Vordergrund rücke gegenüber der allgemeinen

22 Draxler 2007, a.a.O., S. 63.
23 Ebd., S. 141.
24 Ebd.

Geschichte.[25] Niemand sei dermaßen an die spezifische Vergangenheit des Feldes gebunden wie die Avantgarde-Künstler*innen und ihre subversiven oder, mit Draxler gesprochen, überschreitenden Absichten. Denn sie sind Expert*innen des Bruchs und müssen, um Brüche überhaupt vollziehen bzw. herstellen zu können, die Expert*innen der Geschichte (des Feldes) sein.[26] Bourdieu beschreibt den Raum der Möglichkeiten für künstlerische Praktiken, also auch für Brüche und Überschreitungen, als »ein unendliches Universum möglicher Kombinationen, die in einem endlichen System von Zwängen als Potenzialitäten eingeschlossen sind«[27]. Der Raum der Möglichkeiten ist aber dennoch kein abgeschlossenes Zimmer, sondern auch ein Terrain von Ermöglichungen. Den Raum der Möglichkeiten denkt Draxler allenfalls, wie Bourdieu es tatsächlich nahe legt, als Beschränkung. Deshalb muss er sich auch nicht fragen, wie dieser Raum auszufüllen oder gar zu gestalten wäre, hielte man an der Praxis einer Kunstkritik fest. Draxler geht es zwar um die Zukunft der Kunstkritik, und er fragt sich auch, wie diese »im Dienste einer wie immer gearteten Gegenhegemonie tätig werden«[28] könne. Seine Antwort läuft allerdings auf eine weitgehend selbstreflexive Praxis hinaus; Kunstkritik müsse in diesem Sinne »affirmativ, behauptend und riskant« sein und »damit ihre eigene Produktionsform in Frage« stellen.[29] Wie mit Affirmation im Dienste einer Gegenhegemonie agiert werden und was daran riskant sein könnte, führt Draxler nicht konkret aus (man solle »Funktionsweisen der substanziellen Ordnung selbst thematisieren und die Spielräume zwischen der ideologischen und

---

25 Pierre Bourdieu: *Die Regeln der Kunst.* Genese und Struktur des literarischen Feldes. Frankfurt am Main: Suhrkamp Verlag 2001c, S. 395.

26 Pierre Bourdieu: »Die historische Genese der reinen Ästhetik«. In: Gunter Gebauer und Christoph Wulf (Hg.): *Praxis und Ästhetik. Neue Perspektiven im Denken Pierre Bourdieus.* Frankfurt am Main: Suhrkamp Verlag 1993, S. 14–32, hier: S. 31.

27 Bourdieu 2001c, a.a.O., S. 166.

28 Draxler 2007, a.a.O., S. 156.

29 Ebd.

der strukturellen Seite dieser Ordnung ausnutzen«[30]). Während die selbstreflexive Praxis der Kritik als solche durchaus im Sinne Bourdieus ist – Kritik müsse mit der Kritik der ökonomischen und sozialen Grundlage kritischen Denkens beginnen[31] –, hatte sich dieser dadurch allein aber keinerlei gegenhegemoniale Effekte versprochen. Dass Draxler es tut, ist vermutlich auf eine etwas wundersame Wendung in seiner Bourdieu-Lesweise zurückzuführen: Während Draxler einerseits behauptet, künstlerische Arbeiten mit politischem Anspruch seien immer nur »notwendige Ausnahmen, die die Logik des Feldes letztlich bestätigen«[32], meint er andererseits, mit der Formel »Kunst und Politik« die Autonomie der Kunst aufheben zu wollen hätte nicht nur etwas Illusorisches, »sondern verkennt das Offensichtliche: dass die Bereiche ohnehin im ständigen Austausch stehen«[33]. Was soll uns das nun sagen? Will man Politik mit Kunst machen, macht man doch nur Kunst, macht man aber nur Kunst, übersieht man glatt, dass man eigentlich auch Politik macht?! Vertrackt. Während er in der Analyse nicht umhin kommt festzustellen, dass das Konzept einer relativen Autonomie der Felder eben auch offene Ränder und andauernden Austausch beinhaltet, möchte Draxler diese Erkenntnis für die politisch-künstlerisch-kritische Praxis hingegen lieber zukleistern; hier scheint er eher dafür zu plädieren, nur nicht zu sehr interventionistisch oder überschreitend aufzutreten, sondern auf den ständigen Austausch zu bauen, der sich ohnehin vollziehe. Und wenn einem das zu blöd wird, kann man ja immer noch aussteigen.

---

30 Ebd.

31 Vgl. Pierre Bourdieu und Hans Haacke: »Für die Unabhängigkeit der Phantasie und des Denkens. Ein Gespräch«. In: Dies. (Hg.): *Freier Austausch. Für die Unabhängigkeit der Phantasie und des Denkens*. Frankfurt am Main: S. Fischer Verlag 1995, S. 9–116, hier: S. 79.

32 Draxler 2007, a.a.O., S. 63.

33 Ebd., S. 62.

So funktioniert das aber nicht, d. h. hier wird eine theoretische Engführung mit praktisch einschränkenden Folgen produziert. Draxler denkt den ständigen Austausch nur als Kooptierung und Einbindung in die Macht, will aber von der Foucault'schen Formel, dass wo Macht ist, auch Widerstand sei, nichts wissen. Man muss diesen Austausch konzeptionell jedenfalls auch von der anderen Seite, wenn man so will: »von unten« zulassen: Warum sollen nicht Ermächtigungen zuvor Ausgeschlossener oder Manifestationen stattfinden können, die nicht nur das System reproduzieren? Die Gelingensbedingungen für solche Ereignisse hat Bourdieu als zwar sehr voraussetzungsreich, aber immerhin möglich beschrieben: in einem glücklichen Aufeinandertreffen komplexer Prozesse von Aussagearbeit, Theorieeffekten und dem nötigen symbolischen Kapital.[34] Auch hier muss also, personell wie institutionell, eine Überschneidung von Dispositionen denkbar sein. Wie der/die MuseumsdirektorIn mit dem/der Kulturbeauftragten der Bank bestimmte Dispositionen teilt, so sind auch geteilte Dispositionen zwischen Kunstkritiker*innen und migrationspolitischen Aktivist*innen und zwischen museumskritischen Kunstvermittler*innen und institutionskritischen Globalisierungskritiker*innen vorstellbar. Und nicht nur das, solche geteilten Dispositionen, aus denen Positionierungen, also politische Allianzen entstehen, sind schließlich nicht nur vorstellbar, sondern sie existieren bereits. Es gibt sie auch im Theorierahmen Bourdieus: Allgemein im Hinblick auf die Theorie der Felder hatte Bourdieu klar gemacht, dass die Kämpfe darin *in ihrem Prinzip* weitgehend unabhängig von externen Auseinandersetzungen sind, *doch in ihrem Ausgang* weitgehend davon abhängen, wie und auf welche Weise sie Verknüpfungen zu externen Debatten herzustellen in der Lage sind.[35] Konkret am künstlerischen Feld hatte Bourdieu aus-

34 Ausführlicher dazu und zu der von Judith Butler anhand von Bourdieu diskutierten Frage, unter welchen Bedingungen Sprechakte erfolgreich sein können, vgl. Kastner 2009, a.a.O., S. 149 ff.

35 Bourdieu 2001c, S. 207 f.

führlich beschrieben, wie es den Künstler*innen und Kritiker*innen um Édouard Manet in der zweiten Hälfte des 19. Jahrhunderts gelungen war, von einer minoritären Position aus die Macht zu entwickeln, »eine neue Vorstellung (*vision*) und eine neue Gliederung (*division*) der sozialen Welt durchzusetzen«[36]. Es geht hier, wohlgemerkt, um Sichtweisen der sozialen Welt und nicht allein um den Blick auf die Kunst. In Draxlers auf das Kunstfeld beschränktem und viel zu hermetisch konzipiertem »Habitus des Kritischen« sind weder die gemeinsamen Dispositionen und die daraus entstehenden Allianzen noch die Transformation der Wahrnehmungsschemata über das Kunstfeld hinaus denkbar.

In der Behauptung des sich quasi von selbst vollziehenden Austauschs stützt sich Draxler auf die Aussage Bourdieus, Sinnproduktion und Sinndurchsetzung von Kunst und Politik berührten sich ständig und träten in Konkurrenz zueinander. Genau an diesem Punkt ließe sich – sowohl vom Standpunkt einer kritischen Kunstpraxis als auch von dem einer möglichen Kunstkritik aus – ansetzen, und zwar gerade weil es, anders als Draxler hier nahe legt, *nicht* selbstverständlich ist, dass Kunst und Politik sich in ihren Sinnproduktionen und Kämpfen um deren Durchsetzung ständig überlappen. Es bedarf schon bestimmter Voraussetzungen und Anstrengungen, um diese Überlappungen – in der Kunstproduktion ebenso wie in der Analyse bzw. Kunstkritik – herzustellen. Interessant ist ja gerade, welche spezifischen Bedingungen solche Überschreitungen zulassen und welche sie verhindern, worin sie bestehen können und welche Praktiken sie ermöglichen und welche ihnen entgegenstehen. Bourdieus Ansatz bietet sich an, diese Fragen zu beantworten, nicht etwa weil darin eine permanente Überlappung zwischen Kunst und Politik behauptet würde, sondern gerade weil die Produktion und Verteilung von Warenwert

---

36 Pierre Bourdieu: *Was heißt sprechen? Zur Ökonomie des sprachlichen Tausches.* Wien: Braunmüller Verlag 2005c, 2. erw. Aufl., S. 125.

und symbolischer Signifikation, die die künstlerische Arbeit in der für sie typischen Ambivalenz hervorbringt, weder selbstverständlich noch ableitbar ist: »Die Beziehungen zwischen jedem Träger des Systems und den Mächten oder Institutionen, die gänzlich oder teilweise außerhalb des Systems wirken, sind stets durch die im Innern des intellektuellen Feldes bestehenden Beziehungen, die Konkurrenz um kulturelle Legitimität vermittelt«[37]; politische bzw. kritische Effekte sind dadurch ebenso wenig determiniert wie beispielsweise die Beziehung zwischen Publikums- und Markterfolg künstlerischer Arbeiten. Geht man von vornherein davon aus, dass Kunstkritik nur das Kunstfeld und sich selbst reproduziert oder umgekehrt bzw. zugleich immer schon mit Politik im Austausch steht, kann man sich die Mühe der kritischen Analysen letztlich auch sparen.

»The threat comes from numbers« – Hegemonie und Feld

Da aus oben angedeuteten Gründen nach wie vor ein Bedarf für (nicht bloß kunstfeldreproduzierende) Kunstkritik angemeldet werden kann, soll hier noch auf Potenziale der Bourdieu'schen Theorie verwiesen werden, die in Draxlers zirkulärer Lesweise vielleicht unterbelichtet bleiben. Ausgehen möchte ich dabei ebenfalls von Draxlers Text, in dem sich in einer Fußnote die etwas undurchsichtige Behauptung findet, Feld- und Hegemonietheorie ließen »sich kaum miteinander abstimmen«, dies schiene ihm »aber notwendig«[38]. Vor allem dem zweiten Teil der Behauptung ist voll und ganz zuzustimmen, was die erste Satzhälfte letztlich hinfällig macht. Will man sich also vor dem Hintergrund der Frage nach gegenhegemonialen Praktiken, die sich schließlich auch Draxler stellt, den möglichen Überschneidungen von Feld- und Hegemonietheorie zu deren Beschreibung und Erklärung widmen,

---

37 Bourdieu 1974, a.a.O., S. 83.
38 Draxler 2007, a.a.O., S. 189 f.

kann zunächst festgestellt werden, dass es bei beiden Ansätzen um kollektive Prozesse geht und darum, wie diese hergestellt werden und welche Effekte sie haben können. Diese Feststellung steht allerdings wiederum im Gegensatz zu der Lesweise, die Draxler von Bourdieus Sozialtheorie hat. Das Bild des Sozialen, das Bourdieu entwerfe, so Draxler, bliebe »streng im klassisch-liberalen Sinn auf Einzelne und deren Positionierungskämpfe untereinander bezogen«[39]. In den feldinternen Positionskämpfen ginge es nur um die Verteidigung und Erringung von Privilegien Einzelner, Kollektives tauche darin nicht anders denn als Illusion auf.

Bourdieu hingegen hat sowohl allgemein als auch konkret am Beispiel des künstlerischen Feldes die Kämpfe als kollektive ausgewiesen. Die Dynamik des Feldes entsteht gerade nicht nur aus den Rivalitäten Einzelner im Kampf um ihre Karrierevorteile. Positionen, Dispositionen und Positionierungen stehen in permanenten Wechselverhältnissen, die sowohl individuell als auch kollektiv sind. Bourdieu macht deutlich, dass es bei den feldinternen Kämpfen immer um die »Durchsetzung des Monopols auf Durchsetzung legitimer Wahrnehmungs- und Bewertungskategorien«[40] geht. Eine solche Durchsetzung ist schwerlich anders zu denken denn als kollektiv motiviert und getragen einerseits und hinsichtlich ihrer Effekte sozial gültig andererseits. Auch Legitimität selbst ist hier kaum anders denn als stets umkämpfte, kollektive Übereinkunft zu verstehen. Statt in liberalistischer steht das Bourdieu'sche Modell deshalb vielmehr in der marxistischen Tradition, die sich nach den nicht selbstbestimmten Voraussetzungen fragt, unter denen Menschen ihre Geschichte selbst machen. So ist auch sein Begriff des Habitus als das Kollektive im Individuellen zu verstehen, in dem sich das erworbene System der Denk- und Wahrnehmungskategorien als ein verkörpertes »kollektiv Unbewußtes«[41] abla-

---

[39] Draxler 2008, a.a.O., S. 272.

[40] Bourdieu 2001c, a.a.O., S. 253.

[41] Bourdieu 1974, a.a.O., S. 115 ff.

gert. Aber nicht nur in dieser allgemeinen Form zielt Bourdieu auf weit mehr als auf »Einzelne und deren Positionierungskämpfe untereinander«. Konkret am Beispiel der Autonomisierung des künstlerischen Feldes in der zweiten Hälfte des 19. Jahrhunderts hat er gezeigt, dass es nicht etwa die individuellen, in rivalisierenden Positionierungen durchgesetzten Karrieresprünge von Manet und Gustave Flaubert waren, die das künstlerische Feld revolutioniert haben. Dazu bedurfte es eines komplexen – mal strategischen, mal nicht-intentionalen – Zusammenspiels kollektiver Praktiken zwischen bestimmten Malerinnen und Malern, zwischen bildenden Künstler*innen, Schriftsteller*innen und Kunstsammler*innen, dazu der verstärkten Akkumulation ökonomischen und symbolischen Kapitals innerhalb des Bürgertums und, vor diesem Hintergrund, der schlichten Zunahme der Anzahl Kunstschaffender: »the threat comes from numbers.«[42] Dass dieser Kampf um die Etablierung einer autonomen *l'art pour l'art*-Position sich durchsetzen und schließlich universalisieren konnte und dass diese Durchsetzung weder allein auf die (antinarrative und Vollendung wie technische Meisterschaft ablehnende) Malweise der neuen Maler*innen noch auf ihre Karrierestrategien zurückzuführen ist, sondern dass beides nur durch das Anknüpfen an andere Kämpfe außerhalb des Feldes gelingen konnte, galt Bourdieu letztlich als paradigmatischer Fall.

An diesem Punkt, der Frage der Durchsetzung von Positionen und Positionierungen, lassen sich auch Überschneidungen von Feld- und Hegemonietheorie ausmachen. Auch die Frage nach kultureller Hegemonie ist, ähnlich wie Bourdieus Überlegungen zur Macht, unter anderem anhand der Feststellung aufgekommen, dass Intellektuelle erstens keineswegs selbstverständlich auf Seiten der Be-

42 Pierre Bourdieu: »Manet and the Institutionalization of Anomie«. In: Ders.: *The Field of Cultural Production. Essays on Art and Literature.* Cambridge/Oxford: Columbia University Press 1993, S. 238–253, hier: S. 251.

herrschten stehen und insofern zweitens an deren konsensualer Einbindung in das Bestehende beteiligt sind, d. h. mit ihren Ideen und Praktiken an einem hegemonialem Projekt mitarbeiten.[43] Der Alltagsverstand ist in der Theorie Antonio Gramscis jenes Terrain, auf dem sich der Konsens als Ensemble gemeinsam geteilter Vorstellungen und Werte generiert. Auch Bourdieu – tatsächlich, wie Oliver Marchart bemerkt, »in dieser Hinsicht Gramscianer«[44] – betont solche Konsensverhältnisse mit dem Begriff der *doxa* als ein unmittelbares, also keiner bewussten, rationalen Zustimmung mehr bedürftiges »Verhältnis der Anerkennung«[45]. Allgemein heben Feld- und Hegemonietheorie beide darauf ab, dass Herrschaft in einer Gesellschaft bzw. innerhalb eines sozialen Raumes nicht nur durch Zwang und Gewalt, sondern durch Konsens und präreflexive Anerkennung erzeugt, konsolidiert und reproduziert wird. Wenn auch die Auseinandersetzungen, die Intellektuelle – oder eben Künstler*innen – führen, in bestimmten Bereichen der Zivilgesellschaft (Gramsci) oder eines Feldes (Bourdieu) mit ihren je

---

43 Einen spezifischen Beitrag zur allgemein bisher ausgebliebenen Zusammenführung von Feld- und Hegemonietheorie liefert z. B. Olaf Groh, »Neoliberalismus als hegemoniales Projekt. Zur Erklärungskraft der Politischen Soziologie Pierre Bourdieus«. In: Uwe H. Bittlingmayer, Rolf Eickelpasch, Jens Kastner und Claudia Rademacher (Hg.) 2002, a.a.O., S. 197–223. Bezogen auf das künstlerische Feld vgl. Oliver Marchart: *Hegemonie im Kunstfeld. Die documenta-Ausstellungen dX, D11, d12 und die Politik der Biennalisierung*. Köln: Verlag der Buchhandlung Walther König 2008, bes. S. 92–100.

44 Marchart 2008, a.a.O., S. 94.

45 Bourdieu 1999, a.a.O., S. 126. In Erweiterung Gramscis betont Bourdieu allerdings, dass es sich hier gerade nicht nur um eine Frage des Alltags*verstandes*, also um ein Ensemble von (kognitiven) Überzeugungen handelt, sondern um eine sprichwörtlich in Fleisch und Blut übergegangene Haltung, einen »*Zustand des Leibes*«, vgl. ebd.; zu Gramsci und Bourdieu vgl. Jens Kastner: »›Nützliche Schemata‹. Bedingungen und Bedeutungen künstlerischer Praktiken bei Antonio Gramsci und Pierre Bourdieu«. In: Beatrice von Bismarck, Therese Kaufmann und Ulf Wuggenig (Hg.): *Nach Bourdieu. Visualität, Kunst, Politik*. Wien: Verlag Turia + Kant 2008, S. 249–263.

spezifischen Einsätzen und Effekten geführt werden, so wird doch in beiden Theorieansätzen kein Zweifel daran gelassen, dass diese partikularen Kämpfe immer Teil der allgemeinen Kämpfe um den Alltagsverstand bzw. die *doxa* sind.

Die Frage der Kritik lautet dann, wie und inwiefern es gelingen kann, sich einem hegemonialen Projekt zu widersetzen, sich nicht in die Allianz verschiedener Milieus integrieren zu lassen, die die Herrschaft der herrschenden Klasse absichern und die Gramsci einen »historischen Block« genannt hatte. Ein solcher historischer Block setzt sich nicht aus sozial determinierten Klassenzugehörigkeiten zusammen, sondern wird in kollektiver Praxis erst herausgebildet. Dies haben Ernesto Laclau und Chantal Mouffe in ihrer Anknüpfung an Gramsci herausgestellt.[46] Aspekte von deren Hegemonietheorie sind in der Folge von Oliver Marchart auf das künstlerische Feld angewandt worden. Marchart betont dabei grundsätzlich, dass die einzelne dissidente oder kritisch-künstlerische Position, die es auf Universalisierung abgesehen hat, also zur gültigen und legitimen Position werden will, immer darauf angewiesen ist, sich mit anderen Positionen im politischen Feld kurzzuschließen. Sie muss es, um es in den Begrifflichkeiten der Hegemonietheorie zu sagen, zur »Eingliederung in die Äquivalenzkette eines hegemonialen Projekts«[47] bringen. Marchart bezieht damit konkret auf die Kunstpraxis, was Laclau/Mouffe allgemein für soziale Akteur*innen bzw. für soziale Praxis überhaupt formuliert haben: dass die Frage, ob sie als fortschrittlich oder überhaupt politisch zu werten sind, nur anhand der Artikulationsformen »in

---

[46] Ernesto Laclau und Chantal Mouffe: *Hegemonie und radikale Demokratie. Zur Dekonstruktion des Marxismus*. Wien: Passagen Verlag 2000, 2. Aufl., S. 103.

[47] Oliver Marchart: »Hegemonie und künstlerische Praxis. Vorbemerkungen zu einer Ästhetik des Öffentlichen«. In: Ralph Lindner, Christiane Mennicke und Silke Wagler (Hg.): *Kunst im Stadtraum – Hegemonie und Öffentlichkeit*. Dresden: Dresden Postplatz 2004, S. 23–41, hier S. 37.

einem gegebenen hegemonialen Kontext« entschieden werden kann.[48]

Weil es dieses Kontextes bedarf, um die Bedeutung und Funktion künstlerischer Praxis beurteilen zu können, ist Draxler auch zuzustimmen, wenn er betont, dass es keine essenziellen Annahmen hinsichtlich Kritik oder Affirmation von Kunst gibt. Allerdings zieht Draxler daraus Konsequenzen, die den Bedeutungen und Funktionen ziemliche Beliebigkeit unterstellen: »Was gestern kritisch war, kann heute affirmativ wirken, doch auch das Umgekehrte ist denkbar.«[49] Hier muss zunächst verwundern, dass auf der einen Seite die Dispositionen der Kritik als dermaßen verfangen in die Machtverhältnisse betrachtet werden, dass sie nur noch zu deren Abbild oder Ausdruck werden können, andererseits aber der künstlerischen Arbeit, die ja schließlich auch nicht anders denn als Effekt solcher Dispositionen zu beschreiben wäre, relative Beliebigkeit und Flexibilität zugeschrieben wird. Und vor dem Hintergrund feld- und hegemonietheoretischer Ansätze ist dieser Folgerung schließlich zu widersprechen. Auch wenn sich die Position der sozialen Agent*innen, wie Laclau/Mouffe betonen, ebenso wie ihre Produktionen nicht notwendig aus den Produktionsverhältnissen ableiten lassen, sind sie deswegen nicht völlig flexibel, kontingent und beliebig. Nicht alle Äquivalenzketten sind möglich, die Eingliederung ist höchst voraussetzungsreich.[50] Die Hegemonietheorie stellt sich gerade zur Aufgabe, das Verhältnis zu untersuchen, das eine partikulare Kraft zur universellen Dimension ihres

---

48 Laclau/Mouffe 2000, a.a.O., S. 125.

49 Draxler 2007, a.a.O., S. 132.

50 In der Frage der Voraussetzungen für gelingende Äquivalenzketten bzw. politische Allianzen unterscheiden sich Feld- und Hegemonietheorie allerdings auch grundsätzlich: Während die Diskurstheorie von Laclau und Mouffe in dieser Frage vor allem auf Identifikationsprozesse gegen ein negatives Außen abhebt, also auf der Ebene von Bedeutungsproduktionen verbleibt, stellt Bourdieu die Frage der Verortung der Akteur*innen (agents) im sozialen Raum in den Vordergrund.

kritischen Anspruches entwickelt. Vor diesem wie vor dem Hintergrund der Feldtheorie dürfte der künstlerischen Arbeit ebenso wenig wie ihren Produzent*innen eine Austauschbarkeit unterstellt werden, da sich ihre Bedeutungen nur in dem Geflecht von Produktions- und Rezeptionsverhältnissen ergeben und erschließen. Es müsste vielmehr darum gehen, die besagten Umstände, also die konkreten gesellschaftlichen Beziehungen zu untersuchen, innerhalb deren Umwertungen und Indienstnahmen gelingen und eben gerade nicht gelingen. Diese Unterschiede zu machen ist nicht nur ein Gebot wissenschaftlicher Redlichkeit. Es ermöglicht überhaupt erst, politische Schlüsse zu ziehen und verhindert kulturpessimistische Wehklagen darüber, dass alles immer und überall vereinnahmbar sei und letztinstanzlich nur dem Bestehenden diene.

Sicherlich sind Kunst- und Sozialgeschichte voll von Beispielen, in denen aus vormals kritischen Arbeiten/Aktionen später affirmative geworden sind (für den umgekehrten Fall, nach Draxler ebenfalls möglich, liegen die Beispiele allerdings nicht ganz so zahlreich auf der Hand). Und man hätte es häufig nicht für möglich gehalten, dass Sätze mit einst emanzipatorischer Sprengkraft heute die Waffenlager der Etablierten zieren, dass aus dem selbstermächtigenden, umwertenden Slogan der afroamerikanischen Bewegung »Black is beautiful« der Name der Domain wird, den die Nachwuchsspießer von der Jungen Union sich zulegen, dass mit dem Adorno-Diktum, Auschwitz dürfe nicht sich wiederholen, NATO-Bomben auf Belgrad legitimiert werden oder dass das Porträt Che Guevaras die Transparente von Nazi-Demos ziert etc., etc. Für alle diese Beispiele gibt es komplexe Gründe, für deren Verständnis es Verschiebungen der symbolischen Ordnung und hegemonialer Prozesse zu untersuchen gilt. Diese Gründe anzugeben bzw. zu analysieren kann schon Beginn und/oder Teil feldübergreifender Kritik sein. Das relationale Paradigma Bourdieus ermöglicht es ja gerade, zu untersuchen, wie und auf welche Weise die Übergänge von der Kritik zur Affirmation möglich sind.

Nimmt man hingegen Draxlers substanzielle »Heute kritisch, morgen affirmativ, und umgekehrt«-Haltung gegenüber künstlerischen Arbeiten und anderen kulturellen Phänomenen ein, verfehlt man letztlich gerade die Möglichkeiten, die Bourdieus relationales Paradigma ebenso bietet wie die Verhältnislogik der Hegemonietheorie. Wir sollten es doch darauf anlegen, zu verstehen, warum und inwiefern Daniel Burens grün- bzw. rotweiße Streifen einmal als Kritik am Institutionengefüge des künstlerischen Feldes wirken können (als er damit 1968 die Galleria Apollinaire in Mailand zuklebte) und ein anderes Mal (bei den Skulpturprojekten 1997 als Wimpel über den Münsteraner Prinzipalmarkt gehängt) von Stadtfestbeschmückung nicht zu unterscheiden sind, warum das futuristische Manifest eher als faschistisches Stahlgewitter niederprasselt als das dadaistische oder warum die Anarchosyndikalist*innen in Deutschland reihenweise in die NSDAP eintraten, während sie in Spanien wenig später den Faschismus mit Waffen bekämpften. Weder die Streifen noch die avantgardistische Manifestform noch die Anarchosyndikalisten sind, obwohl sie in einer konkreten historischen Situation eine Position eingenommen haben, die den Formen und Inhalten ihrer Geschichte (antiinstitutionell bzw. antibourgeois bzw. antikapitalistisch zu sein) zu widersprechen schien, immer und überall für alles einsetzbar oder, politisch gesprochen, für alle Zeiten verloren.

Und um bei dem Kunstfeldbeispiel zu bleiben: Es stimmt einfach nicht, dass durch die Streifen im einen wie im anderen Fall das Feld gleichzeitig »reproduziert und infrage gestellt, begründet und wieder aufgelöst«[51] wird – Eigenschaften, die Draxler dem Aufeinandertreffen von Theorie, Praxis und Kritik im »kritischen Feld« zuschreibt, wobei darin das eine ohne das andere nicht zu haben sei. (Das »kritische Feld« wäre jenes, in dem sich der »Habitus des Kritischen« einrichtet, das sich aus jenem Aufeinandertreffen er-

[51] Draxler 2008, a.a.O., S. 271.

gibt und für das, meiner Interpretation nach, unter anderem Leute wie Daniel Buren stehen: arrivierter institutionskritischer Künstler der ersten Stunde, der es gerade durch seine Institutionskritik zu weltweitem Ansehen gebracht hat, kanonisiert durch einflussreiche, ebenfalls als kritisch geltende Kunstkritiker wie Benjamin H. D. Buchloh und die Kunstzeitschrift *October* und vertreten auf allen relevanten Top-100-Künstler*innen-Rankings der Gegenwart). Während die Streifen an der Galerie in Mailand die Ausschlussmechanismen der Kunstfeldinstitutionen thematisierten, und zwar aus der Auseinandersetzung mit kunstfeldinternen Fragen heraus – Fragen zum Stellenwert der Institutionen für die künstlerische Arbeit und Fragen nach den Möglichkeiten des Umgangs mit den verschiedenen Ebenen von Repräsentation –, reproduzieren sie zwar das Kunstfeld als eines, in dem es um Repräsentation und Institutionen geht, erweitern es aber zugleich, indem an zeitgleich durch die '68er-Bewegungen verhandelte Diskurse um den Ausschluss von gesellschaftlichen Institutionen und die Kritik an der Repräsentation (in ihrer Doppelbedeutung von Darstellung und Stellvertretung) insgesamt angeknüpft wird. Die Streifen in Münster hingegen schaffen keinerlei Anschlüsse in dieser Richtung. Auch sie verfehlen ihren gesamtgesellschaftlichen Kontext allerdings nicht, denn sie veranschaulichen besonders schön die Behübschung der Stadt durch »Kunst im öffentlichen Raum« und deren damit einhergehende Entdeckung als Standortfaktor in den 1990er Jahren. In diesem Beispiel ist das eine also sehr wohl ohne das andere zu haben: Auch wenn die libertären sozialen Bewegungen im einen und die neoliberalen Privatisierungen im anderen Fall selbstverständlich nicht mehr als angedeutete Rahmenbedingungen darstellen, so wird im einen Fall die hegemoniale symbolische Ordnung angegriffen, während sie im anderen affirmativ aufgegriffen wird. Auch wenn in beiden Fällen eine Reproduktion des Kunstfeldes stattfindet, scheint mir der Unterschied doch einer ums Ganze zu sein. Auch wenn die Dinge nicht immer so klar liegen und eine prinzipielle Ambivalenz vorhanden ist: Gerade die kleinen Unterschiede erweisen sich oft als zentral (in analytischer wie politischer Hinsicht). Deshalb – und weil zur Herausbildung eines spezifischen Feldes weit mehr gehört als die gesteigerte Möglichkeit, über einen Gegenstand wie die Kritik kulturelles Kapital zu akkumulieren – existiert meines Erachtens auch kein »kritisches Feld«, in dem, so wie Draxler es beschreibt, immer gleichzeitig, in der gleichen Situation und gleichermaßen »reproduziert und infrage gestellt, begründet und wieder aufgelöst« wird – was wohl ohnehin eher die Beschreibung eines Laufrades oder Teufelskreises als die eines Feldes ist.

Während mit Draxler noch darin übereinzustimmen ist, dass es einer selbstreflexiven, also den eigenen Standpunkt reflektierenden Form der Kritik bedarf, muss seiner Auslegung Bourdieus im Sinne der eigenen Zurückweisung aktivistischer Strategien widersprochen werden, und zwar sowohl auf theoretischer wie auch auf praktisch-politischer Ebene. In dieser Hinsicht ist Draxlers Behauptung besonders abwegig, in Bourdieus »Bild des Sozialen« tauchten Kollektive nicht auf, weder in ihren »bindenden Gefühlsaspekten« noch in negativen Aspekten »wie Abhängigkeit«.[52] Es ist trefflich darüber gestritten worden (und nach wie vor zu streiten), ob Bourdieus »Bild des Sozialen« seiner Sozialtheorie noch mit demjenigen übereinstimmt, das er in seinen politischen Aktionsformen gegen die neoliberale Offensive entwarf – aber die Behauptung, dass im zweiten Fall das oder die Kollektive nicht mitgedacht würde(n) bzw. nicht auftauchte(n), lässt sich ebenso wenig halten wie im Hinblick auf die Sozialtheorie. Während für die wissenschaftliche Konzeption oben bereits gezeigt wurde, wie sehr hier Kollektives integriert ist, kann für den Aktivismus noch Bourdieus Idee der »kollektiven Intellektuellen« angeführt werden. Bourdieu plädiert ausdrücklich für ein gesellschaftspolitisches Engagement von Intellektuellen auf der Basis kritischer Reflexivität:

---

52 Draxler 2008, a.a.O., S. 272.

Es gelte, die »spezifischen Intellektuellen« im Sinne Foucaults – auch dieser setzte bereits die partikulare Expertise gegen das Sartre'sche Modell des überall, zu allem und für alle redenden Intellektuellen – zu kollektiven Intellektuellen zusammenzuführen, um gemeinsam ein »Handwerkszeug zur Verteidigung gegen die symbolische Herrschaft«[53] zu entwickeln. Bei der symbolischen Herrschaft geht es wiederum nicht bloß um die dynamischen Grundlagen des jeweiligen Feldes, sondern um soziale Denk-, Gefühls- und Wahrnehmungsmuster schlechthin. Die Kämpfe, die die Geschichte des Feldes konstituieren, sind also prinzipiell auch dazu angetan, Geschichte überhaupt zu machen. Schließlich darf die methodologische Autonomisierung, die Beschäftigung mit den Spezifika des historisch autonom gewordenen Feldes, nicht vergessen machen, dass dieses Feld von den historischen und sozialen Bedingungen seiner Existenz nicht zu trennen ist, und zwar gerade weil es ein »geschichtliches Produkt« ist.[54]

Diese Betonung der Historizität des Feldes steht durchaus im Einklang mit Bourdieus Auffassung von Geschichte als offenem und vor allem aktiv zu gestaltendem Prozess. Geschichte, so Bourdieu im Gespräch im Loïc Wacquant, gebe es nur, »solange Menschen aufbegehren, Widerstand leisten, reagieren«[55]. Auch wenn seinem Ansatz lange Zeit ein besonders ausgeprägter Skeptizismus in Bezug auf die Möglichkeiten von politischem Aktivismus nachgesagt wurde, hat sich doch insbesondere durch Bourdieus eigenes Engagement gegen den Neoliberalismus auch die Interpretation seiner Theorie gewandelt. Im Rahmen des feministischen Projekts hat Judith Butler die Potenziale der sprachlichen und performativen

---

53 Pierre Bourdieu: »Für eine engagierte Wissenschaft«. In: Bourdieu 2001b, a.a.O., S. 34–42, hier: S. 37.

54 Bourdieu 1974, a.a.O., S. 85.

55 Vgl. Pierre Bourdieu und Loïc Wacquant: »Die Ziele der reflexiven Anthropologie«. In: Dies.: *Reflexive Anthropologie*. Frankfurt am Main: Suhrkamp Verlag 2006, S. 95–249, hier S. 133.

Verschiebungen anhand der Bourdieu'schen Theorie diskutiert[56], im Kontext der marxistischen Ideologiekritik[57] ist Bourdieus Ansatz als Werkzeug zur Kritik des Neoliberalismus aufgegriffen worden, und selbst im Kontext der kunsttheoretischen Aspekte sind Öffnungen in Bezug auf die theoretische Fundierung aktivistischer Kritik festzustellen.[58] Bourdieu selbst beschreibt seine Haltung und diejenige Foucaults, mit der er sie vergleicht, als »zwei Arten subversiver Einstellung«[59], die jeweils andere Positionierungen in Forschung und Politik begünstigt hätten. Sie als subversiv zu beschreiben deutet zumindest sehr stark darauf hin, dass es bei dieser Haltung darum geht, eine Form »proaktiver Kritik«[60] zu generieren, die es darauf abgesehen hat, Effekte außerhalb des eigenen intellektuellen Feldes zu zeitigen, und solche Effekte – nicht zuletzt deshalb – schließlich schlecht aus den eigenen Theoretisierungen des sozialen Raumes ausschließen kann. So wie die Aus-

---

56 Butler 2006, a.a.O..

57 Sebastian Herkommer: *Metamorphosen der Ideologie. Zur Analyse des Neoliberalismus durch Pierre Bourdieu und aus marxistischer Perspektive.* Hamburg: VSA 2004. Herkommer entgeht dabei allerdings völlig die für Bourdieus Auseinandersetzung mit Ideologie zentrale Dimension der Verkörperlichung, die schließlich überhaupt einer der Auslöser für die Entwicklung des Habitus-Begriffes im Unterschied zur auf Bewusstsein zielenden Ideologie war.

58 Dabei sind sowohl Varianten denkbar, die sich auf die Verteidigung der Feldautonomie berufen, als auch solche, die diese Autonomie gerade zu überwinden trachten, vgl. Kastner 2009, a.a.O., S. 157 ff.

59 Bourdieu 2002, a.a.O., S. 93. Als einen von verschiedenen Unterschieden zu Michel Foucaults Einstellungen und Stellungen im Feld nennt Bourdieu die Tatsache, die eigene Arbeit »vor allem im Rahmen des kollektiven Unternehmens einer Forschungsgruppe« durchgeführt zu haben (ebd.).

60 Stefan Nowotny spricht in Auseinandersetzung mit Marx und Nietzsche von »proaktiver Kritik« als einer Kritik, »deren Aktivität sich nicht darauf beschränkt, sich über eine Reaktion auf das Kritisierte zu bestimmen, sondern die, kurz und vorausgreifend gesagt, einen sozialen Handlungsraum hervorbringt, in dem die Sinn- und Wertbestimmungen des Handelns selbst eine Veränderung erfahren«. Stefan Nowotny: »Proaktive Kritik. Über einige Motive bei Marx und Nietzsche«. In: Stefan Nowotny und Gerald Raunig 2008, a.a.O., S. 153.

gänge feldinterner Kämpfe von Bedingungen außerhalb des Feldes abhängen, speisen sich feldinterne Auseinandersetzungen umgekehrt immer auch in soziale Kämpfe um die symbolische Ordnung insgesamt ein. Der kollektive Kampf gegen die symbolische Herrschaft ist selbstverständlich eingebunden in die Logiken der Felder und gründet auf deren spezifischer Verteilung von materiellen und symbolischen Gütern. Gerade weil die symbolische Herrschaft auf Dispositionen beruht, ist der Kampf gegen sie auch nicht mit Arbeit am Bewusstsein getan, sondern bedarf letztlich nicht weniger als einer »radikalen Umgestaltung der Produktionsbedingungen jener Dispositionen«[61]. Aber die Begriffe Habitus und Feld sind eben keine deterministischen Vorgaben und Einschließungsszenarien, sondern, wie Daniel Bensaïd in seiner pro-aktivistischen Lesweise Bourdieus betont, »Begriffe einer offenen Geschichtsschreibung«[62].

---

61 Bourdieu 2005b, a.a.O., S. 77.

62 Daniel Bensaïd: *Eine Welt zu verändern. Bewegungen und Strategien*, übers. v. Elfriede Müller, Münster: Unrast 2006, S. 111.

Feldeffekte im Fokus

Engagierte Kunstkritik als soziologische Kulturkritik

»Bewertungen«, schreibt Stefan Ripplinger in *Vergebliche Kunst*, »gehören zur Einpassung in einen Betrieb, der Werke als Waren auspreisen muss«.[63] Gäben wir ihm recht und sähen die Kunst in der bürgerlichen Gesellschaft und ihrem Markt bloß als »Nummer, Preis und Ausschuss«, wir könnten uns das ganze Kritikgerede sparen.[64] Revolution wäre die einzige Alternative. So jedenfalls hatte auch Karl Marx in *Die Deutsche Ideologie* schon polarisiert und gegen idealistische Flausen gewettert, die behaupteten, Formen und Produkte des Bewusstseins seien durch Kritik zu verändern. Nein, so Marx, »nur durch den praktischen Umsturz der realen gesellschaftlichen Verhältnisse« könne das bewerkstelligt werden, denn »nicht die Kritik, die Revolution [sei] die treibende Kraft der Geschichte«.[65] Nicht alle Kritiker*innen, auch nicht alle Marxist*innen, folgten Marx in diesem Diktum. Man könnte auch sagen: Sie blieben engagiert, auch noch als die objektiven Bedingungen für den emanzipatorischen Umsturz der realen gesellschaftlichen Verhältnisse nicht gegeben waren, sich ihr Eintreten sogar als höchst unwahrscheinlich präsentierte.

Über das Problem einer Inanspruchnahme der Kunstkritik für die Preisbildung auf dem Kunstmarkt hinaus geht vielleicht nur noch die Diagnose, dass Kunstkritik nicht einmal mehr dafür taugt.[66] Indem sie für die Kaufentscheidungen weit weniger relevant ist als

---

63 Stefan Ripplinger: *Vergebliche Kunst*. Berlin: Verlag Matthes & Seitz 2016, S. 87.

64 Ebd., S. 61.

65 Karl Marx: »Die Deutsche Ideologie« [1845/1846]. In: Ders.: *Die Frühschriften*, Stuttgart: Reclam Verlag 2004, S. 405–554, hier S. 438.

66 Vgl. George Baker, Rosalind Krauss, Benjamin Buchloh, Andrea Fraser, David Joselit, James Meyer, Robert Storr, Hal Foster, John Miller

Platzierungen im internationalen Kunstranking, bleibt ihr anscheinend nichts Anderes übrig, als effektlose Kommentare zum Kunstgeschehen abzugeben. Selbst die fundierte Kunstkritik fügt sich damit in die forcierte »Kanonisierung der Kanonkritik« ein.[67]

Dagegen lassen sich zunächst die empirischen Untersuchungen im Kunstfeld (von Wien, Paris, Hamburg und Zürich) von Ulf Wuggenig halten. Für den erfolgreichen Werdegang innerhalb des Kunstfelds sind Kunstkritiken jedenfalls nach wie vor unumgängliche Bestandteile jeder Künstler*innen-Vita.[68] Zwar spielen Kunstkritiken in Tages- und Wochenzeitungen eine immer geringere Rolle – im Hinblick auf ihre Bedeutung für die Künstler*innen ebenso wie hinsichtlich neuer kunsttheoretischer Positionierungen –, groß ist aber ihre Bedeutung in Fachzeitschriften, die wiederum im Kunstfeld wesentlich wichtiger sind als das Tageszeitungsfeuilleton. Wuggenig kommt zu dem Schluss, dass »die These von der Krise der Kunstkritik nicht sonderlich überzeugend« sei.[69] Aber nicht nur der Karriereverlauf einzelner Künstler*innen hängt vom publizierten kritischen Urteil ab. Auch das Interesse an der und der Glaube an die Kunst ist auf Vermittlung durch Kritik angewiesen. Und zwar ganz unabhängig davon, ob dieser Glaube und/oder dieses Interesse sich auf Wahrheit oder Schein der Kunst, an ihrem emanzipatorischen Potenzial oder ihrer elitistischen Reproduktion ausrichten.

---

und Helen Molesworth: »Round Table. The Present Conditions of Art Criticism«. In: *October* 100 (2002), S. 201–228, hier S. 202.

67 Franz Schultheis, Erwin Single, Stephan Egger und Thomas Mazzurana: *Kunst und Kapital. Begegnungen auf der Art Basel.* Köln: Verlag der Buchhandlung Walther König 2015, S. 225.

68 Ulf Wuggenig: »Krise der Kunstkritik?«. In: Ulf Wuggenig und Heike Munder (Hg.): *Das Kunstfeld. Eine Studie über Akteure und Institutionen der zeitgenössischen Kunst.* Zürich: JRP| Ringier 2012, S. 381–422, hier S. 396.

69 Vgl. ebd., S. 414.

Liefert man sich dem Krisenszenario nicht aus und nimmt man an, dass engagierte Kunstkritik nach wie vor möglich und nötig ist, lässt sich die Frage stellen, wie sie beschaffen sein könnte oder müsste. Pierre Bourdieu erinnert daran, dass die Kunstkritiker*innen ein diversifiziertes Universum bilden, das durch nichts Anderes zusammengehalten wird »als die Zugehörigkeit zum selben Feld, das heißt, die Teilhabe an denselben Einsätzen, die sie hauptsächlich dadurch vereinen, daß sie sich darüber uneins sind«.[70] Vor dem Hintergrund dieser einenden Uneinigkeit möchte ich im Folgenden zunächst nichts weiter tun, als für ein soziologisches Kunstverständnis zu plädieren. Dieses Plädoyer werde ich anhand der drei in der ursprünglichen Einladung zu der für diesen Beitrag anlassgebenden Tagung auftauchenden Begriffe ›Engagement‹, ›Kunst‹ und ›Kritik‹ zu plausibilisieren versuchen.

Engagement

Engagement muss sich notwendigerweise auf etwas beziehen, was das »Feld« der Kunst (Bourdieu) oder das »Gewebe« (Rancière), in dem wir sie als solche wahrnehmen, verlässt.[71] Es lässt sich einerseits nicht auf eine bestimmte Handlung oder Praxis beschränken, sondern bezeichnet eher eine Haltung, die eine ganze Reihe von Praktiken in unterschiedlichen Situationen und Kontexten betrifft. Andererseits lässt sich Engagement auch nicht auf eine bestimmte Regel im Feld und deren gezielte Veränderung – hinsicht-

70 Bourdieu 2015, a.a.O., S. 506.

71 »Mit wie viel Emphase manche auch immer das Kunstereignis und die schöpferische Arbeit der Künstler dem Gewebe an Institutionen, Praktiken, Affektionsweisen und Denkschemata entgegenhalten mögen«, schreibt Rancière, »es ist doch dieses Gewebe, das es ermöglicht, dass eine Form, ein Farbglanz, die Beschleunigung eines Rhythmus, eine Stille zwischen Wörtern, eine Bewegung oder ein Flackern auf einer Oberfläche als Ereignisse empfunden und mit der Vorstellung von künstlerischem Schaffen in Verbindung gebracht werden.« Jacques Rancière: *Aisthesis. Vierzehn Szenen*. Wien: Passage Verlag 2013, S. 12.

lich der Anerkennung oder Bezahlung von Künstler*innen etwa – beschränken, weil es immer auf weiter gefasste Zusammenhänge und Kontexte abzielen muss.

Engagement will, mit Adorno gesprochen, »nicht einfach mißliebige Zustände verbessern [...]; es zielt auf Veränderung der Bedingung von Zuständen, nicht auf den blanken Vorschlag«.[72] Solche Bedingungen liegen notwendiger Weise auch außerhalb der Kunstproduktion (und -rezeption) selbst. Und das selbstverständlich erst recht, wenn wir mit Tom Holert von einem »Dispositionsrahmen ›Gegenwartskunst‹« ausgehen, mit dem »veränderte politische und ethische Erwartungen an die Kunst und an die Akteure der Kunst« einhergehen.[73] Engagement behauptet nicht, es existiere ein wirkmächtiger Hebel, mit dem die Verhältnisse umgestürzt werden könnten, oder ein Zauberstab, mit dem sich der soziale Raum ganz einfach verwandeln ließe. Es geht überhaupt nicht davon aus, wie etwa der Soziologe Armin Nassehi es zuletzt linker Kritik unterstellt, dass »die Erreichbarkeit von Gesellschaft durch zentrale Eingriffe« gewährleistet ist.[74] Engagement geht prinzipiell davon aus, dass aus Praktiken entstandene Strukturen auch durch Praktiken zu verändern sind, auch und gerade wenn sie nicht zentral gesteuert und wenn sie komplex ineinander verwoben sind. In diesem Sinne ist Engagement auch nicht »latent autoritär« (Nassehi), sondern setzt zunächst die Veränderbarkeit von strukturellen Gegebenheiten voraus.[75]

---

72 Theodor W. Adorno: *Ästhetische Theorie.* [1970] Frankfurt am Main: Suhrkamp Verlag 1973, S. 365.

73 Tom Holert: *Übergriffe. Zustände und Zuständigkeiten der Gegenwartskunst.* Dresden: Verlag der Kunst 2014, S. 17 und S. 19.

74 Vgl. Armin Nassehi: *Die letzte Stunde der Wahrheit. Warum rechts und links keine Alternativen mehr sind und Gesellschaft anders beschrieben werden muss.* Hamburg: Murmann Verlag 2015, S. 135.

75 Vgl. ebd., S. 286.

Die Reaktionsweisen auf eine solche konzeptuelle Veränderbarkeit sind selbstverständlich divers. Sie können sich in kollektiver Organisierung äußern und/oder in der individuellen, ungefragten Offenlegung oder Infragestellung von Besitz- und Produktionsverhältnissen; sie können die Form moralischer Ansprüche an alltägliches Handeln vom Konsum bis zur zwischenmenschlichen Interaktion annehmen und sich als »doppelte Intervention« in Kunst- und andere Kontexte erweisen.[76] Kunstpraxis kann insofern als Teil von Cultural Politics, dem Kampf um die Durchsetzung bestimmter Sinn- und Bedeutungsstrukturen, begriffen werden. Lucy Lippard hat ein solches Kunstverständnis vertreten, indem sie Kunst auch als Teil einer kulturellen Bewegung auffasste, in der es prinzipiell um die Verwirklichung demokratischer Lebensverhältnisse geht. Sie wendete sich gegen das Diktum von der Machtlosigkeit der Kunst und schrieb 1984: »If the first ingredient of art's power is its ability to communicate what is seen – from the light on an apple to the underlying causes of world hunger – the second is control over the social and intellectual contexts in which it is distributed and interpreted.«[77]

Für die Veränderung bestehender sozialer (politischer, ökonomischer, kultureller) Strukturen setzt das Engagement an der jeweiligen strukturellen Spezifik an – am Feld oder dem Gewebe –, um diese schließlich mit den allgemeinen sozialen Strukturen in ein Verhältnis zu setzen. Was Bourdieu über die Kunstwissenschaft sagt, muss auch für die Kunstkritik in Anschlag gebracht werden:

---

[76] Vgl. Jens Kastner: »Doppelte Interventionen. Feministische Effekte zwischen Kunstproduktion und sozialen Bewegungen«. In: Doreen Hartmann, Inga Lemke und Jessica Nitsche (Hg.): *Interventionen. Grenzüberschreitungen in Ästhetik, Politik und Ökonomie.* München: Wilhelm Fink Verlag 2012, S. 73–83.

[77] Lucy Lippard: »Trojan Horses. Activist Art and Power«. In: Hilary Robinson (Hg.): *Feminism, Art, Theory. An Anthology 1968–2014.* Malden, MA und Oxford: Wiley/ Blackwell Publishers 2015, S. 69–79, hier S. 73.

»Gegenstand der Kunstwissenschaft ist die Kultur«, da erst diese Ausrichtung die Dekodierung der künstlerischen Arbeit ebenso wie »ein Wissen um die Bedingungen der Möglichkeit einer angemessenen Betrachtung einschließt«.[78] Die Fragen angemessener Betrachtungsweisen zielen in erster Linie zwar meistens auf die Reproduktion dieser Konventionen. Darauf müssen sie sich aber nicht beschränken. Denn da diese Bedingungen nie statisch sind, sondern vom Feld aus mitgeprägt werden, stellt sich auch die Frage nach den Effekten, die innerhalb eines Feldes eingesetzte Praktiken auf sein Äußeres haben. Hier geraten dann auch all jene Studien in den Blick, die sich nicht des Feld-Begriffs bedienen (und zum Teil sogar theoretisch explizit gegen ihn gerichtet sind), sich aber mit von künstlerischen Praktiken ausgehender, engagierter Praxis beschäftigen: So beschreibt etwa Brian Holmes in *Escape the Overcode* diverse Formen von künstlerischem Aktivismus und behauptet, eine »new cartography of ethical-aesthetic practice had been invented, embodied and expressed all across the world«.[79] Gregory Scholette diskutiert engagierte Praxis aus dem Kunstbereich heraus als »Dark Matter« und beschreibt sie als »generating filters contrary to those of the market«, die allerdings nie vor Kooptation gefeit sind.[80] Und auch Stevphen Shukaitis fragt sich in seiner Rekonstruktion der historischen Avantgarden und Neo-Avantgarden nicht ob, sondern inwiefern diese am »process of social composition« beteiligt sind.[81]

---

78 Bourdieu 1974, a.a.O., S. 164.

79 Brian Holmes: *Escape the Overcode. Activist Art in the Control Society*. Amsterdam und Zagreb: Van Abbemuseum/ WHW 2009, S. 66.

80 Gregory Scholette: *Dark Matter. Art and Politics in the Age of Enterprise Culture*. London und New York: Pluto Press 2011, S. 188.

81 Stevphen Shukaitis: *The Composition of Movements to come. Aesthetic and Cultural Labor after the Avant-Garde*. London und New York: Rowman & Littlefield Publishers 2016, S. 5.

»Ein Werk ist dann Kunst«, schreibt Dirk Boll 2015 im *Kunstforum International*, »wenn es Käufer gibt, die dafür Geld bezahlen«.[82] Die Begriffsbestimmung, die der Manager vom Auktionshaus Christie's und Professor für Kulturmanagement hier vornimmt, ist einerseits selbstverständlich naiv, weil unterkomplex. Andererseits bildet sie aber auch ein selbst- bzw. positionsbewusstes Statement, das Fakten zu setzen beansprucht. Denn die Frage nach dem Kunststatus ist immer auch eine der Durchsetzung in gesellschaftlichen Kräfteverhältnissen.

Ohne den spezifischen symbolischen Wert, den künstlerische Arbeiten generieren, würde es ihren Warenwert überhaupt nicht geben. Über dieses Verhältnis von Waren- und Symbolwert ist in den letzten Jahren einiges geschrieben worden.[83] Allein festzuhalten, dass es eines gibt, dass also der Warenwert nicht der einzige Wert der künstlerischen Arbeit und damit auch abhängig von seinen anderen Wertakkumulationen ist, reicht an dieser Stelle vielleicht, um die Engführung auf die Kommodifizierung etwas aus-

---

82 Dirk Boll: »Der Marktwert, dieses schrecklich harte Kunsturteil«. In: *Kunstforum International*, Nr. 235 (2015), S. 94–101, http://www.kunstforum.de/lesen/artikel.aspx?z=iv&a=235113&li=i (aufgerufen am 14.02.2023).

83 Die Debatte ließe sich zurückverfolgen bis zur Unterscheidung von Tauschwert und »ästhetischem Wert« in der marxistischen Ästhetik; vgl. etwa Adolfo Sánchez Vázquez: »Art as Concrete Labour. Aesthetic Value and Exchange Value«. In: Ders.: *Art and Society. Essays in Marxist Aesthetics*. London: Merlin Press 1973, S. 189–196. Dort allerdings wird der »ästhetische Wert« noch als jenseits der kapitalistischen Logik der Produktion von Mehrwert gegeben konzipiert und nicht als deren Voraussetzung, wie der »symbolische Wert« in der soziologischen Debatte im Anschluss an Bourdieu; vgl. dazu Isabelle Graw: »Der Wert der Ware Kunst. Zwölf Thesen zu menschlicher Arbeit, mimetischem Begehren und Lebendigkeit«. In: *Texte zur Kunst* Nr. 88 (2012), S. 31–60, sowie Steffen Rudolf und Ulf Wuggenig: »Symbolischer Wert und Warenwert«. In: Ulf Wuggenig und Heike Munder (Hg.) 2012, a.a.O., S. 315–341.

zubremsen – sei sie nun kühn und affirmativ gemeint wie bei Boll oder desillusionierend und kritisch wie bei Ripplinger.

Auf das Verhältnis von Symbol- und Warenwert zu fokussieren, bedeutet auch, sich gegen anthropologische und das Gros der philosophischen Herangehensweisen an Kunst zu wenden. Damit einher geht auch eine Positionierung gegen ein philosophisches Kunstverständnis, das der Kunst eine »Kraft« bescheinigt (oder unterstellt), die nicht im Sozialen zu verorten ist. Kunst sei, so vertritt es etwa der Frankfurter Philosoph Christoph Menke durchaus im Kontext der Kritischen Theorie, »keine soziale Praxis«, weil es bei ihr nicht um die durch subjektives Handeln erzeugte Verwirklichung einer Form gehe. Kunst sei das »Feld einer Freiheit nicht im Sozialen, sondern vom Sozialen«.[84] Daher spielt auch das Verhältnis von künstlerischer Arbeit zu ihren institutionellen Rahmungen und ihren Rezeptionsweisen in diesen Traditionen kaum eine bis keine Rolle. Trotz aller seit rund 50 Jahren vermeintlich hegemonialen rezeptions- und kommunikationsprozessorientierten Ansätze – auch als Ansprüche von Künstler*innen selber formuliert – ist eine Position wie die von Nick Zangwill keineswegs marginalisiert, die behauptet, eine »Theorie über das Wesen der Kunst sollte *überhaupt keine* Bezugnahme auf das Publikum enthalten«.[85]

Anstelle der ökonomistischen Verkürzung auf der einen und der philosophischen Entgrenzung auf der anderen Seite möchte ich für ein soziologisches Verständnis von Kunst plädieren – nicht aus Disziplinversessenheit, sondern weil ich denke, dass ohne ein so-

---

84 Christoph Menke: *Die Kraft der Kunst.* Berlin: Suhrkamp Verlag 2013, S. 14.

85 Nick Zangwill: »Kunst und Publikum« [1999]. In: Stefan Deines, Jasper Liptow und Martin Seel (Hg.): *Kunst und Erfahrung. Beiträge zu einer philosophischen Kontroverse.* Berlin: Suhrkamp Verlag 2013, S. 316–358, hier S. 318.

ziologisches Kunstverständnis Wesentliches unverstanden bleibt. Nämlich erstens, warum nur bestimmte Gegenstände überhaupt als Kunst wahrgenommen werden und andere nicht, und warum diese Art von unterscheidender Wahrnehmung auch noch nur bestimmten Leuten gelingt – und zwar solchen, die sie auf spezifisch legitime Art und Weise erfahren und besprechen können. Zweitens bleibt unverstanden, wie bestimmte Subjektivierungsweisen sich konstituieren, wie und warum sich Menschen als Künstler*innen und Kunstfeldakteur*innen verstehen und unter welchen Umständen dieses (Selbst-)Verständnis auch ein geltendes, also anerkennbares ist. Und drittens gerät ohne soziologischen Fokus aus dem Blick, welche Rolle und Funktion also Kunst in der Gesamtheit dessen spielt, was in einem weiteren Sinne von Symbolen, Ritualen und Praktiken als ›Kultur‹ verstanden werden kann. Diese drei Gründe möchte ich im Folgenden erläutern.

Erstens: Die drei Schulrowdis Dolph, Kearney und Jimbo haben in Staffel 17, Folge 6 (s17e06) der *Simpsons* Edvard Munchs »Der Schrei« geklaut. Als sie damit im Garten der Schule sitzen, sagt Kearny zu Dolph (in der deutschen Fassung): »Nimm das weg, das erschüttert mich!« Das ist lustig! Aber warum? Weil es als völlig unwahrscheinlich erscheint, dass der Junge mit seinem Unterschichtshabitus diese Empfindung angesichts des Gemäldes tatsächlich haben und sie dann auch noch aussprechen könnte. Es gibt keine allgemeine, von allen Positionen im sozialen Raum aus auf die gleiche oder auch nur ähnliche Weise zu machende Erfahrung mit Kunst. Auch wenn Kunst »keine spezifischen Sender und keine privilegierten Empfänger mehr« hat, wie Rancière meint – was allerdings zu bezweifeln ist –, empfangen die nicht-privilegierten Empfänger*innen die Kunst noch anders als die privilegierten (oder ehemals privilegierten).[86] Jede ästhetische Erfahrung mit

[86] Vgl. Jacques Rancière: *Ist Kunst widerständig?* Berlin: Merve Verlag 2008, S. 49.

Kunst, die sich, wie Juliane Rebentisch es für die zeitgenössische Kunst (beschreibend wie einklagend) behauptet, »im Modus der Kontextreflexivität« vollziehen soll, ist sozial extrem voraussetzungsreich (und nicht selbstverständlich).[87] Kunstkompetenz, die solchen Erfahrungen zugrunde liegt, ist ein auf Bildung beruhendes Privileg. Auch in Bezug auf den jeweiligen Gegenstand, angesichts dessen die Erfahrung gemacht wird, ist der Voraussetzungsreichtum seines Kunstseins groß. Gerade wenn man wie Rancière davon ausgeht, dass es »keine eigentlich künstlerischen Sujets« mehr gibt und »keine Grenze mehr zwischen dem, was der Würde der schönen Künste zukommt und dem, was der gewöhnlichen Erfahrung zugehört«, ist erklärungsbedürftig, warum der eine Gegenstand vom Künstler und der Künstlerin, vom Kunstpublikum im Museum, von den Sammler*innen bei Auktionen mit der Würde des Schönen ausgestattet wird und der andere nicht.[88] Warum wird der eine Gegenstand als Kunst behandelt und der andere nicht, auch wenn er ihm in seiner Erscheinung gleicht? Eine Frage, mit der sich Arthur C. Danto noch abmühte, der Rancière sich aber gar nicht mehr stellt.[89]

Zweitens: Es lässt sich in den letzten Jahren (bis Jahrzehnten) zweifellos zugleich eine Ausweitung und eine Porosität der Kunstfeldgrenzen beobachten. Dass das Feld der Kunst sich ausweitet, meint, dass Praktiken in es inkludiert werden, die früher nicht als Kunst (oder als kunstrelevant) angesehen worden wären. Das betrifft einerseits Modestrecken in Kunstzeitschriften oder Auftritte von DJs im Museum, meint aber auch die Vielfalt künstlerischer Methoden schlechthin. Eine Bar zu betreiben, einen Eisblock durch Straßen zu schieben, im Galerieraum zu kochen, Plakate im öffent-

87 Vgl. Juliane Rebentisch: *Theorie der Gegenwartskunst.* Hamburg: Junius Verlag 2013, S. 174.

88 Vgl. Rancière 2008, a.a.O., S. 49.

89 Arthur C. Danto: *Die Verklärung des Gewöhnlichen. Eine Philosophie der Kunst.* Frankfurt am Main: Suhrkamp Verlag 1991.

lichen Raum auf- oder abzuhängen – die Varianten, mit denen zeitgenössische Kunst als solche auftritt, sind unendlich. Das Pöröswerden meint umgekehrt das Einsickern von Kriterien und Maßstäben für die Bewertung (und schlicht bei der Beobachtung) von Kunst, die vormals als völlig irrelevant galten. Allen voran gilt das für ökonomische, aber auch für moralische Maßstäbe, die an künstlerische Arbeiten angelegt werden. Preise werden zum Bestandteil von Gütekriterien, wie auch die ethische Integrität sozial engagierter Kunst gegenüber für jenen, von (oder mit) denen sie handelt, zum Kriterium für das Gelingen der künstlerischen Arbeit wird.

Es lassen sich zudem in beiderlei Hinsicht Tendenzen in umgekehrter Richtung beobachten, dass also die Ausweitung auch meint, dass: Friseursalons wie Galerien aufgemacht sind und die Porosität bedeutet, dass Kunstmaßstäbe auf außerkünstlerischen Gegenstände angewandt und Sneakers allein nach ästhetischen Maßstäben beurteilt oder ganze Modekollektionen an künstlerischen Arbeiten ausgerichtet werden.[90] Letztlich ist das, was wir ›zeitgenössische Kunst‹ nennen – von Auktionshäusern wie Sotheby's bis hin zu anarchistischen Initiativen im Kontext von Occupy Wall Street, vom neoliberalen City Marketing und den Image Kampagnen von Großbanken bis zum autonomen Refugee Support aus den Kreisen von Kunststudierenden – in dermaßen viele soziale Praktiken verstrickt, dass sie als vernünftig zu analysierender Gegenstand beinahe zerfällt. Gerade deshalb ist es wichtig, ihre spezifischen Anerkennungs- und Legitimationsmodi zu rekonstruieren.

Nur über den gemeinsam geteilten Glauben daran, dass es sich bei der Kunst um etwas ›Gutes‹ und irgendwie ›Wertvolles‹ handelt,

---

90 Die Modefirma COS richtete 2016 eine Modestrecke an der Arbeit der Künstlerin Agnes Martin aus und präsentierte sie anlässlich einer Ausstellung der Künstlerin im Guggenheim Museum in New York City. Ich danke Ines Kleesattel für diesen Hinweis.

an dem man partizipieren möchte, lässt sich erklären, warum sowohl Vorstandsvorsitzende von Banken als auch anarchistische Aktivist*innen sich mit ihr abgeben – hätten sie doch jeweils unendlich viele andere, näherliegende Freizeitaktivitäten, Zielgruppen und Propagandamittel zur Auswahl. Angesichts der Bedeutung dieses Glaubens muss, wie Ulf Wuggenig im Anschluss an Bourdieu herausstellt, »Gegenstand einer Wissenschaft der Werke deshalb nicht nur die materielle Produktion des Werkes, sondern auch die Produktion des Wertes des Werkes, also des Glaubens an diesen Wert« sein.[91]

Nur so wird auch verständlich, was ein Feld so attraktiv macht, das verglichen mit anderen gesellschaftlichen Bereichen (Sport, Recht und so weiter) extreme Ungleichheiten produziert (wenige verdienen extrem viel, viele extrem wenig und so weiter). Während einerseits die Ansicht, soziale Ungleichheit sei zu bekämpfen, im Kunstfeld vergleichsweise häufig und stark vertreten wird, sind andererseits die Arbeitsbedingungen sowie die Verdienst- und Aufstiegsmöglichkeiten darin so ungleich verteilt wie sonst nur in wenigen Feldern.

Für ein Festhalten am Begriff ›Feld‹ spricht neben dem homogenisierenden Glauben an den Wert der künstlerischen Arbeit und dem kollektiv geteilten Glauben an den Sinn des Spiels (also an den Sinn der Entscheidung, sich trotz Ungleichheit auf das Kunstfeld einzulassen) auch die nach wie vor relativ autonom intakten Dynamiken von Positionen, Positionierungen und Dispositionen, die Bourdieu als Charakteristika des Felds beschreibt.[92] Die »materi-

---

91 Ulf Wuggenig: »Das Arbiträre und das Universelle. Über Pierre Bourdieus Soziologie der Kunst«. In: Pierre Bourdieu: *Kunst und Kultur. Kunst und künstlerisches Feld.* Schriften zur Kultursoziologie 4. Herausgegeben von Franz Schultheis und Stephan Egger. Konstanz: UVK 2011, S. 480–546, hier S. 523.

92 Vgl. Kastner 2009, a.a.O., S. 60 ff.

ellen und symbolischen Einsätze«, die Menschen tätigen, müssen in Beziehung zu jenen gestellt und analysiert werden, auf die sie sich beziehen, um sie der »Absurdität des willkürlichen und Unmotivierten zu entreißen«.[93] Daher ist der Feldbegriff auch gegen die Behauptung seiner Überholtheit, etwa in Form der Kritik von Isabelle Graw und ihrer These der »Heteronomie« oder in Form der Kritik von Néstor García Canclini und seiner These der »Postautonomie«, zu verteidigen. Graw meint, angesichts der gesellschaftlichen Dominanz des Wirtschaftssystems sei die Eigengesetzlichkeit nicht mehr »das vorherrschende Strukturmerkmal des künstlerischen Feldes«.[94] Es sei davon auszugehen, dass äußere – nicht feldinterne – Zwänge im Vordergrund stünden, weshalb das Kunstfeld als »relativ heteronom« zu bestimmen sei. Ähnlich geht García Canclini davon aus, dass die Kunst einerseits an eigenständiger Reproduktion eingebüßt habe, andererseits aber auch für die Reproduktion von Gesellschaft ihren Stellenwert verloren habe. Die »postautonome Situation der Kunst« zeichne sich unter anderem dadurch aus, dass »die Geschichte der Kunst nicht länger mit der Geschichte des Geschmacks zusammenfällt«.[95] Aber auch wenn künstlerische Arbeiten nicht mehr alleinige Grundlage für Distinktionspraktiken und ihr Maßstab sind (falls sie es je ausschließlich waren), bleibt doch das Kunstfeld ein zentraler Schauplatz im Kampf um kulturelle Kräfteverhältnisse. Und auch wenn

---

93 Pierre Bourdieu: »Zur Genese der Begriffe Habitus und Feld« [1985]. In: Ders.: *Der Tote packt den Lebenden.* Schriften zu Politik & Kultur 2. Hamburg: VSA 2011, S. 55–73, hier S. 68.

94 Isabelle Graw: *Der große Preis. Kunst zwischen Markt und Celebrity Culture.* Köln: Dumont Verlag 2008, S, 149.

95 Néstor García Canclini: *La Sociedad sin Relato. Antropología y Estética de la Inminencia.* Buenos Aires: Katz Editores 2010, S. 220 [Übers. J. K.]. Vgl. auch Jens Kastner: »Handlungsmacht, Struktur, Bewegung. Zur Rezeption der Kulturtheorie Pierre Bourdieus bei Néstor García Canclini«. In: Tom Waibel und Hansel Sato (Hg.): *Handlungsmacht, Ausdruck, Affekt. Zum Bedeutungswandel affektiver Aussageformen in Lateinamerika.* Wien, Münster: Lit Verlag 2013, S. 29–41, auch Kapitel 4 in diesem Buch.

andere als kunstwerkinterne Kriterien mit darüber entscheiden, was für kunstgeschichtstauglich gehalten wird, bleiben die wesentlichen Konsekrationsmechanismen intakt, wie auch die Karriereverläufe trotz häufigerer Rollenwechsel – Kurator*innen treten häufiger auch als Künstler*innen auf und umgekehrt, Kritiker*innen als Sammler*innen und umgekehrt – im Wesentlichen innerhalb von Felddynamiken stattfinden.[96] Zwar werden Sammler häufiger auch Kunstkritiker und Künstler*innen Kurator*innen als früher; eher selten aber übernehmen ehemalige Sportdirektor*innen ein Museum für zeitgenössische Kunst oder versuchen sich Automechaniker*innen als Kunstsammler*innen.

Drittens: Nicht nur die zunehmende Vermarktung künstlerischer Arbeiten (in all ihren Facetten von der Klimt-Reproduktion bei IKEA bis zum Warhol-Original auf der Art Basel), sondern auch die gesteigerte symbolische Bedeutung aller anderen Waren und Dienstleistungen – also die Entstehung dessen, was von Gernot Böhme als »ästhetischer Kapitalismus« bezeichnet wird – zwingt zu analytischen Unterscheidungen (die Böhme selbst häufig gar nicht vornimmt).[97] Es wäre zu untersuchen, welche Rolle künstlerischen Arbeiten in all den Distinktionspraktiken in der sozialen Welt gerade im Unterschied zu anderen Arbeiten und Praktiken noch zukommt. Dabei ist davon auszugehen, dass Distinktion nicht bloß die Geschmackspraxis der herrschenden Klasse meint, sondern in einem allgemeinen Sinne die »Distinktionen, als symbolische Transfigurationen faktischer Unterschiede« zu verstehen

---

96 Bourdieu überträgt den Begriff ›Konsekration‹ aus dem Bereich der kirchlichen Liturgie, wo die Weihe den Übergang vom Profanen zum Sakralen markiert, auf das künstlerische Feld.

97 Vgl. Gernot Böhme: *Ästhetischer Kapitalismus*. Berlin: Suhrkamp Verlag 2016, S. 43. Er leugnet allerdings die klassenreproduzierenden Effekte symbolischer Differenzen. Heute sei die Distinktionsfunktion einer »Mannigfaltigkeit von Gruppenstilen und Lebensformen [...]«, schreibt er direkt gegen Bourdieus Ansatz gerichtet, »die mit gesellschaftlicher Schichtung und Herrschaft wenig zu tun haben.«

sind und genereller »alle Ränge, Ordnungen, Grade und sonstigen symbolischen Hierarchien« aus der Anwendung von Konstruktionsschemata erwachsen, »die – wie zum Beispiel die Adjektivpaare, die zur Bewertung sozialer Phänomene verwendet werden – aus der Inkorporierung der Strukturen hervorgehen, auf die sie Anwendung finden.«[98] Kunst ist mit Rücksicht darauf im Kontext sozialer Kräfteverhältnisse zu begreifen. Einerseits finden Kunstproduktion und -rezeption noch immer nach relativ autonomen Regeln statt und sind somit Effekte eines Feldes, im Verständnis Bourdieus selbst ein »Ensemble objektiver Kräfteverhältnisse«.[99] Bei aller relativen Autonomie ihrer konkreten Dynamiken verlaufen die Grenzen der Felder in der sozialen Wirklichkeit fließend. Die Feldeffekte der Kunst fließen somit andererseits auch in die »Gesamtstruktur der Kräfteverhältnisse« ein.[100] Auch wenn die symbolischen Kräfteverhältnisse laut Bourdieu dazu tendieren, die objektiven Kräfteverhältnisse – also bestehende Institutionen, Konventionen, (Macht-)Positionen – zu reproduzieren, bedeutet das nicht, dass dies immer und überall gleichermaßen geschieht. Es geht eben um Tendenzen, nicht um Determinanten. Ohne auf Antonio Gramsci Bezug zu nehmen, knüpft Bourdieu mit diesem Verständnis von Kräfteverhältnissen an ihn an. Zwar hat Gramsci zunächst militärische und im engeren Sinne politische Kräfteverhältnisse vor Augen, betont aber auch, dass jede Analyse von Kräfteverhältnissen »nur im Bereich der Hegemonie und der politisch-ethischen Verhältnisse« gipfeln könne.[101]

---

98 Pierre Bourdieu: »Sozialer Raum und ›Klassen‹«. In: Ders.: *Sozialer Raum und ›Klassen‹. Lecon sur la lecon. Zwei Vorlesungen* [1985]. Berlin: Suhrkamp Verlag 2016, S. 7–46, hier S. 22.

99 Ebd., S. 10.

100 Bourdieu 2014, a.a.O., S. 181.

101 Antonio Gramsci: *Gefängnishefte*, Band 6, 10. und 11. Heft. Hamburg: Argument Verlag 2012, S. 1573.

Die feldinternen Kräfteverhältnisse und ihre Wechselwirkungen mit feldexternen Kräfteverhältnissen gilt es in den Blick zu nehmen, um zu einem angemessenen Verständnis von künstlerischen Praktiken zu gelangen. Dies kommt einem soziologischen Kunstverständnis gleich. Als *soziologisch* begreife ich also ein Kunstverständnis, das sich erstens der Genese des Werts einer künstlerischen Arbeit widmet. Es geht darum zu erklären, warum das eine Produkt oder die eine Praxis (erstellt oder ausgeführt von ganz bestimmten Leuten von spezifischen Positionen im sozialen Raum aus) ausgestellt, besprochen, gekauft wird, während vergleichbare Praktiken und Prozesse von anderen Leuten mit anderen Ressourcen nicht diese Aufmerksamkeit und dieses Begehren hervorrufen. Ein soziologisches Kunstverständnis ist zweitens an der Genese von Subjektivierungen ausgerichtet; es fragt nach den Bedingungen für Erfolg und Misserfolg des Künstler*innenwerdens und -seins ebenso wie nach den unterschiedlichen angeeigneten Eignungen zum Publikum und dem Wechselverhältnis zwischen beidem, also zwischen der Genese des/ der KünstlerIn und der Genese des spezifischen Kunstpublikums. Drittens orientiert sich ein soziologisches Kunstverständnis an der Genese des Geschmacks, der die Produktion und Rezeption künstlerischer Arbeiten steuert und damit zugleich auch Positionierungen im sozialen Raum reproduziert oder in Frage stellt.

Kritik

Adorno wandte sich gleichermaßen gegen künstlerische Arbeiten, die das »Verdikt des gesellschaftlich Gleichgültigen« verkörpern, wie gegen solche, »die gesellschaftlich eindeutig, diskursiv urteilen« und dadurch schließlich die Kunst selbst negieren würden. »Immanente Kritik dürfte diese Alternative brechen.«[102] Rahel Jaeggi hat die immanente Kritik als Modell ausgeführt, das im Gegensatz zur

[102] Adorno 1973, a.a.O., S. 368.

externen Kritik und zur internen Kritik steht. Während die externe Kritik einen Außenstandpunkt gegenüber dem Gegenstand behauptet und die interne Kritik Anspruch und Wirklichkeit sowie Norm und Realisierung innerhalb eines Gegenstands miteinander konfrontiert, setzt die immanente Kritik grundlegender an. Sie geht zunächst davon aus, dass »*soziale Wirklichkeit immer normativ* verfasst ist«.[103] Das heißt: Die Normen sind nicht explizit formulierte Regeln, sondern in die sozialen Institutionen und Praktiken bereits eingelassen. Kritik beansprucht demnach nicht nur, dieses Eingelassensein sichtbar zu machen, sondern geht sogar noch weiter: »immanente Kritik ist ein Verfahren«, so Jaeggi, »Zusammenhänge *nicht nur aufzuzeigen, sondern herzustellen*«.[104] Auch wenn das in der Zeichenzahlbegrenztheit konkreter kunstkritischer Praxis nicht immer im Einzelnen zu leisten ist, bleibt ein solches Herstellen von Zusammenhängen doch ihre zentrale Aufgabe.

Dieses Verfahren setzt auch bei den Kritiker*innen selbst an. Schließlich ist (Kunst-)Kritik auch, wie oben bereits angedeutet, vermittelnder Teil des Kunstfelds und damit unumgänglich in es verstrickt. Auch aus Kritik lässt sich gerade deshalb unter bestimmten Umständen – im Kunstfeld wohl häufiger als anderswo – soziales Kapital generieren. Vielleicht erhält die Kunstkritik sogar daraus ihren besonderen Reiz, denn »one does not get much social capital out of critiquing something that itself has no social capital«, wie Nato Thompson richtig bemerkt.[105] Allerdings kann und darf das Anwenden der Kritik auf die Kritik nicht bedeuten, dass das Ergebnis dieses Ansetzens schon beim Ansatz selbst feststeht, dass also davon ausgegangen wird, jede Kritik aus dem Kunstfeld heraus sei, wie Helmut Draxler schreibt, immer bloß

---

103 Rahel Jaeggi: *Kritik von Lebensformen.* Berlin: Suhrkamp Verlag 2014, S. 288.

104 Ebd., S. 300.

105 Nato Thompson: *Seeing Power. Art and Activism in the 21th Century.* Brooklyn und London: Melville House 2015, S. 101.

»der präzise Ausdruck dieses Systems« in dem Sinne, dass sie es reproduziert, wie es nun mal ist (nämlich elitistisch und Herrschaft reproduzierend). Draxler diagnostiziert das – wie ich meine: verkürzend – mit Bezug auf Bourdieu und geht damit letztlich wie der Philosoph Michael Hirsch – ebenfalls verkürzend – davon aus, auch der kritikgeleitete »Kampf um die Anerkennung kulturellen Kapitals« sorge für »die Integration aller Gesten ins System«.[106] Mit dem Verfahren der immanenten Kritik bei der Kunstkritik selbst anzusetzen, meint vielmehr eine Selbstverortung und Selbstreflexion, die der Einsicht geschuldet ist, dass jede Praxis im Kunstfeld auch eine Praxis innerhalb von gesellschaftlichen Macht- und Kräfteverhältnissen ist. Kräfteverhältnisse sind allerdings wie alle Verhältnisse nicht determiniert und insofern auch nicht auf Reproduktion des Immergleichen festgelegt. Es gilt sich innerhalb dieser Verhältnisse zu positionieren wie auch die eigene Positioniertheit zu hinterfragen. Wirklich kritisches Denken muss, so Bourdieu im Gespräch mit Hans Haacke, »mit der Kritik der ökonomischen und sozialen Grundlagen kritischen Denkens beginnen«.[107] Diese Kritik kann nicht (das heißt: darf nicht) der Abschaffung von Kritik aufgrund ihrer unumgänglichen Involviertheit, sondern muss ihrer stetigen Erneuerung und Transparenz dienen. Kritik ist schließlich notwendig nicht nur, weil sie, wie Hal Foster meint, wesentlich für das ist, was Öffentlichkeit ausmacht – und »[i]n some ways criticism is this sphere in operation«[108] –, sondern auch, weil und solange es Ausbeitung, Ausschluss, Dis-

---

106 Siehe Helmut Draxler, »Der Habitus des Kritischen. Über die Grenzen der reflexiven Praxis« 2008, a.a.O., S. 269f., und Michael Hirsch: *Logik der Unterscheidung. Zehn Thesen zu Kunst und Politik*. Hamburg: Textem Verlag 2015, S. 36. Vgl. die ausführliche Kritik im vorherigen Kapitel.

107 Pierre Bourdieu und Hans Haacke: »Für die Unabhängigkeit der Phantasie und des Denkens. Ein Gespräch, In: Bourdieu/ Haacke 1999, a.a.O., S. 79.

108 Hal Foster: *Bad New Days. Art, Criticism, Emergency*. London und New York: Verso Books 2015, 122.

kriminierung und Ungerechtigkeit und darauf gründendes Leiden gibt.

Für das Verhältnis von Kunstkritik und künstlerischer Arbeit kann Adornos Haltung gegen Gleichgültigkeit einerseits und eindeutiges Urteil andererseits als Mahnung verstanden werden, sich nicht dem Gegenstand auszuliefern. Herrschaftskritische Kunstkritik sollte nicht auf augenscheinlich engagierte, kritische, politische Kunst abonniert sein. Erstens, weil das kommentierende Abfeiern politisch eindeutiger Botschaften in der Kunst natürlich kaum von der »Fanliteratur dubiosester Webart« zu unterscheiden wäre, als die Christian Demand einen Großteil der Kunstkritik beschrieben hat.[109] Und zweitens, weil auf der Grundlage eines solchen eingeschränkten, inhaltsbesessenen Fokus Potenziale übersehen würden, die Kunstproduktion und -rezeption vielleicht jenseits ihrer Inhalte noch freisetzen können. Ein soziologisches Kunstverständnis muss in diesem Sinne auch keineswegs das Kind mit dem Bade ausschütten, wie Ines Kleesattel es Bourdieu vorwirft, »wenn er aus dem nachweisbaren Zusammenhang von Kulturkonsum und sozialer Stellung schlussfolgert, dass autonome ästhetische Erfahrung und funktionalistisch zweckorientierte Ästhetik auf eine Ebene gebracht werden müssen.«.[110] Versteht man Bourdieus Ansatz als Hinweis auf strukturelle Wahrscheinlichkeiten und Tendenzen statt auf determinierte Strukturen und Abläufe, so lässt sich an einem potenziell »kritisch-emanzipatorische[n] Moment ästhetischer Autonomie«, verstanden im Sinne Kleesattels als »die Möglichkeit, ein dem herrschenden Realitätszwang enthobenes Anderes zu erfahren und das Bestehende gerade aus dieser Perspektive als veränderungswürdig zu erkennen«, unter Umständen

109 Christian Demand: *Die Beschämung der Philister. Wie die Kunst sich der Kritik entledigte*. Springe: zu Klampen Verlag 2007, S. 14.

110 Ines Kleesattel: *Politische Kunst-Kritik. Zwischen Rancière und Adorno*.Wien und Berlin: Verlag Turia + Kant 2016, S. 329.

durchaus festhalten.[111] Die Fragen danach allerdings, wer warum, wann, wie und auf welche Art und Weise vor welchem Gegenstand zu Veränderungsgedanken (oder -empfindungen) veranlasst wird, bleiben auch für kritische Kunstkritik zu beantworten.

Kunst und Macht

Für Kunstwissenschaft und Kunstkritik sei es an der Zeit, »die Fixierung auf den ›white cube‹ und das Museum zu überwinden«, schreibt Wolfgang Ullrich angesichts der Rollen und Bedeutungen, die der Kunst mittlerweile außerhalb dieser Räume zukommen. Der Kunst im Zeitalter der »Siegerkunst«, wie Ullrich die von superreichen Sammler*innen gehandelte, maßlos teure Kunst nennt, sei mit werkimmanenten Interpretationen, mit einer Konzentration auf Rezeption überhaupt, nicht mehr beizukommen. Ihre Effekte – repräsentative Wirkung für die Rezipient*innen, daseinssteigernde Wirkung für die Besitzer*innen und philosophische Spekulationen für Feuilleton und Wissenschaft – müssten in einem viel größeren Rahmen diskutiert werden.[112]

Es müsste also einerseits dieser »größere Rahmen« fokussiert werden, also letztlich das Gros kultureller Praktiken in einem sozialen Raum überhaupt. Damit ließe sich auch die Forderung Antonio Gramscis einlösen, die Kritik der Kultur mit »der ästhetischen oder rein künstlerischen Kritik« zu verschmelzen.[113] Andererseits ist aber – aus den oben genannten Gründen der besonderen Valo-

---

[111] Ebd., S. 329.

[112] Wolfgang Ullrich: *Siegerkunst. Neuer Adel, teure Lust*. Berlin: Wagenbach Verlag 2016, S. 58 und S. 48. Ohne dass er hier auf Bourdieu eingehen würde, greift Ullrich doch implizit dessen grundlegende Analyse vom »klassifizierenden und Klasse verleihenden« Charakter von Kunst auf, vgl. Bourdieu 1982, a.a.O., S. 36.

[113] Antonio Gramsci: *Gefängnishefte*, Band 9, 22. bis 29. Heft. Hamburg: Argument Verlag 2012, S. 2108.

risierungen, Subjektivierungen und Effekte – zuvor den spezifischen Legitimierungs- und Anerkennungsmodi des künstlerischen Feldes nachzugehen. Dafür müsste allerdings auch die ganze Bandbreite des Feldes wenn auch nicht empirisch abgedeckt, so doch zumindest in Betracht gezogen werden. Viele teils auch von Bourdieu inspirierte Studien setzen sich mit dem Kunstbetrieb und seinen Verstrickungen in die neoliberale Ökonomie kritisch nur in Bezug auf die Kunst des oberen, anerkanntesten und teuersten Feldsegments auseinander; Aktivismen und »Dark Matter« tauchen etwa in den Studien von Franz Schultheis, Erwin Single, Stephan Egger und Thomas Mazzurana, von Isabelle Graw und von Julia Voss überhaupt nicht auf.[114] Die Berücksichtigung all dieser Praktiken ist aber nicht nur analytisch geboten, sondern auch politisch wichtig, damit nicht, wie Ullrich es schließlich im Einklang mit Positionen wie jener eingangs zitierten von Stefan Ripplinger tut, jede »Protestkunst« von vornherein als »Dienstleistung für den Markt der Siegerkunst« abgetan werden kann.[115]

114 Julia Voss: *Hinter weißen Wänden*. Berlin: Merve Verlag 2015.
115 Ullrich 2016, a.a.O., S. 20.

Kunst, Kontexte und Kritik

Zur Interaktionsästhetik als Brücke zwischen Kulturindustriethese und soziologischer Feldtheorie

Innerhalb der kunst- und kulturtheoretischen Debatte sind die Gräben zwischen den Teildisziplinen, Traditionen und Schulen tief: Trotz eklektizistischer Trends und anspruchsvoller Vermittlungsversuche gilt das nach wie vor auch für die Kluft zwischen Kritischer Theorie und der Kultursoziologie Pierre Bourdieus. Während es auf gesellschaftstheoretischer Ebene hier dennoch einige Beispiele für ein fruchtbares Zusammendenken gibt, kann das von der Ästhetischen bzw. der Kunsttheorie nicht gesagt werden.[116] Bourdieu kritisiert die Kulturindustriethese von Adorno/ Horkheimer für ihre als zu direkt und zu naiv hergestellte Analogie zwischen künstlerischer Form und »der Welt der entfremdeten Arbeit«[117]. Aus der Sicht der neueren Kritischen Theorie hingegen wirft Heinz Steinert Bourdieu in Sachen Kunst einen »soziologischen Reduktionismus«[118] vor. Es werde zwar die Entwicklung des Felds beschrieben und auch die Platzierung einzelner Werke im künstlerischen Feld erklärt, nicht interpretiert werden könne aber das »Kultur-Ereignis«[119] selbst. Trotz dieser beiderseitig konstatierten Inkompatibilität soll in diesem Beitrag die Frage diskutiert werden, ob nicht gerade die Interaktionsästhetik von Heinz Stei-

---

116 Vgl. etwa Ullrich Bauer, Uwe H. Bittlingmayer, Carsten Keller und Franz Schultheis (Hg.): *Bourdieu und die Frankfurter Schule. Kritische Gesellschaftstheorie im Zeitalter des Neoliberalismus.* Bielefeld: Transcript Verlag 2014.

117 Bourdieu 1982, a.a.O., S. 602.

118 Heinz Steinert: »Entwicklung einer Interaktionsästhetik«. In: Christine Resch und ders.: *Die Widerständigkeit der Kunst. Entwurf einer Interaktionsästhetik.* Münster: Westfälisches Dampfboot 2003a, S. 13-26, hier S. 24.

119 Ebd.

nert und Christine Resch einige Brücken schlagen kann zwischen Kulturindustriethese und der soziologischen Feldtheorie Bourdieus. Indizien dafür gibt es einige, die wichtigsten möchte ich nun diskutieren.

Brückenfundament: Gegen die Ausblendung des Produktionsraumes

Der Vorwurf des »soziologischen Reduktionismus« aktualisiert im Prinzip eine Position, die Bourdieu selbst schon in einem Vortrag 1980 als anti-soziologische Gemeinplätze zurückgewiesen hatte. Bourdieu wendet sich in dem Text »Aber wer hat eigentlich die ›Schöpfer‹ geschaffen?« gegen die Vorurteile, die Soziologie könne zwar erstens die kulturelle Konsumption erklären, nicht aber über die Produktion Aufschluss geben. Zweitens würde sie die künstlerische Schöpfung mittels ihrer statistischen Methoden nivellieren und damit die herausragenden Leistungen aus dem Blick verlieren. Es ist hier nicht der Raum dafür, auf Bourdieus Entgegnung auf diese Vorurteile ausführlich einzugehen. Herauszustellen ist vor allem, dass Bourdieu mit dem Plädoyer, das »Universum der künstlerischen Produktion«[120] zu untersuchen, beansprucht, beides tun zu können, also über die Produktion ebenso wie über das herausragende Einzelwerk gültige Aussagen treffen zu können.

Bourdieu wendet sich dabei u.a. auch gegen eine bestimmte marxistische kunstsoziologische Tradition, nämlich die von Georg Lukács und Lucien Goldman. Dieser Tradition wirft er vor, mit dem Versuch, die künstlerische Produktion als allzu direkte Effekte der Zwänge bestimmter Milieus und der Nachfrage eines Klientels zu verstehen, den »künstlerischen Produktionsraum zum

120 Pierre Bourdieu: »Aber wer hat eigentlich die ›Schöpfer‹ geschaffen?« In: Ders.: *Soziologische Fragen*. Frankfurt am Main: Suhrkamp Verlag 1993, S. 197-211, hier S. 198.

Verschwinden«[121] zu bringen und einem »naiven Funktionalismus«[122] der Widerspiegelung zu verfallen.

Goldman selbst hatte, das muss zu seiner Verteidigung eingeschoben werden, schon versucht, diesem Funktionalismus zu entgehen. Er nahm durchaus zur Kenntnis, dass das künstlerische Werk »keine einfache Widerspiegelung eines gegebenen Kollektivbewußtsein«[123] ist. Er versuchte, dem mit der Hypothese des »*problematischen Individuums*«[124] zu begegnen, der der Künstler (die Künstlerin) sei, die/ der sich im Gegensatz zu den herrschenden Normen und Werten der bürgerlichen Gesellschaft befände und diese daher auch nicht widerspiegelte (mit Ausnahme von Balzac). Damit wird aber letztlich das empirische Problem (der Ausblendung des Produktionsraumes) durch eine normative Setzung (der Künstler*innen als kritische Außenseiter*innen) zu lösen versucht.

Dieser Scheinlösung begegnen nun die Ansätze von Bourdieu und Steinert gleichermaßen. Mit seiner Rede von »Arbeitsbündnissen« in der Kunst rückt Steinert genau diesen Produktionsraum ins Zentrum der kunstkritischen Auseinandersetzung. Wie Bourdieu insistiert auch Steinert darauf, dass sowohl Produktion als auch Rezeption von Kunst durch bestehende Regeln, die sowohl allgemein als auch spezifisch gedacht sind, vorgeprägt sind. »Diese Regeln«, schreibt Steinert in seinem Buch zur Kulturindustrie, »die also vom organisatorischen, institutionellen und sonst gesellschaftlichen Rahmen der Interaktion und von den Beteiligten vorgegeben, vorausgesetzt und ausgehandelt werden, kann man als ›Arbeitsbündnisse‹ zusammenfassen«[125].

---

121 Ebd.

122 Ebd.

123 Lucien Goldman: »Einführung in die Probleme einer Soziologie des Romans«. In: Ders.: *Soziologie des Romans*. Frankfurt am Main: Suhrkamp Verlag, S. 15-40, hier S. 29.

124 Ebd., S. 35.

125 Heinz Steinert: *Kulturindustrie*. Münster: Verlag Westfälisches Dampfboot 2018, 4. Aufl., S. 54.

Erste Brücke: Über Material- und Rezeptionsästhetik hinaus

Das Arbeitsbündnis verschiebt den Blick vom Einzelwerk weg hin zu dem Verhältnis zwischen Produzent*innen, Produkt und Rezipient*innen von Kunst. Diese Verschiebung wird von Steinert als zentrales Merkmal der Interaktionsästhetik hervorgehoben. Das Arbeitsbündnis wird definiert als »die Haltungen, Kenntnisse und Handlungsweisen aller Beteiligten, die vorausgesetzt sind, damit das Ereignis – in unserem Fall das ›Ereignis Kunst‹ oder allgemein das ›Kultur-Ereignis‹ – überhaupt stattfinden und als sinnvoll wahrgenommen werden kann«[126]. Es ist also ein kollektiver Kontext, der das Werk bzw. die künstlerische Arbeit produziert und die allein für dessen bzw. deren Wahrnehmung als bedeutsam entscheidet.

Steinert unterscheidet im Wesentlichen vier Arbeitsbündnisse: das bürgerliche, das avantgardistische, das moderne und das reflexive Arbeitsbündnis. Sie stellen historische Modelle dar, die sich in der Tendenz gegenseitig ablösen, aber auch überlagern, d.h. gleichzeitig evident sein können. Steinert sieht für die Moderne vor allem zwei Arbeitsbündnisse am Werk: Das eine sieht die Intellektuellen in einer Position der »öffentlichen Einsamkeit«[127], in die sie sich selbst bringen. Es gestaltet sich in dem Versuch aus, sich der Kulturindustrie zu entziehen und »die Bedeutung der Kunst zu erhalten«[128], selbst auf die Gefahr der esoterischen Abschließung hin. In diesem Modell sieht Steinert das dominante Modell der frühen Moderne. Das zweite Modell ist das reflexive Arbeitsbündnis, das das erste überlagert habe. Darin werden die Bedingungen von Kunstproduktion und -rezeption selbst zum

126 Steinert 2003a, a.a.O., S. 18.

127 Heinz Steinert: »Arbeitsbündnisse in der Kunst des 20. Jahrhunderts: Musik-Skandale, Selbstporträts, Schach-Partien und andere Kunst-Ereignisse«. In: Steinert/ Resch 2003b, a.a.O., S. 41-69, hier S. 56.

128 Ebd., S. 57.

Gegenstand von Kunst gemacht. Die Kulturindustrie – und besonders das Publikum und seine von der Kulturindustrie geprägten und in ihr angepassten Rezeptions-Haltungen – werden hier nicht vermieden, vielmehr besonders sichtbar gemacht. Paradigmatische Position dieses Abeitsbündnisses ist für Steinert diejenige von Marcel Duchamp, der am »konsequentesten die Dimension der Reflexivität herausgearbeitet«[129] habe: »Kunst zur Vermittlung von Einsicht in den Vorgang, in dem etwas als ›Kunst‹ definiert wird, Einsicht in die Normen der Situation ›Kunstbetrachtung‹, Einsicht in die Erwartungen und Wünsche, mit denen wir uns etwas nähern, das wir als ›Kunst‹ identifiziert haben«[130]. Damit einhergehend und letztlich für die Etablierung eines solchen reflexiven Arbeitsbündnisses entscheidend ist die Verschiebung »vom Kunst-Werk zum Kunst-Ereignis«[131]. Das Ereignis in diesem, ein Arbeitsbündnis konstituierenden Sinne ist immer eine Form gerahmter Interaktion.

Damit grenzen sich Steinert (und Resch) klar von der Materialästhetik ab, die nach wie vor das Einzelwerk fokussiert, und sie erweitern explizit die Rezeptionsästhetik. Es gibt nicht nur eine Form der Rezeption bei einem Publikum, sondern es gibt verschiedene Rezeptionsweisen bei unterschiedlichen Publikumssegmenten oder Publika, die eben die Effekte von Arbeitsbündnissen, der Homologisierung von Haltungen, Kenntnissen und Handlungsweisen sind.

Sowohl in Bezug auf die Produktion als auch im Hinblick auf die Möglichkeit sinnhafter Aneignung ist diese Herangehensweise von derjenigen Bourdieus nicht sehr weit entfernt. »Was man ›Kreation‹, ›schöpferisches Schaffen‹ nennt«, schreibt Bourdieu im gerade zitierten Aufsatz, »das ist das Zusammentreffen zwischen einem sozial konstruierten Habitus und einer bestimmten, bereits

---

[129] Steinert 2018, a.a.O., S. 94.

[130] Ebd.

[131] Steinert 2003b, a.a.O., S. 62.

institutionalisierten oder *möglichen* Stellung innerhalb der arbeitsteilig organisierten kulturellen Produktion (und darüber hinaus, auf zweiter Ebene, der arbeitsteilig organisierten Herrschaft)«[132]. Habitus und Stellung gehen dabei nie ineinander auf bzw. sind nie vollends vom jeweils anderen zu erklären, d.h. ein bestimmter Habitus führt nicht notwendiger Weise zu einer bestimmten Position und eine Position ist nicht allein durch die soziale Herkunft ihres/ihrer Inhaber*in zu erklären. Aber das Zusammenspiel deutet eben klar auf Tendenzen und Wahrscheinlichkeiten, die zwischen dem individuellen Werdegang und den kollektiven, strukturellen Bedingungen, in dem er stattfindet, bestehen. Dieses Zusammenspiel von Habitus und Position jedenfalls macht eine zentrale Dynamik jedes Feldes aus. Das Feld ist der weiter oben schon erwähnte, spezifische Produktionsraum kultureller Werke und eben auch Kunst-Ereignisse.

Das Arbeitsbündnis kann einerseits manche Felddynamik historisieren und konkretisieren, andererseits aber braucht es den Feldbegriff nach wie vor, um die Unschärfen des Begriffs Arbeitsbündnis auszugleichen. Diese bestehen in der relativ unklaren Bestimmung dessen, wer eigentlich mit wem und unter welchen Bedingungen und zu welchem Zweck ein solches Bündnis eingeht. Während der erste Wortteil des Arbeitsbündnisses mit der Arbeit die Produktionsbedingungen hervorhebt, bleibt der zweite Wortteil doch unklar bis problematisch: Während ein Bündnis in der Regel zwischen verschiedenen Menschen oder Gruppen zu einem bestimmten Zweck eingegangen wird, macht Steinert über solche Zwecke keinerlei Angaben. In einem solchen engen Verständnis des Begriffes müssten die Intentionen und die Arten und Weisen der jeweiligen Allianz genauer beschrieben werden. Auch wenn Steinert die Interaktionen, die ein Arbeitsbündnis letztlich ausmachen, prinzipiell konfliktiv und nicht harmonistisch denkt, bleiben

[132] Bourdieu 1993, a.a.O., S. 200.

sie weithin unbeschrieben. Die Unklarheit darüber, wer und zu welchem Zweck welche Art von Bündnispolitik eingeht bzw. macht, mag einer der Gründe dafür sein, dass, wie Karl Reitter festhält, der »Begriff des Arbeitsbündnisses, so, wie ihn Steinert entwickelte, kaum aufgegriffen und verwendet«[133] worden ist. Das muss aber nicht so bleiben, schließlich bietet er doch die Möglichkeit, innerhalb der Felddynamiken besondere Konstellationen in den Blick zu nehmen. Ersetzen kann er den Feldbegriff jedoch nicht. Denn auch in einem weiteren Verständnis, also nicht auf konkrete Personengruppen sondern eher strukturell und im Hinblick auf die Regeln und Institutionen bezogen, bleibt letztlich der zweite Wortteil unklar: Wieso Bündnis und nicht Konflikt? Inwiefern entstehen sinnstiftende »Haltungen, Kenntnisse und Handlungsweisen aller Beteiligten« in Form von bündnishaften Kooperationen und nicht in Kämpfen, wie Bourdieu es schildert? Da Steinert auch diese weite Interpretation des Begriffes nicht mit Beispielen unterfüttern kann, bleibt letztlich doch Bourdieus Schilderung der Felddynamiken sowohl theoretisch anspruchsvoller als auch empirisch gesättigter: Am Beispiel Flauberts ebenso wie an jenem Manets hatte Bourdieu detailliert aufgezeigt, wie unterschiedliche Fraktionen inner- und außerhalb des Feldes die jeweiligen Positionen stützen oder bekämpfen und warum. Dass es bei den Strategien der Legitimierung und Delegitimierung immer um komplexe Verhandlungen zum Zweck der Kapitalvermehrung handelt, bei denen es Gewinner*innen auf verschiedenen Ebenen des Sozialen gibt, lässt sich mit dem Begriff des Arbeitsbündnisses gar nicht fassen.

Ein erster Brückenschlag zwischen der Interaktionsästhetik und der Kunstfeldsoziologie bleibt jedoch festzuhalten: die gemeinsame Absage an Material- wie auch an Rezeptionsästhetik. Der zweite Brückenschlag ist die daraus folgende Fokussierung

---

133 Karl Reitter: *Heinz Steinert und die Widerständigkeit seines Denkens*. Münster: Verlag Westfälisches Dampfboot 2018, S. 45.

der Kunstkontexte, in ihrer historischen Genese einerseits und ihren je aktuellen Effekten andererseits.

Zweite Brücke: Fokussierung der Kunstkontexte

Kunst wird von Steinert als »kleine Spezial-Branche«[134] (innerhalb von Kulturindustrie und Gesellschaft) mit ihren eigenen Logiken beschrieben, die »nicht vom *Kunstwerk*«[135] aus zu erschließen sei. Produktion und Rezeption von bildender Kunst, ihre erzieherische Funktion und die zur Teilnahme an diesen Prozessen vorausgesetzte Bildung sind nur in ihrem spezifischen Produktionskontext mit seinen relativ autonomen Dynamiken, bei Bourdieu »Feld« genannt, zu analysieren.

Bei Steinert tendiert das moderne Arbeitsbündnis dazu, dass die Künstler*innen sich vom billigen Vergnügen des allgemeinen Publikums zurückziehen »in Kreise von Schülern, Experten und Liebhabern«[136]. So beschreibt auch Bourdieu die Herausbildung der Autonomie des künstlerischen Feldes als u.a. durch diese Tendenz geprägt, dass die Gruppe der Künstler*innen es bewerkstelligt, »sich selbst ihr eigener Markt«[137] zu sein. Die daran anschließend von Steinert hervorgehobene Bedeutung der Reflexivität, die auch eine Selbstreflexivität künstlerischer Produktion ist und sich in den genannten Einsichten – in die Definition von Kunst, in die Situation der Kunstwahrnehmung, in die Wünsche an Kunst beim Publikum – im Anschluss an Duchamp erstmals verdeutlicht, findet sich auch bei Bourdieu. »Die Entwicklung des Feldes der kulturellen Produktion in Richtung auf größere Autonomie«, schreibt Bourdieu in *Die Regeln der Kunst*, »geht mit der Richtung auf erhöhte *Reflexivität* einher, die jedes der ›Gattungen‹ zu

134 Steinert 2003a, a.a.O., S. 24.
135 Ebd., S. 15.
136 Steinert 2003b, a.a.O., S. 57.
137 Bourdieu 2001c, a.a.O., S. 99.

einer kritischen Besinnung auf sich selbst, seine eigene Grundlage, seine eigenen Voraussetzungen führt«[138]. Die Weiterentwicklung der Autonomie der kulturellen Felder, so Bourdieu weiter, gehe mit »einer Art reflexiven und kritischen Rückwendung der Produzenten auf ihre eigene Produktion einer, die sie dazu führt, deren eigenes Prinzip und deren spezifische Voraussetzungen herauszuarbeiten«[139]. Die Reflexivität der künstlerischen Arbeiten, die Steinert wie Bourdieu konstatieren, meint bei beiden nicht die Widerspiegelung sozialer Verhältnisse, als die sie in der marxistisch-leninistischen Kunsttheorie häufig verstanden wurde. Vielmehr geht es beiden – auch darin sollte also eine Gemeinsamkeit ausgemacht werden – darum, auf die ihre eigene Produktions- und Rezeptionsgeschichte fokussierende und diskutierende Dimension künstlerischer Arbeit(en) zu verweisen.

Das »Prinzip der Reflexivität«[140] wird nicht nur in der Kunst selbst angewandt, sondern auch in Bezug auf sie: Auch die Betrachtenden werden in ihrem Kunstbezug reflexiver und ihre Liebe zur Kunst erscheint, spätestens durch die soziologische Enthüllung, alles andere als naturgegeben: Das Auge des Kunstliebhabers erweist sich als »ein historisches Produkt«[141]. Hier knüpfen Bourdieu wie auch Steinert letztlich an einer schon von Karl Marx vorgenommenen Historisierung der Rezeption künstlerischer Arbeiten an.[142] Das kunstgenussfähige Auge der Betrachtenden muss erst hergestellt werden und dies geschieht u.a. durch die und in den Institutionen des Kunstfeldes. »Es sind die Betrachter mit ihrem Vorwissen und ihren Interessen, die ein Kunstwerk zum Sprechen

138 Ebd., S. 384.

139 Ebd., S. 469.

140 Ebd., S. 453.

141 Ebd.

142 Vgl. dazu Jens Kastner: »Subjekt für den Gegenstand. Karl Marx hat zur Kunst nicht viel geschrieben. Und doch hat er die Kunstsoziologie erfunden.« In: *artmagazine*, Wien, 03.05.2018, https://www.artmagazine.cc/content102560.html (zuletzt abgerufen am 14.02.2023)

bringen. Das geschieht in einem institutionell vorstrukturierten Rahmen und in jeweils bestimmten sozialen Situation mit dazugehörigen Interaktionen«[143], schreiben Heinz Steinert und Christine Resch. Ein solcher vorstrukturierter Rahmen ist etwa das Museum, das Erwartungen produziert, Verhalten und Handlungen evoziert sowie die Inhalte und Formen künstlerischer Arbeiten vermittelt, die Kunstaktionen und Kunstwerke, so Steinert und Resch, »sprechen *nicht* unmittelbar zu uns«[144].

Was die künstlerischen Arbeiten sagen und was an ihnen wie verstanden wird, sieht auch Bourdieu durch die Institutionen des Felds vorstrukturiert. Das Feld strukturiert die Wahrnehmung, in seinen Institutionen werden sie körperlich eingeübt und ausagiert. Dem Museum kommt dabei besondere Bedeutung zu. Das Kunstmuseum, schreibt Bourdieu schon in *Die feinen Unterschiede*, »ist die zur Institution geronnene ästhetische Disposition«[145]. Es prädisponiert nicht nur allgemein die Wahrnehmung, sondern es fördert mit der ästhetischen Disposition auch eine ganz bestimmte Haltung, nämlich diejenige, die vorgeblich keinen praktischen Nutzen unterworfen ist und so zur schlechthin legitimen Haltung der Kunst gegenüber durchgesetzt wird.[146] Mit diesem Hinweis auf die Durchsetzung legitimen Geschmacks macht Bourdieu auf die Herrschaft reproduzierenden Effekte der Kunstfeldpraktiken aufmerksam.

---

143 Heinz Steinert und Christine Resch: »›Man sieht nur, was man weiß‹: Wie Kulturindustrie doch einige der notwendigen Informationen bereitstellt«. In: Steinert/ Resch 2003, a.a.O., S. 169-196, hier S. 169.

144 Ebd., 175.

145 Bourdieu 1982, a.a.O., S. 60.

146 Vgl. dazu auch Kastner 2009, a.a.O., S. 98ff.

Dritte Brücke: Herrschaftskritik

Die Fokussierung auf Kunstkontexte führt also zu einem dritten verbindenden Element, das weniger ein deskriptives als ein normatives ist: Der dritte Brückenschlag ist folglich die Herrschaftskritik. Weiter oben wurde Bourdieu schon mit der Bemerkung zitiert, dass Kunstproduktion und -rezeption mit der »arbeitsteilig organisierten Herrschaft« zu tun hat. Sein ganzes Werk basiert auf dem Anspruch, diese Herrschaft freizulegen.

Christine Resch behauptet etwas polemisch und damit fälschlicherweise, Bourdieu stelle in *Die feinen Unterschiede* »die unwandelbaren Geschmacksverhältnisse dar«[147] und spricht ihm mit der x-ten Wiederholung dieses fehlgehenden Determinismus-Vorwurfes die Aufdeckungsabsicht ab. Dadurch legt sie einen Gegensatz zwischen Interaktionsästhetik und Bourdieus Kunstsoziologie nahe, der meines Erachtens in dieser Hinsicht nicht besteht. Wenn Steinert an anderer Stelle über die *Dialektik der Aufklärung* schreibt, man könne sie überhaupt nur verstehen, wenn man zur Kenntnis nehme, »dass Gesellschaft hier grundsätzlich als Herrschaftsverhältnis verstanden wird«[148], so ließe sich das zweifellos auch über *Die feinen Unterschiede* sagen, die zwar Stabilisierungsprozesse, aber gerade nicht Unwandelbarkeit beschreiben.[149] Bourdieus ganzes Werk zielt darauf ab, deutlich zu machen, dass Herrschaft nicht nur durch physische und psychische Gewalt ausgeübt wird, sondern stets kulturell vermittelte

---

[147] Christine Resch: *Schöner Wohnen: Zur Kritik von Bourdieus ›feinen Unterschieden‹*. Münster: Verlag Westfälisches Dampfboot 2012, S. 23.

[148] Heinz Steinert: »Dialektik der Aufklärung als Ideologiekritik der Wissensgesellschaft«. In: Rainer Winter und Peter V. Zima (Hg.): *Kritische Theorie heute*. Bielefeld: Transcript Verlag 2007, S. 207-234, hier S. 223.

[149] Vgl. auch Uwe H. Bittlingmayer und Ullrich Bauer: »Herrschaft (domination) und Macht (pouvoir)«. In: Gerhard Fröhlich und Boike Rehbein (Hg.): *Bourdieu Handbuch. Leben – Werk – Wirkung*. Stuttgart/ Weimar: Verlag J.B. Metzler 2014, S. 118-124.

Formen annimmt. »Die Herrschaft ist nicht die direkte und einfache Wirkung des Handelns einer über die Zwangsgewalt verfügenden Gruppe von Akteuren (der ›herrschenden Klasse‹)«, schreibt er, »sondern die indirekte Wirkung eines komplexen Bündels von Handlungen, zu denen es im Netz der einander überkreuzenden Zwänge kommt«[150], denen alle im Feld Agierenden ausgesetzt seien und an deren Existenz sie mitwirkten. Dies aufzuzeigen geschieht bei Bourdieu nun sicherlich nicht zu dem Zweck, solche Herrschaftseffekte zu verdoppeln. Die Analyse der Übereinstimmungen von Sozialstruktur und Wahrnehmungsstruktur, der reproduzierenden Effekte des Konsums kultureller Güter sowie der klassen- und geschlechterbasierten Kategorisierung sozialer Verhältnisse zielen bei Bourdieu stets darauf ab, die Naturalisierung sozialer Verhältnisse infrage zu stellen und damit Herrschaftsverhältnisse handhab- und angreifbar zu machen.

Vierte Brücke: Umgang mit Herrschaftsverhältnissen

Schließlich ist eine vierte Brücke in der Möglichkeit des Umgangs mit diesen Herrschaftsverhältnissen zu sehen. Wenn man die Vermittlungen verstehen will, »über die sich die Herrschaft der herrschenden Werte im Rahmen der Wissenschaft vollzieht«[151], müsse vor allem das wissenschaftliche Feld mit seinen Hierarchien der Disziplinen, der Institutionen, der Gegenstandsbereiche und ihre auf der sozialen Herkunft der Akteur*innen gründenden Dispositionen in den Blick genommen werden, schreibt Bourdieu. An vielen Stellen seines Werkes hat Bourdieu die Intellektuellen in ihrem Selbstbild kritisiert, sich wie selbstverständlich auf der Seite der Marginalisierten und Unterdrückten zu wähnen. Eine Kritik gesell-

---

150 Pierre Bourdieu: »Das neue Kapital«. In: Ders.: *Praktische Vernunft. Zur Theorie des Handelns*. Frankfurt am Main: Suhrkamp Verlag 1998, S. 33-51, hier S. 52.

151 Pierre Bourdieu: »Für eine Soziologie der Soziologen«. In: Bourdieu 2010, a.a.O., S. 449.

schaftlicher Verhältnisse ist für Bourdieu immer gekoppelt an die Selbstkritik des intellektuellen Produktionsfeldes. Denn die »Künstler und Schriftsteller, allgemein: die Intellektuellen, bilden eine beherrschte Fraktion innerhalb der herrschenden Klasse«[152]. Sie stehen nicht per se auf der Seite der Ausgebeuteten, sie sind eben nicht unbedingt »problematische Individuen« im Sinne Goldmans.

Steinert ist dem Kritik-Modell und damit auch dem Verständnis des Intellektuellen bei Theodor W. Adorno verpflichtet. Das bedeutet u.a., Kritik als Hinweis auf den Widerspruch zwischen bürgerlichen Errungenschaften wie Demokratie und Autonomie und »ihrer Unrealisierbarkeit in einer kapitalistischen Klassengesellschaft«[153] zu begreifen. Dabei entsteht zunächst der Eindruck, er gehe wie Goldman davon aus, dass die Intellektuellen von sich aus, d.h. von ihrer gesellschaftlich ermöglichten Position aus die Träger*innen einer kritischen Haltung seien. Er schließt sich der Beschreibung von Alex Demirovic an, der die Theoretiker der Kritischen Theorie als »nonkonformistische Intellektuelle«[154] bezeichnet hat. Bei genauerem Hinsehen fällt aber auf, dass dieser Nonkonformismus bei Steinert (wie auch bei Demirovic) keineswegs als selbstverständlich gedacht wird. Die Grundlage der kritischen Haltung der Intellektuellen, schreibt Steinert, liege »in ihren eigenen Arbeitsbedingungen, in der Frage der Verfügung über die intellektuellen Produktionsmittel«[155]. In der Notwendigkeit, sich die kritische Haltung erst erarbeiten und sie in einem

---

152 Pierre Bourdieu: »Die intellektuelle Welt: Eine Welt für sich«. In: Ders.: *Rede und Antwort*. Frankfurt am Main: Suhrkamp Verlag 1992, S. 155-166, hier S. 160.

153 Heinz Steinert: »Dialektik der Aufklärung als Ideologiekritik der Wissensgesellschaft«. In: Rainer Winter und Peter V. Zima (Hg.): *Kritische Theorie heute*. Bielefeld: Transcript Verlag 2007, S. 207-234, hier S. 215.

154 Alex Demirovic: *Der nonkonformistische Intellektuelle. Die Entwicklung der Kritischen Theorie zur Frankfurter Schule*. Frankfurt am Main: Suhrkamp Verlag 1999.

155 Steinert 2007, a.a.O., S. 229.

Arbeitsbündnis absichern zu müssen, ließe sich eine Parallele zum Bourdieu´schen Ansatz und damit auch eine Vermittlungsmöglichkeit zwischen Kritischer Theorie und Kultursoziologie aufzeigen. Wirklich kritisches Denken, sagt Bourdieu im Gespräch mit dem Künstler Hans Haacke, müsse »mit der Kritik der ökonomischen und sozialen Grundlagen kritischen Denkens beginnen«[156].

Schwer überbrückbare Gräben (Kulturindustrie vs. Kräfteverhältnisse)

Neben diesen vier möglichen Brückenschlägen, in denen Verbindungen ohne Einebnung der jeweils formulierten Position zu sehen sind, deren Anwendbarkeit sich letztlich am Gegenstand beweisen müsste, existieren allerdings auch unüberbrückbar scheinende Gegensätze. Allen voran ist hier die Konzeption der den kulturellen Produktions-, Rezeptions- und Interaktionsweisen übergeordnet konzipierte Struktur hervorzuheben.

Die dem Arbeitsbündnis übergeordnete Struktur ist die vereinheitlichende Kulturindustrie, die Steinert im Anschluss an Horkheimer und Adorno als eine kulturelle Formation beschreibt, in der künstlerische Arbeiten wie industriell gefertigte Produkte hergestellt und rezipiert werden, wobei das Versprechen des Liberalismus auf Emanzipation durch Kulturkonsum systematisch gebrochen wird und die Massen, statt sich mittels Kunst befreien zu können, betrogen werden. Passiv gemacht, in jedem Versuch des Widerstands vereinnahmt, durch Amüsement diszipliniert – die Kulturindustriethese lässt bekanntlich für die Entwicklung kultureller Praktiken jenseits ihrer Diktate wenig Raum, was spätestens seit Aufkommen der britischen Cultural Studies auch von

[156] Pierre Bourdieu und Hans Haacke: »Für eine Unabhängigkeit der Phantasie und des Denkens. Ein Gespräch.« In: Bourdieu/ Haacke 1995, a.a.O., S. 79.

linken Kultur- und Sozialtheoretikern angezweifelt bzw. als Konzept scharf kritisiert wurde.

Bourdieu sieht demgegenüber das künstlerische Feld eingebettet in gesamtgesellschaftliche »Kräfteverhältnisse«[157]. Kräfteverhältnisse sind Kapitalverhältnisse, die demnach auch nicht statisch, sondern dynamisch gedacht sind: Bourdieu betont, dass das künstlerische Feld »ein Kräftefeld ist und zugleich ein Feld von Kämpfen, in denen es um Wahrung oder Veränderung des herrschenden Kräfteverhältnisses geht. Jeder Akteur setzt die Kraft (das Kapital) ein, die er in den vorausgegangenen Kämpfen erworben hat«[158]. Während Steinert (und Resch) die Kulturindustrie als alles durchdringenden, gesellschaftlichen Kontext der kleinen »Spezial-Branche« sehen, ist zwar auch bei Bourdieu die Entwicklung des relativ autonom konzipierten Kunstfeldes von den Dynamiken der gesamtgesellschaftlichen Kräfteverhältnisse abhängig. Dennoch handelt es sich um einen Unterschied zwischen beiden Konzeptionen, der weitreichende Konsequenzen hat.

Kulturindustrie ist aus der Sicht Horkheimers und Adornos die perverse Verwirklichung der individualistischen Ansprüche des Bürgertums. Pervertiert werden diese Ansprüche insofern, als die Individualisierung in Vereinheitlichung umschlage, jede und jeder sei nur noch, »wodurch er jeden anderen ersetzen kann: fungibel, ein Exemplar«[159]. Die Freiheit der Wahl der Konsumgüter reduziert sich auf eine »Freiheit des Immergleichen«[160]. Diese Verein-

---

[157] Bourdieu 1993, a.a.O., S. 201, ausführlich zur Bedeutung von Kräfteverhältnissen in der Auseinandersetzung mit Kunst vgl. Jens Kastner: *Kunst, Kampf und Kollektivität. Die Bewegung* Los Grupos *im Mexiko der 1970er Jahre.* Berlin: Edition Tranvía/ Verlag Walter Frey 2019, S. 199ff.

[158] Bourdieu 1992, a.a.O., S. 158.

[159] Max Horkheimer und Theodor W. Adorno: *Dialektik der Aufklärung. Philosophische Fragmente.* Frankfurt am Main: Fischer Verlag 1990, S. 154.

[160] Ebd., S. 176.

heitlichungsthese gehört wohl zeitdiagnostisch zu den am wenigsten haltbaren, spielen doch für den neoliberale Kapitalismus die Angleichung von Lebensverhältnissen und Konsumnormen gerade keine zentrale Rolle mehr, im Gegenteil: Die Ausdifferenzierungen der Lebensstile und die Schaffung von immer feiner ausdifferenziertem Konsum kultureller Güter ist geradezu konstitutiv für die gegenwärtigen Formen kapitalistischer Vergesellschaftung. Dessen ungeachtet erfreut sich die Vereinheitlichungsthese aber nach wie vor großer Beliebtheit bei jenen, die heute im Rahmen der Kritischen Theorie argumentieren. Das gilt auch für Steinert (und Resch). Kulturindustrie als Herrschaftsform lasse zwar viele Inhalte zu, vereindeutige aber dadurch, dass »Denken, Wissen, Kultur den Imperativen von Warenförmigkeit«[161] gehorchen. Während Bourdieu davon ausgeht, dass es neben der Warenförmigkeit eben noch die spezifischen, feldinternen Valorisierungsprozesse inklusive der Akkumulation symbolischen Wertes und symbolischen Kapitals gibt, bleiben Steinert und Resch bei der einen Dimension des ökonomischen Kapitals.

Die Warenförmigkeit des Kulturellen führt Steinert zu dem apodiktischen Postulat: »Es gibt keine Kultur außerhalb der Kulturindustrie«[162]. Das legt zumindest nahe, dass alle Produktions- und Rezeptionsweisen einer einzigen, einheitlichen und vereinheitlichenden Logik unterworfen sind, der der Warenförmigkeit. In Bezug auf die Rezeption bekräftigt Resch diese Interpretation: »Weil die Kategorien, mit denen kulturelle Artefakte kategorisiert werden, kulturindustriell hergestellt werden«, schreibt Resch, »und dann von den Leuten in verschiedenen Situationen und zu verschiedenen Zwecken angeeignet werden, kann der Ausgangspunkt einer zeitgenössischen Theorie nur Kulturindustrie sein«[163]. Die Vereinheitlichung lässt jedoch offenbar nicht per se Schlüsse auf

---

161 Steinert 2007, a.a.O., S. 223.
162 Steinert 2018, a.a.O., S. 10.
163 Resch 2012, a.a.O., S. 174.

die Wirkungen und Effekte kultureller Praktiken auf die soziale Welt zu. So behauptet Resch gleichzeitig mit der These, Kulturindustrie sei die alles dominierende kulturelle Formation, auch, die Kategorien der Beurteilung kultureller Werke seien ohnehin in den Gegenwartsgesellschaft nicht mehr sonderlich wirksam. »Die herausragende Bedeutung dessen, was Bourdieu noch ›legitime‹ Kultur genannt hat, gibt es nicht mehr«[164]. Populärkultur habe an Einfluss gewonnen und damit sei auch die Herrschaft durch Kulturkonsum obsolet geworden. Damit vertritt Resch eine These, die auch andere in der Tradition der Kritischen Theorie stehende Theoretiker*innen wie etwa Gernot Böhme vertreten. Auch bei Böhme nivelliert das Zur-Ware-Werden nicht nur die Bedeutung der Gegenstände, sondern auch die Möglichkeit, mit dem Gebrauch dieser Gegenstände Klassendistinktion zu betreiben. Distinktionen würden sich vervielfältigen, es käme zu einer »Auflösung von Hierarchien«[165] und einem Nebeneinander kultureller Praktiken, in dem auch Punks »als modische Trendsetter«[166] wirken könnten.

Beiden Aussagen bzw. Thesen – dem Kategorisierungsmonopol der Kulturindustrie und dem Bedeutungsverlust der legitimen Kultur – ist zu widersprechen.

Erstens ist Kulturindustrie keinesfalls zwingender Ausgangspunkt für eine Analyse kultureller Praktiken unter Bedingungen der Warenförmigkeit. Denn Kulturindustrie bezeichnet ja nicht einfach die Existenz des Kapitalismus, der in alle Lebensbereiche wirkt und dort auch kulturelle Praktiken prägt, sondern eine ganz spezifisch-historische Konstellation, in der die kulturellen Produkte gleichförmig maschinell hergestellt und die Konsument*innen zu passiv »trainierten Gabenempfänger[n]«[167] gemacht wer-

164 Resch 2012, a.a.O., S. 146.
165 Böhme 2016, a.a.O., S. 102.
166 Ebd.
167 Horkheimer/ Adorno 1990, a.a.O., S. 170.

den. Kapitalismus wirkt auf und in Kultur aber durchaus auch anders. Unter neoliberalen Bedingungen ist die Gleichförmigkeit der Produkte durch deren Ausdifferenzierungen abgelöst worden und die Konsument*innen werden als aktive und zu aktivierende angerufen, nicht als passive Empfänger*innen. Insofern kann oder muss der Ausgangspunkt für Kultur- und Sozialtheorie auch mit der Annahme einer durchgängigen Warenförmigkeit des Kulturellen keineswegs Kulturindustrie sein.

Darüber hinaus bzw. damit einhergehend entstehen Kategorien zur Bewertung von Artefakten und Handlungen in gesellschaftlichen Kräfteverhältnissen, die nicht nur einer einzigen (kulturindustriellen) Logik gehorchen. Neben den symbolischen Bedeutungen, die keineswegs eindeutig und einheitlich von der Warenförmigkeit prädisponiert werden, sind auch kulturindustrielle Kategorien selbst alles andere als einheitlich. Der Poptheoretiker Martin Büsser hatte sich schon direkt gegen Steinerts Annahme gewandt, alles sei Kulturindustrie – und sich dabei auf Bourdieu bezogen. Einerseits sei kein wirklich neuer Kanon entstanden, so Büsser, sondern auch innerhalb der Popkultur existierten wie in der bürgerlichen Musik- und Kunstrezeption verschiedene Prozesse der Kanonisierung nebeneinander. Andererseits verlaufe »Kulturindustrie durch alle Genres hindurch«[168], so Büsser. Anders gesagt, Kulturindustrie ist demnach nicht als totales Ganzes zu verstehen, das alle Praktiken dominiert und prägt, sondern als eine Art Querschnittsdynamik, die zwar kooptiert und aufsaugt, was geht, der man sich aber auch strukturell wie ästhetisch entziehen kann.

Und was die Ausdifferenzierung statt Gleichmachung betrifft, ist mit Diedrich Diederichsen zudem zu betonen, dass auch im Rahmen der Kulturindustrie das »Verhältnis der inneren Zustände zu deren öffentlicher Artikulation in einer zusehends individualis-

---

[168] Martin Büsser: »Avantgardistische Aspekte der Popkultur« [2002]. In: Ders.: *Lazy Confessions. Artikel, Interviews und Bekenntnisse.* Mainz: Ventil Verlag 2020, S. 312-320, hier S. 313.

tischeren Gesellschaft komplexer organisiert werden musste«[169] und so – dominiert von Fernsehen und Pop-Musik statt Radio und Kino – eine zweite Kulturindustrie entstanden ist. Das Internet hat schließlich eine dritte Kulturindustrie hervorgebracht, in der das Prinzip der Pop-Musik, »ständig Subjekte und Subjektartiges zur Aufführung und zum Sprechen zu bringen«[170], noch ausgeweitet wird. Steinert scheint diese Kritikpunkt zumindest in Erwägung gezogen zu haben, wenn er in Absetzung zu Adorno und Horkheimer beispielsweise schreibt, »die Alpträume von der totalen Manipulation wirken angesichts der verbreiteten Distanz zu Medieninhalten und der dauernden Selbstkritik der Medien ein wenig vorgestrig«[171]. Auch bemüht er sich um Beispiele gewissermaßen heutiger Kulturindustrie-Kritik, die aber m.E. die Vereinheitlichungsthese an sich nicht in Frage stellen.

Zweitens ist trotz und wegen komplexer organisierter Herrschaft sowie der Vervielfältigung von Konsum- und Einstellungsmustern die Frage legitimen Kultur nicht obsolet, sondern, im Gegenteil, die zentrale Frage im Hinblick auf die Reproduktion von Machtverhältnissen. Denn man darf sich die legitime Kultur nicht als statische Form des Zylinder tragenden Operngängers mit seiner Gattin im Abendkleid vorstellen, deren Distinktionspraxis die einzig gültige und Erfolg versprechende ist. Die Rede von legitimer Kultur im Sinne Bourdieus zielt auf die *Prozesse der Legitimierung*, die stets vielgestaltig, konfliktreich, umkämpft und damit sehr dynamisch sind. Ohne Zweifel spielen auch popkulturelle Normen und Werte in den letzten fünfzig Jahren eine immer größere Rolle in diesen Legitimationskämpfen. Zu einer Auflösung von Hierarchien hat dies jedoch keineswegs geführt. Die noch so in Fleisch und Blut übergegangene Punk-Expertise mag vielleicht

---

169 Diedrich Diederichsen: *Über Popmusik*. Köln: Verlag Kiepenheuer und Witsch 2014, S. 17.

170 Ebd., S. 407.

171 Steinert 2018, a.a.O., S. 152.

den Weg zur Professur für Kulturwissenschaften ebnen, in die Vorstandsetagen börsennotierter Unternehmen oder auch nur zu einem außerhalb des kulturellen Feldes möglichen sozialen Aufstieg führt er jedenfalls nicht. Auch wenn mit Punk-Wissen durchaus Distinktion betrieben werden kann, ist es hinsichtlich der gesellschaftlichen Spielräume, die es eröffnet, doch extrem begrenzt. Normen und Werte sind in ihren gesellschaftlichen Effekten keineswegs austauschbar und/ oder gleichwertig. Auch die Behauptung Reschs, die kulturellen Praktiken heute – die sie am Beispiel von Wohnungseinrichtungen untersucht hat – folgten »nicht ästhetischen Normen, sondern sozialen Bedürfnissen«[172] verkennt, dass es keine sozialen Bedürfnisse außerhalb ästhetischer Normierungsprozesse gibt. Der »Kategorienfehler«[173], den sie Bourdieu hier vorwirft, weil er die Kontexte kultureller Praktiken nicht unterscheide, ist in Wirklichkeit keiner. Die in Interaktionen implizit oder explizit zum Ausdruck gebrachten sozialen Bedürfnisse sind nie unabhängig von Normen und Normierungen zu denken. Das hatte Bourdieu etwa mit Blick auf den symbolischen Interaktionismus mehrfach betont. Interaktionen, das hatte er schon in *Die feinen Unterschiede* herausgestellt, finden immer in einem Raum objektiver Relationen statt, »*die die mögliche Form der Interaktionen wie die Vorstellungen der Interpretierenden determiniert*«[174]. Die Möglichkeit der Durchsetzung von Distinktionen, von geltenden Maßstäben und damit auch von sozialem Aufstieg lässt sich nicht als Affirmation einer vermeintlich von der Kulturindustrie vorgegebenen Logik entziffern. Ihre Voraussetzungen sind wesentlich komplexer.

Interaktionsästhetik verspielt hier letztlich die Möglichkeit, als Brücke zwischen Kulturindustriethese und kunstsoziologischer Feldtheorie zu fungieren dadurch, dass sie einerseits das Verein-

---

[172] Resch 2012, a.a.O., S. 179.

[173] Ebd.

[174] Bourdieu 1982, a.a.O., S. 379.

heitlichungspostulat der »alten« Kulturindustriethese erneuert und indem sie andererseits den Fokus auf einen Raum objektiver Relationen und Normierungsprozesse zugunsten einer Annahme tendenziell hierarchieloser »sozialer Beziehungen« ersetzt. Vielleicht muss an dieser Stelle aber auch die Position Steinerts von jener Reschs unterschieden werden, da Steinert die Interaktionen zumindest in einem »Feld von Kräften und Konflikten«[175] verortet.

Ausblick (von den Brücken)

Die Fragen, wie künstlerische Produktion und Rezeption mit dem kulturellen gesellschaftlichen Ganzen vermittelt sind, wie sie von diesem geprägt sind und inwiefern sie es ihrerseits beeinflussen, sind die Schlüsselfragen jeder kritischen Kunstsoziologie. Zur Beantwortung dieser Frage kann die Zusammenschau der Ansätze von Steinert und Bourdieu insofern beitragen, als in ihr einige als analytische Irrwege ausgemachte Positionen kritisiert werden können: eine Beschränkung auf Material- und Rezeptionsästhetik im Hinblick auf die künstlerischen Arbeiten selbst (erster Brückenschlag), eine Minderbewertung der sozialen Kontexte, in denen »Kunstprozesse«[176] als Gesamt aus Produktion, Rezeption, Distribution und Vermittlung vernachlässigt werden (zweiter Brückenschlag), ein Absehen von der Eingebundenheit ästhetischer und künstlerischer Prozesse – trotz ihrer relativen Autonomie – in Herrschaftsverhältnisse (dritter Brückenschlag). Zudem können mit der Frage des Umgangs mit Herrschaftsverhältnissen die Kritik in der kritischen kunstsoziologischen Betrachtung besonders betont und deren Voraussetzungen wie Effekte diskutiert werden (vierter Brückenschlag).

---

175 Steinert 2018, a.a.O., S. 57.

176 Der marxistische Kunsttheoretiker Thomas Metscher macht den Begriff des »Kunstprozesses« – auch im Anschluss an die Bourdieu`sche Feldtheorie – stark, vgl. Thomas Metscher: *Ästhetik, Kunst und Kunstprozess. Theoretische Studien.* Berlin: Aurora Verlag 2013, S. 82ff.

Inwieweit schließlich die Gräben zu überbrücken sind, die sich durch die jeweils in Anschlag gebrachte strukturelle Logik ergeben, in denen die Kunst zu verorten ist, inwieweit sich also die Paradigmen von Kulturindustrie auf der einen und Kräfteverhältnisse auf der anderen Seite miteinander vermitteln lassen, ist eine für die kritische Sozialtheorie weiterhin offene Frage.[177] Sie zu diskutieren stellt jedenfalls nicht nur in analytischer, sondern auch in politischer Hinsicht gewinnbringende Antworten in Aussicht.

---

177 Vgl. dazu auch Jens Kastner: »Die Eigengesetzlichkeit der Kultur. Die Kritische Theorie und Antonio Gramsci«. In: Uwe H. Bittlingmayer/ Alex Demirovic/ Tatjana Freitag (Hg.): *Handbuch Kritische Theorie*. Wiesbaden 2019 (Springer VS), S. 539-558.

Problem Privilegiencheck

Zum Verlernen des künstlerischen Habitus

»Er war dafür«, sagte Liberto Callejas über den spanischen Anarchisten Buenaventura Durruti, »daß zu unserer Bewegung auch Vertreter der Mittelklasse, Studenten und Schriftsteller stießen, aber er forderte von ihnen, daß sie ihre Ansprüche auf Privilegien aufgaben«[178]. Manuel Pérez schreibt über einen Besuch bei Durruti Anfang 1936: »Eines Nachmittags kamen wir zu ihm zu Besuch und trafen ihn in der Küche an. Er hatte eine Schürze vorgebunden, spülte ab und richtete für seine kleine Tochter Colette und für seine Frau das Abendessen her. Der Freund, mit dem ich gekommen war, versuchte einen Spaß zu machen: ›Na hör mal, Durruti, das, was Du da machst, ist aber Weiberarbeit.‹ Durruti antwortete ihm grob: ›Nimm Dir ein Beispiel dran. Wenn meine Frau arbeiten geht, mache ich das Haus sauber, richte die Betten her, koche das Essen. Außerdem bade ich meine Kinder und ziehe sie an. Wenn Du meinst, ein richtiger Anarchist muß in der Kneipe oder im Café herumhocken, während seine Frau arbeitet, dann hast Du immer noch nichts begriffen.‹«[179]

Wenn Idee und Forderung, Privilegien zu verlernen, heute mit den postcolonial studies und einer ihrer Haupvertreter*innen, der New Yorker Professorin Gayatri C. Spivak, angesetzt werden, ist das häufig etwas ahistorisch. Spivak gilt weithin als Initiatorin der Idee des Verlernens, das darauf abhebt, in koloniale Wissenspro-

---

178 Zit. n. Hans Magnus Enzensberger: *Der kurze Sommer der Anarchie. Buenaventura Durrutis Leben und Tod.* Frankfurt am Main: Suhrkamp Verlag 1977, S. 94.

179 Ebd., S. 95f.

duktion verwobenes Wissen und verstrickte Gewohnheiten in Bildungsprozessen möglichst unwirksam zu machen.[180]

Schon Jahrzehnte zuvor, das sollen die beiden von Hans Magnus Enzensberger zusammengetragenen Anekdoten über den anarchosyndikalistischen Aktivisten Durruti sagen, war das Ablegen und Verlernen von Privilegien eine Forderung jener emanzipatorischen sozialen Bewegungen, die die politischen Zielvorstellungen nicht von Versuchen ihrer alltäglichen Umsetzung loskoppeln wollten, namentlich hier eben der Anarchismus.

Der politische Anspruch des Verlernens bezieht sich in der Regel nicht auf irgendwelches angelerntes Wissen, sondern tatsächlich auf Privilegien: Es geht darum, Gewohnheiten und Eigentumsverhältnisse, die soziale Gleichheit beschränken und verhindern, den habituellen Boden zu entziehen. Das Beispiel Durrutis soll über die Historisierung des politischen Anspruchs auf Privilegienverzichts auch nahelegen, dass es sinnvoll und prinzipiell durchaus möglich ist, Privilegien zu verlernen. Das sei vorweggeschickt, bevor ich mich im Folgenden aber dennoch zwei Einwänden und großen Abers widmen werde.

Die Thesen dieses Textes lauten, dass es erstens mit dem Verlernen nicht getan ist, dass Lernen und Verlernen vor allem auf die kognitive Ebene menschlicher Fähigkeiten anspricht und dabei die Dimension des Körpers, der Verkörperlichung von Wissens- und Verhaltensweisen ins Hintertreffen gerät. Das Verlernen ist also nicht so einfach, wie es zunächst (vielleicht ohnehin nicht) scheint und das ist zweitens im künstlerischen Feld besonders schwierig. Dabei bedürfe es, hat auch Gayatri C. Spivak betont, einer »immense labor of infrastructural change«[181] im Rahmen einer »aest-

---

180 Vgl. María do Mar Castro Varela: »Verlernen und die Strategie des unsichtbaren Ausbesserns. Bildung und Postkoloniale Kritik«. In: *Bildpunkt. Zeitschrift der IG Bildende Kunst*, Wien, Nr. 9, S. 4–7, https://www.linksnet.de/artikel/20768

181 Gayatri Chakravorty Spivak: »Svattered Speculations on the Subal-

hetic education«[182], um dominantes Wissen zurückzudrängen und subalternes Wissen zur Geltung zu bringen. Diese Schwierigkeit hat Gründe, die wiederum mit Bourdieus Ansatz besonders gut aufzuzeigen sind: Das Verlernen, insbesondere das Verlernen von Privilegien, ist im Kunstfeld deshalb problematisch, weil es verlangt, Verhaltensweise, Gewohnheiten und Fähigkeiten abzulegen, die für das Bestehen im Feld geradezu konstitutiv sind. Und die längst nicht alle gleichermaßen ihr eigen nennen können. Zunächst also zur Problematik des Verlernens ganz allgemein.

1. Zum Problem des Verlernens (diskutiert am Beispiel der Bourdieu-Interpretation der Soziologin Margaret S. Archer)

Pierre Bourdieu hat mit seiner Habitus-Theorie versucht aufzuzeigen, dass politische und soziale Veränderungen mit Appellen auf der Ebene von Kognition und Bewusstsein allein kaum zu erreichen sind. Dies ließe sich am Beispiel von Bourdieus Auseinandersetzung mit der marxistischen Ideologiekritik beschreiben, in der das Habituskonzept unter anderem entwickelt wurden. Ich möchte es aber im Folgenden entlang eines neueren Einwands gegen Bourdieus Habitus-Theorem tun, nämlich demjenigen der Reflexionstheorie Margaret S. Archers.

Die Soziologin Margaret S. Archer behauptet im Wesentlichen, dass die soziale Ordnung der westlichen Gegenwartsgesellschaften dermaßen schnellem Wandel unterliegt, dass der Habitus seine Relevanz im Hinblick auf das Handeln von Menschen verliert und damit auch als Konzept seine Erklärungskraft einbüßt. »Die Nützlichkeit des Kofferwortes Habitus geht allerdings verloren, sobald

---

tern and the Popular«. In: Dies.: *An Aesthetic Education in the Era of Globalization*. Cambridge, MA/ London: Harvard University Press 2012, S. 429-442, hier S. 437.

182 Ebd.

die objektiven Bedingungen für kommunikative Reflexivität einen radikalen Wandel durchlaufen – und genau das ist gerade der Fall.«[183] Auf der Grundlage ihrer empirischen Untersuchungen behauptet sie, klassenbasierte Prägung – Geschlecht und Ethnizität als sozialisationsrelevante Kategorien spielen noch weniger eine Rolle – sei gegenwärtig nicht mehr bedeutend. »Herkunftskontext und sozialisatorische Praktiken bieten immer weniger Handlungsorientierung für junge Menschen, egal aus welcher Klasse«[184]. Das Habitus-Konzept wird bei Archer nicht nur aus empirischen, sondern zudem aus theoretischen Gründen abgelehnt: Archer weist alle Vermittlungsversuche – insbesondere den von Dave Elder-Vass[185] – zwischen Habitus und Reflexivität zurück, eine Kodetermination von Handeln durch Habitus und Reflexion existiere nicht und eine Versöhnung zwischen beiden sei »in der Praxis bedeutungslos«[186].

Dem ist auf allen Ebenen zu widersprechen. Zunächst muss Archers Interpretation von Bourdieus Habitus-Konzept als extrem verkürzt und damit letztlich als falsch zurückgewiesen werden. Dass Menschen durch den Habitus auf zukünftige Praktiken vorbereit sind, interpretiert sie als eine spezifische Einstimmung auf eine konkrete Situation, als »Vorbereitung auf etwas Bestimmtes«[187]. Genau das macht den Habitus nach Bourdieu nicht aus,

---

183 Margaret S. Archer: »Routine, Reflexivität und Realismus.« In: Urs Lindner/ Dimitri Mader (Hg.): *Critical Realism meets Kritische Sozialtheorie. Ontologie. Erklärung und Kritik in den Sozialwissenschaften.* Bielefeld: Transcript Verlag 2017, S. 117-145, S. 142.

184 Ebd., S. 135.

185 Dave Elder-Vass: »Wie wirken Normen? Critical Realism und die kausale Kraft sozialer Strukturen«. In: Urs Lindner/ Dimitri Mader (Hg.): *Critical Realism meets Kritische Sozialtheorie. Ontologie. Erklärung und Kritik in den Sozialwissenschaften.* Bielefeld: Transcript Verlag 2017, S.77–93.

186 Archer 2017, a.a.O., S. 130

187 Archer 2017, a.a.O., 123.

denn das Habitus-Konzept soll gerade beschreiben helfen, dass und wie Menschen mit bestehenden Handlungsmustern auf Unbestimmtes und Neues reagieren. Der Habitus bereitet nicht auf etwas Bestimmtes vor, sondern auf der Grundlage von Erfahrungen und Erleben auf das Unbestimmte.

Was die bestehenden Handlungsmuster betrifft, so vertritt Archer auch in dieser Hinsicht eine verkürzte Interpretation des Bourdieu'schen Konzepts. Sie behauptet, die »alte Homologie zwischen einsozialisierten Dispositionen zur Akzeptanz der eigenen Position, die der Nachwuchs ausfüllen könnte und zu deren Reproduktion er prädisponiert war, kommt an ihr Ende«[188]. Was Menschen geprägt hat und prägt, verliert demnach in schnelllebigen Zeiten an Einfluss auf ihr Handeln, was auch die Stabilität durch Weitergabe vergleichbarer Handlungsmuster unwichtiger werden ließe. Hier geht sie offenbar davon aus, dass Bourdieu die Sozialisation auf frühkindliche Erfahrungen und Erlebnisse beschränkt. Das ist aber nicht der Fall. Wenn Bourdieu etwa schreibt, dass habituelle Dispositionen »von den immanenten Erfordernissen des Feldes geformt werden«[189], wird klar, dass auch in späteren Karriereverläufen – das Kunstfeld etwa betritt man möglicherweise erst mit Beginn des Studiums – mit einbezogen sind. Wenn Bourdieu, wie Joachim Renn richtig bemerkt, davon ausgeht, dass der »implizite Charakter habitueller Handlungsmotivation« sich immer »mit der ›objektiven‹ Übereinstimmung zwischen Habitus und Feld«[190] verträgt, rührt das gerade daher, dass sie andauernd und praktisch aufeinander bezogen sind.

Auch geht es in Bourdieus Konzept nicht darum, dass die Nachfahren dasselbe zu tun wie die Vorfahren, sondern darum zu beschreiben, wie etwas anderes auf ähnliche Weise, mit ähnlichen

188 Archer 2017, a.a.O., S. 138.

189 Bourdieu 2001a, a.a.O., S. 178.

190 Joachim Renn: *Übersetzungsverhältnisse. Perspektiven einer pragmatischen Gesellschaftstheorie.* Weilerswist: Velbrück Wissenschaft 2006, S. 309.

Vorbehalten und ähnlicher Selbstverständlichkeit, mit ähnlichen Zweifeln oder eben frei von inneren Einwänden angegangen wird.

Darüber hinaus verkennt Archers Behauptung, die »Familie als Sozialisationsinstanz [scheitere] zunehmend in *normativer* Hinsicht als Vermittlerin von Werten, welche die von den Kindern übernommenen und zu eigen gemachten Anliegen untermauern«[191], noch etwas anderes: Sie übersieht, dass es beim Habitus gar nicht in erster Linie um die Vermittlung von Werten, also Handlungsbegründungen geht. Der Habitus beschreibt gerade nicht Begründungsstrategien, sondern einverleibte Selbstverständlichkeiten, die kognitiv nur schwer zugänglich sind. Nicht die rational zugänglichen Gründe, sondern die wenig bis gar nicht reflektierten Praxismuster sind entscheidend für die Reproduktion des Sozialen. Archer formuliert hier letztlich nur in theoretischen Worten, was wahrscheinlich der Großteil aller Eltern seit Anbruch der Moderne einmal gedacht hat: Dass die eigenen Werte bei den Kindern gar nicht mehr ankommen und/ oder angesichts der sich ändernden Zeiten ihre Gültigkeit verlieren. Der entscheidende Punkt – für die Reproduktion des Sozialen – sind aber weniger die Werte, als vielmehr die unhinterfragten Verkörperungen. Die Bedeutung der verkörperten Dimension des Habitus entgeht Archer.

Die verkörperlichte Dimension des Habitus entgeht ihr in zweierlei Art und Weise: Zum einen hat sie keine Vorstellung von den Schwierigkeiten, die die verkörperten Dispositionen dem eigenen Handeln auferlegen. Archer vertritt die These, dass »die Reproduktion sozialer Herkunftskontexte heute eine reflexive Aktivität ist«[192], die nicht auf habitualisierte Praxisformen zurückgreifen muss. Mit dem von ihr vertretenen Reflexivitätsparadigma unterstellt sie nicht nur eine sehr kognitiv geprägte Ausrichtung von

191 Archer 2017, a.a.O., S. 138.
192 Archer 2017, a.a.O., S. 117.

Praktiken (»reflexive Aktivität«), sondern sie schließt implizit auch aus, dass beispielsweise Gefühle wie Scham oder Angst, die aufs äußerste klassen- und geschlechtsabhängig generiert werden, praxisrelevant sind. Die Qualen der Unsicherheit, die sich bei Klassenwechseln und Grenzübertritten vererben, entgehen ihrem auf »reflexive Aktivität« ausgerichtetem Paradigma völlig. Zum anderen hat sie auch keinen Blick dafür, dass ein Habitus auch die Fremdwahrnehmung von Menschen beeinflusst und prädisponiert: Geschlecht, Ethnizität, aber auch Klassenzugehörigkeit wirken nach außen, sie zeitigen Effekte und führen zu ungleichen Behandlungen und nicht selten eben auch zu systematischen Diskriminierungen.

Der Habitus ist als Konzept schon bei Bourdieu darauf ausgerichtet, gerade darauf zu reagieren, dass es für Menschen in modernen Gesellschaften zum Normalfall geworden ist, unter sich ständig verändernden Bedingungen zu agieren. Der Habitus wird deshalb wichtiger, nicht unwichtiger, wie Archer meint. Er verbindet gerade gewohnte Handlungsmuster und spontane Aktionen. »Je schneller eine Handlung erfolgen muss« schreiben Alexander Lenger u.a. in Anlehnung an Bourdieu, »desto weniger Zeit bleibt für einen Rückgriff auf das Bewusstsein und desto automatisierter, d.h. unbewusster und körperlicher, muss die Reaktion des Habitus ausfallen«[193]. Das gilt nicht nur für schnelle auszuführende Handlungen in immer wiederkehrenden Situationen, sondern auch für Handlungen in schnell wechselnden, also neuen und unbekannten Situationen. Der Habitus stellt insofern auch eine Handlungsentlastung dar, als er sich auf routinisierte Abläufe und Gewohntes stützt. Der Habitus ist aber auch kein eiserner Anker, der unverändert auf dem Grund des dahinfließenden Sozialen steckt. Der Habitus ist, wie Herbert Willems schrieb, »ein (bei Bourdieu klas-

---

193 Alexander Lenger, Christian Scheickert und Florian Schumacher: »Pierre Bourdieus Konzeption des Habitus.« In: Dies. (Hg.): *Pierre Bourdieus Konzeption des Habitus. Grundlagen, Zugänge, Forschungsperspektiven.* Wiesbaden: Springer VS 2013, hier S. 20.

senspezifisch) erworbenes Schema zur Erzeugung immer neuer Handlungen«[194]. Die erworbenen Schemata bleiben von den neuen Handlungen nicht unberührt. Habitus wandeln sich durch neue Situationen und Erlebnisse: »In Abhängigkeit von neuen Erfahrungen«, schreibt Bourdieu explizit, »ändern die Habitus sich unaufhörlich«[195]. Trotzdem sind die Habitus relativ stabil und nicht leicht zu variieren.

Diese neuen Erfahrungen passen den Habitus an neue konfliktive Situationen an. Es wäre zu diskutieren, ob Bourdieu mit der Beschreibung von Habitus und Disposition als Begriffe, die auf Effekte von vergangenen Kämpfen sowie auf die Anpassung an zukünftige Kampfeinsätze abzielen, eine Form der »herrschaftssoziologischen Einengung«[196] betreibt, wie Joachim Renn meint. Allerdings klammert Bourdieu Kooperationen als basale Ebene der Handlungsmotivation keinesfalls prinzipiell aus, wie Renn unterstellt, sondern hält sie nur bzw. vor allem im Vergleich zur »agonalen Struktur sozialer Distinktionsbemühungen«[197] für schwächer. Das zeigt sich vor allem anhand seiner Analyse des künstlerischen Feldes, womit ich zum zweiten Teil und der These überleite, dass die Forderung, Privilegien zu verlernen, im Kunstfeld zu einer großen Spannung bei den Akteur*innen führen muss.

2. *Gegendressur und ihre Schwierigkeiten im Kunstfeld*

Der Habitus als eine relativ beständige Verkörperlichung des Sozialen ist als solcher nicht leicht zu verlernen. Er muss, weil er körperlich eingeübt wurde, letztlich auch körperlich abtrainiert werden, Bourdieu spricht deshalb von einer wahren »Arbeit der Ge-

---

194 Herbert Willems: *Rahmen und Habitus. Zum theoretischen und methodischen Ansatz von Erwing Goffman.* Frankfurt am Main: Suhrkamp verlag 1997, S. 187.

195 Bourdieu 2001a, a.a.O., S. 207.

196 Renn 2006, a.a.O., S. 315.

197 Ebd.

gendressur«[198], die für habituelle Veränderungen notwendig sei. Das ist an sich schon schwierig und zeitaufwändig, im Kunstfeld stellt sich diese Aufgabe des Trainings gegen Privilegien aber noch zusätzlich auf besondere Art und Weise.

Die Verkörperlichungen sozialer Regelhaftigkeit sind Effekte ihrer Umgebung und passen sich dieser stets neu an. Menschen entwickeln einen »praktischen Sinn«, der sie häufig ohne rationale Abwägung auf zu meisternde Situationen reagieren lässt, und das Handeln des praktischen Sinns, schreibt Bourdieu, »stellt eine Art notwendige Koinzidenz zwischen einem Habitus und einem Feld (oder einer Position im Feld) dar, was ihm den Anschein prästabilisierter Harmonie verleiht«[199]. Die Bedingungen, unter denen sich der Habitus herausbildet, sind im Normal- bzw. Regelfall denen sehr ähnlich, »unter denen er sich realisiert«[200], also zur tagtäglichen Anwendung gelangt. In der »arbeitsteilig organisierten kulturellen Produktion«[201] sind die Kenntnisse, Erfahrungen, Gewohnheiten sehr spezifische, aus den besonderen Produktionsbedingungen (des Feldes) hervorgegangen und zugleich an sie angepasst. Auch diese Spezialprägung macht das künstlerische Feld aus und führt aus politischer Sicht zu dem Dilemma einer für Lai*innen immer schwerer zugänglichen Kultur von Expert*innen.

Aus Sicht Bourdieus fallen die Bedingungen von Herausbildung und Verwirklichung des Habitus nur auseinander, wenn es größere Umschwünge wie Positionswechsel im Feld gibt. Weil die Habitus sich auf die temporäre Harmonie mit den Feldstrukturen hin formieren, ist der Bruch mit ihnen nicht nur sehr voraussetzungs-, sondern auch risikoreich. Das Risiko besteht darin, an der Entwertung der all die Zeit über getätigten Einsätze mitzuarbeiten

198 Bourdieu 2001a, a.a.O., S. 220.

199 Ebd., S. 183.

200 Ebd., S. 192.

201 Pierre Bourdieu: »Wer aber hat die Schöpfer geschaffen?« In: Bourdieu 1993, a.a.O., S. 197–211, hier S. 200.

und sich so der eigenen Existenzgrundlagen im Feld zu berauben. Insbesondere im Kunstfeld führt der Imperativ des Verlernens (von Privilegien) also zu einer unaushaltbaren Spannung: Es soll neuerdings verlernt werden, was zugleich zu den zentralen Anforderungen für das Bestehen im Feld gehört.

Das Kunstfeld existiert als solches nur über die Herausbildung privilegierter Habitus, die ihr eigenes Privileg in der Regel verleugnen. Das bedeutet, dass mit der europäischen Renaissance sich eine habituelle Formation herausgebildet hat, in der eine ästhetische Disposition ausgebildet wurde. Ästhetische Disposition, von der vor Bourdieu etwa auch Simone de Beauvoir gesprochen hat, meint die historisch entstandene Möglichkeit, Dinge nicht nach ihrem praktischen Nutzen befragen zu müssen und sich mit Gegenständen und Gegenstandsbereichen beschäftigen zu können, die nur im übertragenen Sinn Ertrag und Gewinn bringen, also mit Kunst. [202]

Die Herausbildung dieser Habitusform, die Entstehung der ästhetischen Disposition, ist u.a. auch ausschlaggebend dafür, dass das Kunstfeld, obwohl gemessen an der absoluten Zahl derjenigen, die in ihm positioniert und tätig sind, verglichen mit anderen Feldern relativ klein, zugleich aber ein sehr mächtiges Feld ist: Das kulturelle Kapital muss von den Handelnden stets neu »angeeignet und in Auseinandersetzungen als Waffe und Einsatz«[203] verwendet werden. Als solches gelangt es nicht allein in

202 Simone de Beauvoir hatte in den 1950er Jahren schon bestimmte Künstler*innen wegen ihrer »ästhetischen Haltung« kritisiert. Mit Abstand zum gesellschaftlichen Sein das Geschehen betrachten und bewerten zu können, »einzig und allein durch eine interessenlose Betrachtung mit der Welt verbunden zu sein«, definiert de Beauvoir in Anlehnung an Kant als ästhetische Haltung. Sie beschreibt sie als eine Art und Weise, »der Wirklichkeit der Gegenwart zu entfliehen«, Simone de Beauvoir: »Für eine Moral der Doppelsinnigkeit.« In: Dies.: *Soll man de Sade verbrennen? Drei Essays zur Moral des Existenzialismus.* [1955] Reinbek bei Hamburg: Rowohlt Verlag 1983, S. 77-192, hier S. 128.

203 Pierre Bourdieu: »Ökonomisches Kapital – Kulturelles Kapital –

den Feldern der kulturellen Produktion zur Anwendung, sondern insgesamt im »Feld der sozialen Klassen«[204].

Das Kunstfeld ist aber noch in einem weiteren Sinne für den sozialen Raum als ganzen bedeutsam, nämlich in Bezug auf die Beziehung zum Ökonomischen. Zwar entwickelt sich das Feld der Kunst zunächst in einer Logik, die dem finanziellen Gewinn als Erfolgskriterium entgegensteht, in einer, wie Bourdieu schreibt, »anti-ökonomischen Ökonomie der reinen Kunst«[205]. Dennoch sind die ökonomischen Produktionsverhältnisse dem Kunstfeld selbstverständlich nicht äußerlich, die ästhetische Autonomisierung brauchte von wirtschaftlichen Zwängen relativ freie, bürgerliche Individuen. Die Autonomie des künstlerischen Produktionsfeldes ist nach Bourdieu immer eine »partielle Autonomie«[206].

Dominante Narrative der Kunstgeschichte bedienten sich bis in die 1960er Jahre hinein zwar gerne des Bildes vom Künstler als sozialem Außenseiter, der seine ästhetische Glaubwürdigkeit nicht zuletzt durch Verachtung des Geldes gewinnt. Allerdings basiert auch die Autonomisierung des künstlerischen Feldes paradoxer Weise auf einem Bedeutungsgewinn des Marktes, denn die direkte Abhängigkeit künstlerischen Schaffens von den Auftraggeberinnen Adel und Kirche wurde durch eine strukturelle Abhängigkeit ersetzt, die zwar auf das Kunsturteil der Expert*innen und deren ästhetische Disposition gründete, zugleich aber durch den notwendigen Verkauf von Kunstwerken auf dem entstehenden Kunstmarkt geprägt war.

Kunst und Künstler*innen brachte das in eine verzwickte Lage: Einerseits musste die relative Eigenständigkeit des eigenen

Soziales Kapital«. In: Bourdieu 2005a, a.a.O., S. 49–79, hier S. 61.

204 Ebd.

205 Bourdieu 2001c, a.a.O., S. 228.

206 Pierre Bourdieu: »Wer aber hat die Schöpfer geschaffen?« In: Bourdieu 1993, a.a.O., S. 197–211, hier S. 201.

Tuns und der geschaffenen Produkte immer wieder behauptet und plausibel gemacht werden, andererseits durften sie sich auch nicht total versperren gegenüber Waren- und Verkaufslogik. Der symbolische Wert von künstlerischen Arbeiten und der künstlerischen Existenzweise, der gegen den rein ökonomischen Marktwert verteidigt wurde (und wird), ist schließlich nicht unabhängig von diesem. Schließlich kann es überhaupt keinen Marktwert von Kunst geben, wenn zuvor nicht symbolischer Wert produziert wurde. Das bedeutet nicht, dass der Marktwert den Kunstwert bestimmt. Auch die Kunsthistorikerin Isabelle Graw, die Bourdieus These zurückweist, dass sich der symbolische Wert künstlerischer Praxis relativ unabhängig vom Markerfolg entwickelt habe, konstatiert angesichts der erstarkenden Bedeutung des Kunstmarktes seit den 1960er Jahren dennoch unzweideutig, »dass der Marktwert allein kein Garant für dauerhafte symbolische Bedeutung ist«[207]. Dass symbolischer und ökonomischer Wert aufeinander bezogen sind, bedeutet aber, dass symbolischer Wert ökonomisiert und in Marktwert transferiert werden kann. Das gilt für künstlerischen Arbeiten, das gilt aber auch für Aspekte künstlerischer Lebensmodelle.

Für den Kunstsoziologen Arnold Hauser etwa basiert die Entstehung des europäischen Geniebegriff aufs engste auf der »Erhebung der Leistungsfähigkeit über die Leistung«[208] und dem Willen zur Originalität als »Waffe im Konkurrenzkampf«[209]. Für Hauser sind dies auch die zentralen Charakteristika des sich herausbildenden Renaissance-Künstlers (in diesem Fall ausschließlich männlich). Diese Merkmale sind nicht zuletzt auch für den Unternehmer (später die Unternehmerin) kennzeichnend, der (die) sich parallel zum Künstler*innentum als freie*r Agent*in jenseits regulierender Zünfte in der bürgerlichen Gesellschaft herausgebildet hatte. Auch

---

207 Graw 2008, a.a.O., S. 52.

208 Arnold Hauser: *Sozialgeschichte der Kunst und Literatur*. München: Verlag C.H.Beck 1973, S. 351.

209 Ebd., S. 350.

wenn sich das künstlerische Feld im 19. Jahrhundert in einer Art umgekehrter Ökonomie als von finanziellen Kriterien abgewandter Betrieb etabliert hatte, so ist doch das unternehmerische Moment seit der zweiten Hälfte des 20. Jahrhunderts mit voller Härte in das Kunstfeld zurückgekehrt.

Die mit dem strukturimmanenten Zwang zur Innovation verbundene Arbeit an sich selbst ist ein Kernbestandteil des Künstler*innentums seit der europäischen Renaissance, es ist auch eines der Kennzeichen des strukturellen Individualismus des Kunstfeldes. Dieser strukturelle Individualismus schließt sich nun wieder kurz bzw. zusammen mit der gestiegenen Bedeutung der Kreativität für die politische Ökonomie des Neoliberalismus. Diesen Bedeutungszuwachs der Kreativität haben Sozial- und Kulturtheoretiker*innen wie Marion von Osten[210], Angela Mc Robbie, Andreas Reckwitz, Ulrich Bröckling und andere in den letzten Jahren ausführlich nachgezeichnet.[211] McRobbie bezieht sich dabei u.a. auf

---

[210] Marion von Osten und Peter Spillmann: *Be Creative – Der kreative Imperativ*. Zürich: Edition Museum Für Gestaltung Zürich 2003.

[211] Während ein Bedeutungszuwachs von Kreativität für die neoliberale Umgestaltung der Arbeitswelt in verschiedenen Disziplinen hervorgehoben wird, herrscht in Bezug auf die Träger*innenschaft dieser Umgestaltung ein interessanter Unterschied zwischen jenen Zeitdiagnostiker*innen, die selbst in irgendeiner Weise dem Kunstfeld verbunden sind und jenen, die keine Beziehung zu Kunst und kultureller Produktion im engeren Sinne haben: Während erstere spätestens im Anschluss an die Studie von Luc Boltanski und Ève Chiapello *Der neue Geist des Kapitalismus* einen selbst- und feldkritischen Diskurs führen, in dem – wie bei Boltanski und Chiapello – die Akteur*innen des Kunstfeldes als zentrale Figuren und eben als Träger*innen einer gesamtgesellschaftlichen Neoliberalisierung auftreten, tauchen Kunst und Künstler*innen in kunstfeldfernen Studien zur Genese und Struktur des Neoliberalismus oft überhaupt nicht auf. Das gilt für eher ökonomische Studien wie die von Harvey ebenso wie diskursamnalytische wie die von Chamayou und Bierbricher, vgl. David Harvey: *Kleine Geschichte des Neoliberalismus*. Zürich: Rotpunktverlag 2007; Grégoire Chamayou: *Die unregierbare Gesellschaft. Eine Genealogie des autoritären Liberalismus*. Berlin: Suhr-

Bourdieu, wenn sie aufzeigt, wie groß auch die Bedeutung kulturellen Kapitals für die neue, auf Kreativität beruhende Form der Subjektivierung ist. Kulturelles Kapital habe sich als bedeutsam dafür erwiesen, »to revolutionize capitalism«[212], wobei die Rolle subkulturellen Kapitals hier, »ironically for Bourdieu«[213], der es eher geringgeschätzt hatte, eine nicht gerade kleine gewesen sei. Die ehemals kunstfeldspezifischen Lebensweisen und Individualisierungsnormen wie Kreativität, Flexibilität, Mobilität, Aufhebung der Trennung von Arbeit und Freizeit, Verfügbarkeit und Leidenschaft rund um die Uhr usw. sind (wieder) verstärkt zu Maßstäben ökonomischen Erfolgs geworden. »Der Glaube an die schöpferischen Potenziale des Individuums«, schreibt etwa Bröckling, »ist die Zivilreligion des unternehmerischen Selbst«[214]. Damit hat auch der neoliberale Imperativ der Selbstverantwortung im »Mythos des erfolgreichen Künstlers als eines radikal individualisierten Ausnahmewesens [...] sein Leitbild gefunden«[215]. Die Ausnahme wird als Leitbild verallgemeinert, zum Rollenmodell umfunktioniert. Das dominante Bild des/ der Künstler*in von heute ist mit all seinen Anforderungen nicht mehr das des verrückten Außenseiters, sondern, wie Diedrich Diederichsen in *Eigenblutdoping* schreibt, desjenigen, die/ der seine/ ihre Kreativität für die Arbeit an und für sich selbst einsetzt und damit dem »Modell des freien Unternehmers«[216] entspricht. Es handelt sich bei dieser Aus-

---

kamp Verlag 2019; Thomas Bierbricher: *Theorie des Neoliberalismus.* Berlin: Suhrkamp Verlag 2021.

212 Angela McRobbie: *Be Creative! Making a Living in the New Culture Industries.* Cambridge/ Malden, MA: Polity Press 2016, S. 75.

213 Ebd.

214 Ulrich Bröckling: *Das unternehmerische Selbst. Soziologie einer Subjektivierungsform.* Frankfurt am Main: Sihrkamp Verlag 2019, 7. Aufl., S. 152.

215 Graw 2008, a.a.O., S. 120.

216 Diedrich Diederichsen: *Eigenblutdoping. Selbstverwertung, Künstlerromantik, Partizipation.* Köln: Verlag Kiepenheuer & Witsch 2008, S. 182.

weitung der Kreativitätsnorm vor allem erst einmal um ein Leitbild, ein Modell und eine ubiquitäre Anrufung, nicht aber um eine bereits überall und allgegenwärtig praktizierte soziale Realität.

Der Unterschied zwischen Anrufung und Verwirklichung ist nicht unwichtig zu betonen, um den Privilegiencheck als Problem deutlicher sichtbar machen zu können. Im Hinblick auf die Kunst konstatiert auch Andreas Reckwitz, dass die »Selbststilisierung«[217] im zentrifugal gewordenen Kunstfeld der Gegenwart eine noch bedeutendere Rolle spielt als früher und dass sie »auf die Profilierung eines wahrnehmbaren und attraktiven Stils als Individuum ab[zielt]«[218], die zwangsläufig mit Distinktion verknüpft ist. Die/der postmoderne Künstler*in wird auch für Reckwitz von einem Modell lebensstilistischer Devianz und einer Ausnahmefigur zu einem »imitierbaren Ich-Ideal«[219]. Aber Reckwitz sagt nichts über die Voraussetzungen dafür, überhaupt imitieren zu können. Wer hat die Ressourcen, zum Arrangeur und Atmosphärenproduzenten zu werden, wie Reckwitz die Künstler*innen auch nennt? Wer hat die Zeit und das Geld, sein Selbst mit einem »wahrnehmbaren und attraktiven Stil« auszustatten? Dass das Ich-Ideal eben ein Ideal bleibt, eine Anrufung, der nur wenige genügen können, darauf geht Reckwitz nicht ein.

In »Die Erfindung des Künstlerlebens«[220] hatte Bourdieu am Beispiel des Protagonisten aus Gustave Flauberts *Erziehung des Herzens* aufgezeigt, dass das Künstlerleben sich häufig als eine Art Verlängerung des Zustands der Unbestimmtheit und des Desinter-

---

217 Andreas Reckwitz: *Die Erfindung der Kreativität. Zum Prozess gesellschaftlicher Ästhetisierung*. Berlin: Suhrkamp Verlag 2012, S. 121.
218 Ebd.
219 Ebd., S. 122.
220 Pierre Bourdieu: »Die Erfindung des Künstlerlebens«. In: Ders.: *Kunst und Kultur. Kunst und künstlerisches Feld. Schriften zur Kultursoziologie 4*. Konstanz: UVK 2011, S. 183-241, hier S. 184ff.

esses darstellt, in dem bürgerliche Jugendliche sich temporär befinden. Es ist ein Klassensubjekt, das zudem im Kontext einer Kunstfeldhegemonie existiert, die einerseits von einer »sexual division in art hierarchies«[221] gekennzeichnet ist, wie die Kunsthistorikerinnen Rozsika Parker und Griselda Pollock 1981 konstatiert haben und das andererseits immer noch, wie Adrian Piper vor ebenfalls rund 40 Jahren geschrieben hatte, von einer »Euroethnic art«[222] dominiert wird. Patriarchale, eurozentrische und klassenbasierte Strukturen prägen im Kunstfeld bis heute auch den Zugang zu privilegierten Positionen.[223]

---

221 Rozsika Parker und Griselda Pollock (1981): *Old Mistresses. Women, Art and Ideology*. New York: Pantheon Books 1981, S. 70.

222 Adrian Piper: »Power relations within existing Art Institutions". In: Alexander Alberro und Blake Stimson (Hg.): *Institutional Critique. An Anthology of Artists` Writings*. Cambridge, MA/ London: MIT Press 2011, S. 246-274, hier S. 248.

223 Das Kunstfeld ist ein soziales Universum, in dem im Vergleich zu Wirtschaft oder Politik mehr Frauen anzutreffen sind, denen es zudem »in besonderem Maße möglich ist, Spitzenpositionen einzunehmen«. Doch basiert ihre Präsenz in Museums- direktionen und Künstler/innen-Rankings darauf, dass das Kunstfeld relativ weit von den entscheidenden Machtpositionen entfernt ist. Das wird besonders in Gesellschaften deutlich, in denen der professionellen Beschäftigung mit Kunst weniger Bedeutung zukommt, etwa im Iran: Hier sind Frauen außergewöhnlich erfolgreich. Denn, so Katrin Hassler in ihrer Studie zu Kunst und Gender, die »Professionalisierung von Frauen in Bereichen der symbolischen bzw. kulturellen Produktion kann [...] als eine Ausdehnung des privaten – der Reproduktion zugeschriebenen – Raums verstanden werden; demgegenüber steht ein in weiten Teilen exklusives ökonomisches (aber auch politisches) Feld«. Hinzu kommt, dass Frauen viel stärker in vermittelnden als in produzierenden Sektoren des Kunstfelds erfolgreich sind, was die »weibliche« Konnotation bestimmter Tätigkeiten und Charakteristika reproduziert. Dennoch müssen Frauen auch hier besser ausgebildet sein als Männer, um in die in gleichen Positionen zu kommen. Die Möglichkeit, an die Spitze eines Feldes zu gelangen, besteht vor allem dann, »wenn die Profession gesellschaftlich mit vergleichsweise weniger Reputation verbunden ist«. Steigt aber die Reputation, steigt auch die Zahl der Männer, die hier die Spitzenpositionen einnehmen, Katrin Hassler: *Kunst und Gender. Zur Bedeutung von Geschlecht für die Einnahme*

Das ist wichtig zu betonen, denn vor diesem Hintergrund wird erst deutlich, warum die Nicht-Thematisierung der Kluft zwischen ideologischer Anrufung und sozialer Wirklichkeit bei Reckwitz ein wirkliches Verständnis jener Spannung verhindert, die die politische Forderung des Verlernens im Kunstfeld auslöst. Denn was als Privileg erst mühsam erkämpft und erarbeitet werden muss, wird selten leichtfertig aufs Spiel gesetzt, schon gar nicht als explizite Agenda. Der Habitus ist schließlich nicht nur dafür da, die eigene Geschichte mit aktuellen Improvisationen, also Stabilität mit Flexibilität zu vermitteln, sondern immer geht es auch darum, wie sehr es Menschen gelingt, wie Mike Savage betont hat, »to come out of the interaction in a stronger position«[224]. Diese stärkere Position ist im Kunstfeld mit dem Verlernen eines künstlerischen Habitus nicht zu erreichen (bzw. sie wäre nur dann zu erreichen, wenn sich die hegemonialen Verhältnisse innerhalb des Feldes völlig umgekehrt hätten).

Schluss 3. Verlernen als kollektiver Prozess

Der Habitus ist behäbig, aber ordnet bestehende Handlungskontexte auch neu. Gewordene Habitus abzulegen oder sich abzutrainieren, ist nicht einfach, weil sie oft unbewusst und immer verkörperlicht sind. Habitus sind auf das Feld abgestimmt, in dem sie funktionieren müssen (mit all seinen Interferenzen mit anderen Feldern), in den Habitus ist das akkumulierte kulturelle Kapital in Fleisch und Blut übergegangen. Es wird nicht nur für die Karriere, also das potenzielle Fortkommen gebraucht, sondern auch für das Bestehen im Feld überhaupt. Damit kommt es geradezu einer sprichwörtlichen Zerreißprobe gleich, es nicht nutzen zu sollen. Es unter-

---

von Spitzenpositionen im Kunstfeld. Bielefeld Transcript Verlag 2017, S. 145, S. 260, S. 259.

224 Mike Savage: «Foreword". In: Gabriella Paolucci (Hg.): *Bourdieu and Marx. Practices of Critique*. London: Palgrave Macmillan 2022, S. vii-xx, hier S. xv.

scheidet schließlich auch von all jenen, die über es nicht verfügen. Diese Unterschiede müssen analytisch in Rechnung gestellt werden.

Der Bedeutungszuwachs von vormals künstlerischen Praxisformen (Kreativität, etc.) ist selbst ausschießend und diskriminierend, weil er, wie andere neoliberale Anrufungen auch, eine Gleichheit (etwa im Zugang zu Ressourcen) annimmt, die in einer Klassengesellschaft, die zudem nach Geschlechts- und ethnischen Zugehörigkeiten klassifiziert, in Wirklichkeit nicht vorhanden ist. Privilegien sind Effekt und Ausdruck solcher sozialer Ungleichheiten. Es ist so platt: Verlernen kann sie nur, wer sie hat (oder in Aussicht hat).

Nicht zuletzt deshalb müsste Verlernen bedeuten, gegen einen Habitus zu arbeiten, der die Vorstellung eines wurzellosen Subjekts verkörpert: eines Subjektes, das auf dem Privileg des bürgerlichen Jugendlichen beruht, temporär ›auf niemandem Rücksicht nehmen‹ zu müssen. Es geht im Hinblick auf die Privilegierten sicherlich darum zu verhindern, dass die »Erbschaft den Erben erbt«[225] (Bourdieu). Aber es muss auch darum gehen, die Erbschaft als Privileg zu reflektieren, das man nur ablehnen kann, wenn man sie bzw. sie eine/n erwartet. Denn es ist das ererbte Privileg der temporären Rücksichtslosigkeit, das die für den Erfolg oder auch nur das Bestehen im Feld notwendige Selbststilisierung erst möglich macht. Eine Reflexion über die kollektiven Erbschaften an ökonomischem, sozialem und kulturellem Kapital müsste also am Beginn des Verlernprozesses stehen.

Verlernen im Kunstfeld müsste zudem auch als kollektiver Prozess konzipiert sein, um dem strukturellen Individualismus des Feldes etwas entgegensetzen zu können. Dieser strukturelle Individualismus speist sich nicht nur aus individuellen Erbschaften, er besteht und reproduziert sich im ständig angerufenen Bild des/der individuellen Schöpfer*in. (Anders als im Feld, das soziale Bewegungen ausmachen und bespielen, ist der Einzelname – und sei es

225 Bourdieu 2011, S. 191.

der eines Kollektivs – im Kunstfeld nach wie vor zentrale Referenz für Prestige, Anerkennung, symbolischen Wert usw.). Es bedürfte also kollektiver Gegenstrategien und nicht nur der Fluchtversuche und Ausweichmanöver Einzelner. In diesem Sinne sprechen etwa Liz Allan und Yolande van der Heide von »Unlearning Exercises«[226] im Kunstfeld, das sie als Effekt und in gewisser Weise auch als Fortsetzung der Institutionskritik verstanden wissen wollen. Es geht dabei vor allem um das Kultivieren neuer Arbeitsverhältnisse innerhalb der Kunstinstitutionen. Werden die Kunstfeldinstitutionen auch als solche gesehen, die sich im Kontext kolonialistischer Politiken entwickelt haben (von der ökonomischen Grundlage kultureller Institutionen im kapitalistischen »Weltsystem« (Wallerstein) bis hin zur Ausbildung eines bürgerlichen, »zivilisierten« im Gegensatz zu einem subalternen, »barbarischen« Geschmack) könnte dies dann sogar darin münden, Kunstinstitutionen zu dekolonialisieren (»decolonizing art institutes«[227]). Von der Verwirklichung dieses Anspruches sind wir m.E. allerdings noch einige Schritte entfernt.

In einer heteronormativ-patriarchalen Gesellschaft sich als Mann die Schürze vorbinden, als solidarische Praxis im Kontext des Kampfes für eine gerechte, herrschaftsfreie Sozialordnung wie bei Durruti, die die jugendliche Rücksichtslosigkeit verweigert – kollektiv das Unerwartete tun, also gemeinsam mit anderen, könnte ein Anfang sein.

---

[226] Liz Allan und Yolande van der Heide: »Introduction«. In: Binna Chai, Annette Krauss, Yolande van der Heide, Liz Allan (Hg.): *Unlearning Exercises. Art Organizations as Sites for Unlearning.* Utrecht/ Amsterdam: Casco/ Valiz 2018S. 9-16.

[227] Ebd., S. 12.

Etwas ganz anderes sagen

Identitätspolitiken, Kunst und Feldtheorie im Gespräch zwischen Toni Morrison und Pierre Bourdieu

Im Oktober 1994 unterhielt sich der Soziologe Pierre Bourdieu in Paris mit der Schriftstellerin Toni Morrison. Aus dem Gespräch der beiden Intellektuellen lässt sich auch heute noch einiges Lernen – nicht nur über Kunstschaffen und Identitätspolitiken.[228] Daher hier einige Anmerkungen zur Theorie Bourdieus entlang des Gesprächsverlaufs: Bourdieu möchte Morrison dazu anregen, Dinge zu sagen, die sie bisher nicht explizit gemacht hat. Dabei geht es gleich ums Ganze: um die Schwierigkeit, als Schwarze Schriftstellerin nicht immer für und als Schwarze zu sprechen und um die Ignoranz gegenüber den literarischen Qualitäten ihres Werkes und das anderer Schwarzer Schriftsteller*innen. Nicht zuletzt geht es auch um das Verhältnis von Literatur und Soziologie schlechthin.

Literatur von Schwarzen werde nach wie vor häufig auf die ethnische Zugehörigkeit ihrer Autor*innen zurückgeführt, sagt Bourdieu. Sie werde deshalb im Zweifel als minderwertig, bloß als Folklore, nicht als Kunst wahrgenommen. Dadurch falle sie aus den spezifischen Bewertungskriterien heraus, die an Kunst angelegt werden. Die Kunstwahrnehmung, das ist eine der zentralen Thesen in Bourdieus Kunstfeldtheorie, hat sich historisch erst als eine ästhetische Disposition herausbilden müssen, als eine Haltung also, die bestimmte Arbeiten und Gegenstände nicht nach ihrem praktischen Nutzen beurteilt. Die Erwerbsbedingungen dieser Haltung – sozialer Status, Zugang zu Bildung usw. –, werden dabei verschleiert. Das führt dazu, dass das Privileg, Dinge

228 Das Gespräch findet sich hier: »To see as we never see": dialogue between Pierre Bourdieu and Toni Morrison, https://medium.com/@geoffreme/to-see-as-we-never-see-dialogue-between-pierre-bourdieu-and-toni-morrison-aec8c6b55c78 (zuletzt aufgerufen am 14.02.2023)

nicht danach befragen und bewerten zu müssen, ob sie praktisch nützlich sind, »stillschweigend zur universellen Norm einer jeden Praxis [...] [wird], die sich als ästhetisch versteht«[229]. In der Folge werden Praktiken, die sich noch an alltäglichen oder religiösen Kontexten anlehnen, also irgendwie auf Nützlichkeit bezogene Folklore sind, abgewertet. Der Effekt für die Literatur von Schwarzen besteht darin, dass wie beim Jazz häufig nicht Struktur und ästhetische Finesse, sondern Rhythmus und Gefühl gesucht und gefunden werden. Bis heute sehen Menschen, die aus (einstmals oder aktuell) marginalisierten Positionen heraus im Kunstfeld reüssieren, sich vor das Problem gestellt, in erster Linie als Vertreter*in dieser jeweiligen Gruppe adressiert zu werden.

Morrison stimmt Bourdieu zu und betont, wie demütigend es ist, immer bloß als jemand wahrgenommen zu werden, der/ die sagt: »Au, das tu weh!« oder »Ich protestiere«. Opferstatus und Widerstand, beide erscheinen als zwei Seiten einer Medaille. Diese Münze heißt Dominanzgesellschaft. Ihre strukturellen Settings produzieren und reproduzieren ständig kollektive Zuschreibungen wie Schwarz/ weiß, Mann/ Frau, heimisch/ fremd usw., denen die Einzelnen nicht entkommen können. Wer als Schwarze diskriminiert wird, muss sich zunächst als Schwarze dagegen artikulieren, sonst wird gar nicht klar, was weh tut, worin also das Leiden besteht, und wogegen sich der Protest richtet.

Um den gesellschaftlichen Stereotypisierungen zu entgehen, ist der identitätspolitische Rekurs auf den Opferstatus zwar ebenso notwendig wie die widerständige Praxis. Die aber ist unendlich vielfältig, gerade innerhalb von und als Literatur und bildende(r) Kunst. Morrison betont, dass sie immer darum bemüht ist, den vorgegebenen Mustern zu entkommen. Aber die

---

229 Pierre Bourdieu: »Die historische Genese der reinen Ästhetik«. In: Ders.: *Kunst und Kultur. Kunst und künstlerisches Feld. Schriften zur Kunstsoziologie 4*. Herausgegeben von Franz Schultheis und Stephan Egger. Konstanz: UVK 2011, S. 289-307, hier S. 293.

Rezeption lässt sich damit nur schwer steuern. Als wollte sie die Triftigkeit von Bourdieus Feldtheorie in dieser Sache bestätigen, sagt sie: »journalists are restricted by the limits of their profession«. Die Grenzen ihres Berufes bestehen in dem, was Bourdieu die Feldspezifik ihrer Arbeit und ihres Denkens nennen würde: Aktualitätsgebot, schnelle Textproduktion, Zeichenzahl- und Stilvorgaben, und in Bezug auf den Gegenstand das Aufgreifen statt Hinterfragen bestehender Kategorien: »Je breiter das Publikum ist, auf das ein Presseorgan oder überhaupt ein Kommunikationsmedium zielt«, beschreibt Bourdieu in *Über das Fernsehen* ein charakteristisches Merkmal des journalistischen Feldes, »je stromlinienförmiger muss es sich verhalten«[230]. Schließlich kann die Theorie gesellschaftlicher Felder neben dem Hinweis auf die spezifischen Bewertungskriterien innerhalb eines Feldes außerdem noch aufzeigen, dass Praktiken immer auch von ganz bestimmten Erwartungen geprägt sind. Die Journalist*innen, soll das heißen, sehen vor allem das Vorgesehene, im Fall Schwarzer Literatur also in der Tendenz das Natürliche, das Magische, das Folkloristische.

Bourdieu bezieht diese Aussage dann vielleicht etwas kurzschlüssig auch auf die Sozialwissenschaften. Alles, was Morrison über Schwarze Literatur gesagt habe, gelte auch für die Soziologie. Gleichsam spiegelbildlich zur Kunst werde sie nur auf ihren Inhalt, nicht aber auf die Form hin bewertet. Diese Kriterien ergeben sich aus der Genese der jeweiligen Disziplin. Es gibt einen Streit unter Bourdieu-Kenner*innen darüber, ob Bourdieu die Literatur als fiktionales Schreiben gegenüber den Sozialwissenschaften abwertet oder ob er in ihr nicht doch auch eine alternative Wissensproduktion sieht, die vielleicht andere Erkenntnisse hervorbringen kann als soziologische Studien, die ebenfalls hilfreich für das Verstehen der sozialen Welt sind. Seine Fragen an Morrison als

230 Pierre Bourdieu: *Über das Fernsehen*. Frankfurt am Main: Suhrkamp Verlag 1998, S. 62.

Schriftstellerin – wie auch viele seiner Bezugnahmen auf Honoré de Balzac, Franz Kafka oder Virginia Woolf – sprechen auf jeden Fall für letztere Haltung.[231] Auch dies ist ein Fokus der Bourdieu`schen Feldtheorie: das historische Werden aktueller Praxis und ihre Verfestigung in institutionellen Gefügen. Deshalb fragt er Morrison nach ihren schriftstellerischen Vorbildern aus dem Harlem der 1920er Jahre, aber auch nach jenen in den Erzählstrategien weißer Autor*innen.

Wie jede*r Künstler*in möchte Morrison selbstverständlich am liebsten ganz für sich stehen, etwas genuin Neues erschaffen. Anders als viele ihrer Kolleg*innen aber ist sie sich durchaus dessen bewusst, dass es bei künstlerischem Schaffen immer um das Modifizieren und Modellieren von bereits Dagewesenem geht. Künstlerisches Schaffen bewegt sich immer zwischen zwei Polen, dem totalen Bruch mit der erlernten (Bild-)Sprache auf der einen und der vollkommenen Anpassung an sie auf der anderen Seite. Im literarischen und künstlerischen Feld ist aber der Bruch, will er akzeptiert und anerkannt werden, auch darauf angewiesen, seine feldgeschichtliche Expertise auszuweisen: Die Überschreitungen der Avantgarden, schreibt Bourdieu in *Die Regeln der Kunst*, seien »selbst das Ergebnis einer ganzen Geschichte«[232] der Kunst bzw. der Literatur. Bourdieu fragt Morrison dann, wie sie sich aus dieser Klemme sowohl auf literarischer wie auch auf kultureller Ebene befreit habe. Morrison beschreibt die Sprache als entscheidendes Schlachtfeld, auf dem sich beherrschte Gruppen innerhalb jeder Gesellschaft zu verteidigen hätten. Die Selbstverteidigung ist kein Selbstzweck, sondern notwendig, um nicht nur die eigene Sprache, sondern auch die eigene Würde zu schützen. Insofern kann Sprache laut Morrison auch ein Ort des Widerstands sein. Im 20. Jahr-

---

231 Vgl. dazu Jens Kastner: »Bourdieu mit Balzac. Impulse für eine kritische Soziologie in der realistischen Literatur«. In: *WestEnd. Neue Zeitschrift für Sozialforschung*, 18. Jg., Heft 1/2021, S. 185-200.

232 Bourdieu 2001c, a.a.O., S. 385.

hundert beim Schreiben die englische Sprache zu benutzen, eröffne aber auch die Möglichkeit, sich zwischen vielen ihrer Ebenen hin- und herbewegen zu können. Die Sprachebenen zu vermischen, kann für Morrison eine Methode sein, etwas ganz anderes als das Erwartbare zu sagen.

Bourdieu zeigt sich beeindruckt von Morrisons Werdegang als Schriftstellerin und beschreibt ihn ebenfalls als eine Art Mischung, und zwar im Hinblick auf ihre politische Haltung. Diese Haltung beschreibt er als »engagiert und zurückhaltend« zugleich. Morrison sei weder im feministischen, noch im Schwarzen Aktivismus eine öffentliche Figur gewesen. Sie selbst habe sich als »African-American women writer in my genderized, sexualized, wholly racialized world" bezeichnet. Morisson entspricht damit, zumindest in dieser Beschreibung, ziemlich genau der Idealvorstellung Bourdieus: sich als Intellektuelle/r nicht sich für alles zuständig fühlen, sich automatisch auf Seiten der Armen zu wähnen und dabei das reflexive Denken auf »ein militantes Denken zu reduzieren«[233]; aber auch nicht sich als »freie/r Intellektuelle/r« bloß als Rechthaber*in in »Wahrheitskriegen«[234] zu inszenieren. Morrisons aktivistisches und intellektuelles Engagement diskutieren die beiden dann anhand der Debatte über Rassismus und Sexismus, die sich Anfang der 1990er Jahre entspann, als dem zum Richter des Obersten Gerichtshofes nominierten (und später auch ernannten) Schwarzen Juristen Clarence Thomas von seiner ehemaligen Mitarbeiterin, der Juristin Anita Hill, sexuelle Belästigung vorgeworfen worden war.

Ob und inwiefern es möglich ist, fragt Bourdieu Morrison daran anschließend, die Wahrnehmungen von Romanfiguren als Schwarz oder weiß zu unterlaufen. Schließlich handele es sich um »funda-

---

233 Pierre Bourdieu: »Stehen die Intellektuellen außerhalb des Spiels?« In: Bourdieu 1993, a.a.O., S. 60-65, hier S. 65.
234 Ebd.

mentale Wahrnehmungskategorien«, ohne die die Geschichte von Personen nicht zu verstehen sei. Und ob sie in ihrem Schreiben durch diese komplexe formale Aufgabe geleitet sei, die auch eine politische Aufgabe ist: die Utopie einer Welt, in der die Kategorisierung in Schwarz und weiß keinerlei Bedeutung mehr hat. Morrison bejaht dies und schildert ihre Arbeit an dem Roman *Paradise* (1998) als Beispiel: Es sei eigentlich nahezu unmöglich, das Seelenleben eines Menschen abzubilden, ohne sich auf die Kategorie »race« zu beziehen. Es fehle letztlich die Sprache dafür. Bourdieu hatte in seinem Werk immer wieder die Schwierigkeiten betont, eine solche neue Sprache jenseits bestehender Kategorien zu entwickeln. Er beschreibt die strukturellen Hürden für das Entstehen eigener Sprachen und Sprechweisen selbst weniger entlang von »race« und Ethnizität, als vielmehr von Klasse und später auch Geschlecht: Im »proletarischen Lebensstil« sah er weniger eine widerständige Praxis als vielmehr Ausdrucksformen jener Prägung, mit dem die kapitalistische Arbeitsteilung laut Marx die Lohnarbeiter*innen zum »Eigentum des Kapitals« stempelt.[235] Im Habitus der Marginalisierten sieht Bourdieu vor allem in *Die feinen Unterschiede* in der Tendenz immer »die Anpassung an die objektiven Möglichkeiten«[236] – und weniger das Aufbegehren. Auch im Hinblick auf das mögliche Aufbrechen der Geschlechterhierarchie war er skeptisch. Die Geschlechterdualismen seien historisch tief in die Dinge und Körper eingeschrieben, schreibt er in *Die männliche Herrschaft*, sie seien »nicht aus einem bloßen Benennungseffekt hervorgegangen und können daher auch nicht durch einen Akt performativer Magie aufgehoben werden«[237].

Morrison geht es immer darum, an dem Versuch festzuhalten, der Leserin durch die Literatur die Möglichkeit zu eröffnen, zu sehen, was sie niemals zuvor gesehen hat. »Darin«, sagt Morrison zum

---

235 Vgl. Bourdieu 1982, a.a.O., S. 292.

236 Ebd., S. 594.

237 Bourdieu 2005b, a.a.O., S. 178.

Schluss, »besteht meine Hoffnung«. Entgegen aller Vorwürfe, die soziale Welt als determiniert und unveränderbar zu beschreiben, hat Bourdieu diese Hoffnung stets auch in Bezug auf seine Soziologie geteilt.

4
Herrschaft und Kultur

Lebensweisen und Klassenkämpfe

Herrschaft und Kultur bei Antonio Gramsci und Pierre Bourdieu

»Wenn Gramsci hinsichtlich der Infragestellung von Herrschaft zu optimistisch war,« schreibt der US-amerikanische Soziologe Michael Burawoy »dann war Bourdieu zu pessimistisch«[1]. Antonio Gramsci habe den kulturellen Mystifikationen nicht genug Aufmerksamkeit geschenkt, mit denen der fortgeschrittene Kapitalismus sein Fortbestehen garantiere. Pierre Bourdieu hingegen habe die habituelle Anerkennung für zu grundsätzlich und universell gehalten, in der die kapitalistischen Verhältnisse reproduziert würden. Dieser Einschätzung, die Burawoy in einem Aufsatz begründet, liegt eine andere zugrunde: Dass nämlich der italienische Parteikommunist und der französische Soziologe einiges gemeinsam haben. Burawoy ist zwar nicht der Einzige, der diese Ansicht vertritt. Dass die Ansätze der beiden Theoretiker systematisch aufeinander bezogen wurden, geschah bislang allerdings erstaunlich selten.

Dass Bourdieu sich in seinem soziologischen Hauptwerk *Die feinen Unterschiede* nur ein einziges Mal auf Gramsci bezieht, war 1984 schon dem argentinisch-mexikanischen Kulturwissenschaftler Néstor García Canclini aufgefallen.[2] Er hatte das auf die Vermutung zurückgeführt, dass Bourdieu sein sozialwissenschaftliches Werk – in der politisierten Atmosphäre der 1970er Jahre – durch zu große Nähe zum Marxismus nicht hatte kontaminieren

---

1 Michael Burawoy: »The Roots of Domination: Beyond Bourdieu and Gramsci. « In: *Sociology*, Jg. 46, Nr. 2, April 2012a, S. 187–206, hier S. 189. (http://soc.sagepub.com/content/46/2/187)

2 Vgl. Néstor García Canclini: »Gramsci con Bourdieu. Hegemonía, consumo y nuevas formas de organización popular. « In: *Nueva Sociedad*, Nr.71, März–April 1984, S. 69–78.

wollen. Das scheint auch für die Rezeption eine plausible Mutmaßung: Dass Gramsci und Bourdieu bisher so wenig zusammengedacht wurden, liegt vor allem an den akademischen wie politischen Ressentiments der jeweiligen Anhänger*innen.[3] Bourdieu wurde von marxistischer Seite häufig vorgeworfen, sich von der politischen Ökonomie verabschiedet zu haben und zu »funktionalistisch« zu sein, d.h. nur zu erklären, wie die Dinge funktionieren, nicht aber, wie sie zu ändern sind. Bourdieu selbst hat sich in seinen (zwischen 1989 und 1992 gehaltenen) Vorlesungen *Über den Staat* im Zuge seiner Abgrenzung vom Marxismus auch mehrmals von Gramscis Ansatz abgesetzt, hält ihm aber immerhin zu Gute, den Staat nicht nur als Ordnungs- und Repressionsapparat zu denken, sondern ihm auch die Funktion zuzuschreiben, »Konsens herzustellen und zu reproduzieren«[4]. Die Bourdieu-Schule sieht in Gramsci im Wesentlichen nach wie vor häufig bloß einen marxistischen Ideologie-Theoretiker. Und den Ideologie-Begriff hatte Bourdieu hinter sich gelassen und durch das seiner Konzeption nach weitergehende Habitus-Konzept ersetzt.

Im Gebrauch beider Begriffe allerdings, Ideologie und Habitus, ließe sich auch die Frage erkennen, die García Canclini bereits 1984 als gemeinsame beschrieben hatte und Buroway jetzt wieder als Gramsci und Bourdieu verbindende durchspielt: Warum ist Herrschaft so stabil? Auch bei der Beantwortung dieser Frage haben beide einige recht ähnliche Ideen. Sie ausformuliert zu haben, kann bis heute als richtungsweisend gelten: Nicht Gewalt und Repression allein, wie in anarchistischen und marxistischen Analysen weithin angenommen, garantieren die Aufrechterhaltung von Herrschaft. Hinzu kommen subtilere Formen der Machtausübung, die über unhinterfragte alltägliche Praktiken, über Partizipation

---

3 Neuerdings ist etwas Bewegung in die Debatte gekommen, vgl. Gabriella Paolucci (Hg.): *Bourdieu and Marx. Practices of Critique.* Cham: Palgrave McMillan 2022.

4 Bourdieu 2014, a.a.O., S. 252.

und Privilegien funktionieren. Gramsci sprach daher von »kultureller Hegemonie«, der Vorherrschaft bestimmter Denk- und Verhaltensweisen, Bourdieu nannte diese nicht immer erkennbaren Reproduktionsweisen »symbolische Macht«. Unter Hegemonie versteht Gramsci die »politische Führung«[5], die die institutionelle Macht einer herrschenden Klasse nicht nur absichert, sondern sogar vorrausetzt. Gramsci wollte verstehen, schreibt Perry Anderson in seinem Buch über Hegemonie, auf welche Art und Weise im Westen »das Einverständnis der Beherrschten mit der über sie ausgeübten Herrschaft« [6] hergestellt wurde. Bourdieu nennt die Zustimmung erzeugende Macht »symbolisch« nicht etwa deshalb, weil sie weniger real oder weniger effektiv wäre als physische, sondern weil sie sich – im Sinne des Symbolischen beim Philosophen Ernst Cassirer – auf grundlegende Formen des Verstehens und Erlebens bezieht. Burawoy betont, dass die Konzepte der Hegemonie und der symbolischen Macht vor allem in Bezug darauf ähnlich seien, »assuring the maintenance of the social order not through coercion, but through culutral domination«[7].

Zum einen zielen also beide in ihren Herrschaftsanalysen auf Kultur im weiteren Sinne: Nicht allein der Zwang zur Veräußerung der Arbeitskraft und die repressiven Apparate Militär und Polizei trügen zur Stabilität der Verhältnisse bei. Auch die Denkweisen und die alltäglichen Praktiken, ja selbst die Geschmäcker hätten ihren Anteil an der Reproduktion des Bestehenden. Kultur in diesem Sinne dürfe aber nicht, so Gramsci, als »enzyklopädisches Wissen« verstanden werden, dass dem Menschen einem »Gefäß« gleich eingetrichtert werde. In seinen in der Haft zwi-

---

5 Antonio Gramsci: *Gefängnishefte*, Band 1, 1. Heft. Hamburg: Argument Verlag 2012c, S. 101.

6 Perry Anderson: *Hegemonie. Konjunkturen eines Begriffs.* Berlin: Suhrkamp Verlag 2018, S. 37.

7 Michael Burawoy: »Gramsci Meets Bourdieu«. In: Ders. und Karl von Holdt: *Conversations With Bourdieu. The Johannesburg Moment.* Johannesburg: Wits University Press 2012b, S. 51-67, hier S. 60.

schen1929 und 1935 verfassten *Gefängnisheften* versteht Gramsci Kultur als »Lebensweise«[8], zu der nicht nur die Künste im engeren Sinne, sondern allgemein Gewohnheiten, Gefühle und »Auffassungen von der Welt«[9] gehören. Die besondere Bedeutung der Dominanz bestimmter Ideen und Verhaltensweisen entsteht nach Gramsci erst dadurch, dass die Kultur als eine Angelegenheit der selbsttätigen und praktischen Aneignung verstanden wird. Nicht umsonst nannte Gramsci den Marxismus, der helfen sollte, diese Praktiken zu begreifen – und schließlich zu verändern –, eine »Philosophie der Praxis«[10].

Auch Bourdieus Ansatz wird – aus dem gleichen Grund – als Praxistheorie bezeichnet. Bourdieu allerdings legt noch stärker als Gramsci den Akzent auf die nicht intentionale, unbewusste und impliziten Regeln folgende Dimension von Praxis. Jede Praxis ist von (habituellen) Dispositionen und (sozialen) Positionen im sozialen Raum geprägt und trägt ihrerseits dazu bei, durch Positionierungen diesen Raum neu zu konfigurieren. Jeder Praxis liegt u.a. ein »Klassifizierungssystem«[11] zu Grunde: der Geschmack. Bourdieu ging es darum aufzuzeigen, welcher Zusammenhang zwischen jedem vermeintlich persönlichen Geschmacksurteil und der jeweiligen Zugehörigkeit zu einer sozialen Klasse besteht. Der »Konsum kultureller Güter« (Bourdieu), also der unterschiedliche Umgang mit allen möglichen Kunst- wie Alltagsgegenständen, rückte schließlich in den Fokus des analytischen wie politischen Interesses. Kulturelle Praxis beschränkt sich aber nicht nur auf die Rezeption und den Gebrauch von Gütern, sondern besteht darüber hinaus in Kämpfen um dessen und deren Sinn und Bedeutung. Es geht schließlich immer auch um die »Macht über die Klassi-

---

8 Antonio Gramsci: *Gefängnishefte*, Band 9, 22. bis 29. Heft. Hamburg: Argument Verlag 2012, S. 2109.

9 Ebd., S. 2108.

10 Ebd.

11 Bourdieu 1982, a.a.O., S. 364.

fikations- und Ordnungssysteme«[12], auf denen die Vorstellungen über die soziale Welt basieren.

Zum anderen widmeten sich Gramsci wie Bourdieu der Kultur im engeren Sinne. Sie fragten also nach der Rolle, die Büchern und künstlerischen Produktionen vom Groschenroman bis zum Opernbesuch in dieser Aufrechterhaltung von Herrschaft zukommt. Neben der Schule wird der alltägliche Umgang mit Kunst und Literatur – inklusive ablehnenden und verwerfenden Haltungen der sogenannten Hochkultur gegenüber – als Hauptumschlagplatz von reproduzierenden Ideen und Praktiken beschrieben. Während Bourdieu sich vor allem der »Macht des Schulsystems«[13] widmet, bestehende soziale Strukturen zu inkorporieren und sie damit unhinterfragbar zu machen, setzt sich Gramsci mit reformpädagogischen Konzepten auseinander und skizziert als Reaktion auf die faschistische Schulreform seiner Zeit »das Modell einer sozialistischen ›Einheitsschule‹«[14]. Dass Geschmack und Klassenzugehörigkeit etwas miteinander zu tun haben, davon gingen beide aus. Bourdieu zeigte in empirischen Studien auf, dass von allen Produkten, unter denen die Konsument*innen wählen können, »die legitimen Kunstwerke die am stärksten *klassifizierenden* und *Klasse verleihenden*«[15] seien. Markenturnschuh und Klingelton, U-Bahn-Lektüre und Abendgestaltung: Man zeigt über den Umgang mit kulturellen Werken nicht nur an, welcher sozialen Klasse man angehört, sondern erneuert und festigt diese Zugehörigkeit auch. Bourdieu ging davon aus, dass im Kulturkonsum vornehmlich die herrschende Klassenstruktur reproduziert wird, auch und gerade

12 Ebd., S. 748.

13 Bourdieu 2014, a.a.O., S. 327.

14 Andreas Merkens: »Einleitung.« In: Antonio Gramsci: *Erziehung und Bildung. Gramsci Reader. Auf Grundlage der kritischen Gesamtausgabe der Gefängnishefte.* Hamburg: Argument Verlag 2004, S. 4-16, hier S. 9.

15 Bourdieu 1982, a.a.O., S. 36.

von den unteren Klassen, die sich an den oberen orientieren. Insbesondere im Umgang mit kulturellen Gütern und Praktiken im engeren Sinne bildet sich Bourdieu zufolge eine »ästhetische Disposition«[16] heraus, die jede materielle Notwendigkeit zum Kulturkonsum leugnet. Indem diese Leugnung auch die unterschiedlichen Voraussetzungen für den Kulturkonsum verschleiert, wird ein Hinterfragen der dominanten kulturellen Normen ebenso wie der Orientierung an ihnen kaum mehr möglich. Das ist die von Burawoy erwähnte, pessimistische Folgerung, die Bourdieu aus seinen Studien zieht. Gramsci hingegen war da positiver gestimmt. Der Umgang mit Werken und Ideen kann demnach prinzipiell transformatorische Wirkung entfalten. So wie in der Geschichte »die Bajonette der napoleonischen Armee [...] bereits den Weg von einem unsichtbaren Heer von Büchern und Broschüren geebnet«[17] sahen, so sah Gramsci auch künftige Umwälzungen durch manifestierte Gedanken vorbereitet.

An der Frage des Widerstands treten die sowohl theoretisch als auch politisch wesentlichen Unterschiede zu Tage. *Theoretisch* hat Bourdieu – anders übrigens als die meisten marxistischen Kulturtheorien – in die Vorstellung, Bücher und Kunstwerke veränderten politische Wirklichkeiten, noch eine Vermittlungsebene eingeschoben. Die Effekte solcher künstlerischer Produktionen sind immer nur gebrochen wirksam, d.h. Gramscis »Bücher und Broschüren« mussten erst in bestimmten Kreisen und Kontexten zur Durchsetzung gelangt sein – in Bourdieus Worten im »intellektuellen Feld« –, bevor sie breitere Effekte zeitigen konnten (und können). Bourdieu beschreibt prinzipiell eine »relative Autonomie der Felder«[18], d.h. gesellschaftlicher Bereiche, in denen Werte, Produkte, Karrie-

---

16 Vgl. Kastner 2009, a.a.O.

17 Antonio Gramsci: »Sozialismus und Kultur«. [1916] In: Ders.: *Philosophie der Praxis. Eine Auswahl.* Herausgegeben von Christian Riechers. Frankfurt am Main: Fischer Verlag 1967, S. 20–23, hier S. 27f.

18 Bourdieu 2001c, a.a.O., S. 393.

ren und Institutionen sich nach spezifischen eigenen Logiken vollziehen bzw. gestalten. So kam es (seit dem 15. Jahrhundert, endgültig aber in der zweiten Hälfte des 19. Jahrhunderts) auch zur »Herausbildung eines autonomen Kunstfeldes«[19], in dem ein eigener »Glaube an den Wert der Kunst«[20] etabliert werden konnte. Die Eigenlogik, der sich alle am Feld beteiligten – also von den Künstler*innen über die Galerist*innen, Museumsangestellten und Sammler*innen bis hin zu den Kurator*innen, Kunstvermittler*innen, Kunstkritiker*innen und Publikum – verpflichtet fühlen, schließt (zunächst) alle anderen Bewertungskriterien – wie etwa politische, moralische, sportliche etc. – für Gutes und Richtiges aus. Erst auf der Grundlage eines Verständnisses dieser Feldlogiken lässt sich dann fragen, wie es trotzdem zu außerkünstlerischen Effekten kommen kann. Für Bourdieu liegt der Schlüssel dafür in der Position, die die Intellektuellen im sozialen Raum einnehmen, und in der Rolle, die sie vor diesem Hintergrund spielen. In vielen, auch marxistischen Ansätzen, die sich diese Frage nach dem Zusammenhang von »Kunst und Politik« (bzw. den Effekten von jener auf diese) gestellt haben, fallen die Antworten oft unbefriedigend aus, weil sie das Spezifische der Kunst mit dem Allgemeinen der Kultur nicht vermitteln können. Gramsci zumindest war sich des Problems der Vermittlung dieser zwei Bereiche bewusst, als er den Anspruch erhob, die Kritik der Kultur müsse mit »der ästhetischen oder rein künstlerischen Kritik [...] verschmelzen«[21].

Paradigmatisch hat etwa Oliver Marchart in seinem Buch *Hegemonie im Kunstfeld* am Beispiel der weltweit wichtigsten Ausstellung für zeitgenössische Kunst, der alle fünf Jahre in Kassel stattfindenden Documenta sehr schön gezeigt, wie der Zusammenhang von Kunst und Politik erst innerhalb des Kunstfeldes begriffen werden muss – hier gab es verschiedene Verschiebungen zwischen den Documentas dX (1997), D11 (2002) und d12

---

19 Ebd., S. 397.

20 Ebd., S. 458.

21 Gramsci 2012, a.a.O., S. 2108.

(2007) hin zu einer zunehmenden Depolitisierung. Dann erst kann verstanden werden, wie und wodurch das Kunstfeld als »wichtiges Terrain [...] auf dem ideologische Allianzen hergestellt und ständig umgebaut werden«[22], gesamtgesellschaftlich Effekte zeitigt. Mit dem Wort »Biennalisierung« im Untertitel weist Marchart auf den zunehmenden Event-Charakter und die Ökonomisierung der Kunst hin. So nutzt er Bourdieu und Gramsci zugleich, um zu zeigen, dass Kunstanalyse zu betreiben auch heißen muss, Machtanalyse zu betreiben.[23] Er trägt damit letztlich auch der Tatsache Rechnung, dass auch Gramsci es auf institutionelle wie individuelle, auf materielle wie ideelle Dimensionen abgesehen hatte und dass deshalb – wie Ingo Lauggas herausstellt – in den *Gefängnisheften* »Hegemonie zum Schlüsselbegriff wird und nicht Ideologie«[24].

Dass der Blick dabei auf ständig im Umbau begriffene Allianzen gerichtet sein muss, bedeutet dreierlei: Erstens sind ganz spezifische Konstellationen eines Feldes zu beobachten. Das Kunstfeld ist, wie jedes andere Feld auch, eines, das von Kräfteverhältnissen geprägt ist und in dem sich verschiebende, unterschiedliche »Machtverteilungen«[25] auch verschiedene Effekte haben. Zweitens gehen diese Allianzen deutlich übers Kunstfeld hinaus, sie verlaufen quer zu den Feldern und finden gleichzeitig auf vielen Ebenen statt. So kann es proklamierte Gemeinsamkeiten zwischen Kunst und linken sozialen Bewegungen ebenso geben wie die von Kunstinstitutionen

---

22 Oliver Marchart: *Hegemonie im Kunstfeld. Die documenta-Ausstellungen dX, D11, d12 und die Politik der Biennalisierung*. Köln: Buchhandlung Walther König 2008, S. 13.

23 Vgl. ebd., S. 94.

24 Ingo Lauggas: *Hegemonie, Kunst und Literatur. Ästhetik und Politik bei Gramsci und Williams*. Wien: Löcker Verlag 2014, S. 167.

25 Ulf Wuggenig: »Kunstfeldforschung.« In: Heike Munder und Ulf Wuggenig (Hg.): *Das Kunstfeld. Eine Studie über Akteure und Institutionen der zeitgenössischen Kunst*. Zürich 2012, jrp | ringier, S. 27–51, hier S. 38.

gewollte oder gebilligte Imagepflege für Banken durch Kunstsponsoring. Dass Bündnisse – gegen diese und für jene Kunst, für oder gegen Sponsoring etc. – hergestellt und umgebaut werden müssen, heißt drittens, dass sie sich nicht von selbst verstehen. Sie sind also nicht vom Material, vom Standpunkt im Produktionsprozess oder anderen potenziellen Determinationen vorgegeben. »Der Kampf der und um Klassifikationen«, also wie die Dinge ein- und Menschen (auch einer Klasse) zugeteilt werden, »ist eine grundlegende Dimension des Klassenkampfes«[26]. Diese Ein- und Zuteilungen sind nicht festgelegt und verstehen sich auch nicht von selbst, sondern sie sind stets umkämpft. Dies ist auch der Übergang zur politischen Differenz zwischen Gramsci und Bourdieu.

Politisch ist für Gramsci als Marxisten-Leninisten klar, es ist das Proletariat, das die Geschichte macht. Anders als viele seiner Genoss*innen ergänzte Gramsci diese Überzeugung aber durch die Analyse der Notwendigkeit von Bündnissen: Da die Machtergreifung der Arbeiterklasse eben weder von Natur noch Geschichte notwendig hervorgebracht werde, müssten dafür verschiedene Strategien in Betracht gezogen werden, u.a. eben die Bildung breiter Allianzen, in Gramscis Worten eines »historischen Blocks«. Bücher und Broschüren, aber auch der Arbeitskampf und selbstverständlich die Parteiarbeit, stellten dazu die nötigen Mittel dar. »Kulturelle Hegemonie« sollte errungen werden und galt fortan als wichtige Voraussetzung auch für soziale und ökonomische Umwälzungen. Es muss Gramsci zufolge also selbst um die Geschmäcker gekämpft werden. Er zeigte sich jedenfalls zuversichtlich etwa hinsichtlich der Möglichkeit, »den melodramatischen Geschmack des kleinen Mannes in Italien [zu] bekämpfen«[27].

---

[26] Pierre Bourdieu: »Sozialer Raum und symbolische Macht. « In: Ders.: *Rede und Antwort*. Frankfurt am Main: Suhrkamp Verlag 1992, S. 135–154, hier S. 153.

[27] Antonio Gramsci: *Gefängnishefte*, Band 7, 12. bis 15. Heft. Hamburg: Argument Verlag 2012, S. 1644.

Gramsci maß der Kultur also nicht nur großen theoretischen Stellenwert zu, sondern legte auch seine politische Hoffnung in sie.

Bourdieu hingegen leitete aus dem Kulturkonsum der unteren Klassen keine emanzipatorischen Hoffnungen ab. Im Gegenteil sah er die Vorlieben und Begehren immer an den oberen Klassen orientiert und damit vornehmlich »Herrschaftseffekte«[28] walten. Eigensinnige, gar widerständige kulturelle Praktiken der unteren, bei Gramsci subalternen Klassen, konnte und wollte er lange Zeit nicht erkennen. Das Argument war in seinen Studien zur algerischen Landbevölkerung in der Endphase des Kolonialismus dem sehr ähnlich, das er in den 1990er Jahren auf diejenigen anwandte, die sich zunehmende Prekarisierung von Arbeits- und Lebensverhältnissen im Neoliberalismus ausgesetzt sahen: Wer nicht einmal die Spur von Macht über die eigene Gegenwart innehat, wie soll die oder der auch noch eigene Zukunftsvisionen entwickeln? Und wer nicht einmal über die Kontrolle über die eigene Zeit verfügt, wie soll die oder der noch gesamtgesellschaftliche Vorstellungen und Utopien entwickeln oder gar maßgeblich zu deren Umsetzung beitragen? Burawoy sieht hier auch die zentrale Differenz zwischen den Ansätzen von Gramsci und Bourdieu: »Whereas Gramsci looks upon the practical activity of collectivity transforming the world as the basis of good sense and potentially leading to class consciousness, Bourdieu sees in practical activity the opposite – class *un*consciousness and acceptance of the world as it is"[29].

Es ist sicherlich zu bezweifeln, ob Bourdieu wirklich jede Praxis als Ausgangspunkt für Verschleierung und Akzeptanz des Bestehenden gesehen hat. Demgegenüber wäre etwa mit dem marxistischen Philosophen Daniel Bensaïd darauf zu verweisen, dass Bourdieus Verständnis verkörperlichter Praktiken und deren unbewusster

---

28 Bourdieu 1982, a.a.O., S. 601ff.

29 Burawoy 2012b, a.a.O., S. 62.

Strategien es erlaubt, »auf der Aktion gegen die Trägheit der Strukturen zu beharren«[30]. Nichtsdestotrotz ist ein gewisser struktureller Pessimismus bei Bourdieu nicht von der Hand zu weisen. Dieser hat Bourdieu viel Kritik eingebracht, von marxistischer Seite ebenso wie von Seiten der Cultural Studies. Der schon genannte Néstor García Canclini etwa schloss sich zwar Bourdieus genetischem Konstruktivismus an, d.h. auch er nahm gesellschaftliche Klassifizierungen nicht als gegeben (sondern eben als sozial konstruiert). Er behauptete aber – am Beispiel lateinamerikanischer Gesellschaften –, dass das Populare, also Geschmäcker und Verhaltensweisen in den unteren Klassen, sich zwar aus Ungleichheiten entwickelt. Es entstünden aber durchaus eigenständige und auch widerständige Praxisformen. García Canclini unterscheidet dafür zwischen »Praktiken«, die die herrschende Muster und Strukturen reproduzieren, und »Praxis«, die sie verändert.[31] Ganz ähnlich hat der Gramsci-Experte und Herausgeber der sozialphilosophischen Zeitschrift *Das Argument*, Wolfgang Fritz Haug, versucht, Formen des Denkens und Handelns gegenüber der Annahme bloß permanenter Wiederherstellung des Bestehenden zu retten. Haug unterscheidet in Abgrenzung von Bourdieu zwischen »kultureller Distinktion« und »kultureller Unterscheidung«: Erstere trägt demnach, wie Bourdieu geschildert hat, mittels Prestige und subtiler Protzerei dazu bei, das alles bleibt, wie es ist, die zweite Form gibt schlicht »einem konkretem Etwas den Vorzug vor etwas anderem«[32]. Mit Bourdieu – und letztlich auch mit Gramsci – allerdings wäre zu bezweifeln, ob es solch unschuldige Auswahlpraktiken in einer sozial und kulturell höchst ungleichen Welt geben kann.

---

30 Daniel Bensaïd: *Eine Welt zu verändern. Bewegungen und Strategien.* Münster: Unrast Verlag 2006, S. 106.

31 Vgl. Garcia Canclini 1984, a.a.O., S. 176.

32 Wolfgang Fritz Haug: *Die kulturelle Unterscheidung.* Hamburg: Argument Verlag 2011, S. 56.

Handlungsmacht, Struktur, Bewegung

Zur Rezeption der Kulturtheorie Pierre Bourdieus bei Néstor García Canclini

Für Auseinandersetzung mit Fragen der *agency* ist die Sozialtheorie Pierre Bourdieus gewöhnlich nicht der erste Bezugspunkt. Individuelle und kollektive Handlungsbefähigung oder Handlungsmacht[33] werden in Bourdieus Modell des Sozialen zwar weder unberücksichtigt gelassen noch für unwahrscheinlich erklärt, aber das von Bourdieu geprägte Konzept des Habitus zielt doch eindeutig eher auf routinisierte, unhinterfragt konventionelle Praktiken und weniger auf deren institutionell nicht abgesicherte, eigensinnige, widerständige Dimensionen, die mit dem *agency*-Begriff assoziiert werden. Habitus und Handlungsmacht schließen sich aber auch nicht gegenseitig aus. Darauf hat nicht zuletzt der argentinisch-mexikanische Kulturwissenschaftler Néstor García Canclini hingewiesen. Dessen Diskussion der Bourdieu'schen sozial- und kulturtheoretischen Thesen währt und entwickelt sich, im

---

33 Während agency in politischen Zusammenhängen mit »Handlungsmacht« übersetzt wird, wird sie in im strengeren Sinne soziologischen Kontexten als zentraler Aspekt von »Handlungsbefähigung« beschrieben: »Die pragmatische Handlungsorientierung schließlich ist der Kern der Handlungsbefähigung, der eigentlichen Agency«, Daniel Dravenau: »Die Entwicklung milieuspezifischer Handlungsbefähigung.« In: Matthias Grundmann, Uwe Bittlingmayer, Daniel Dravenau und Wolfgang Edelstein (Hg.): *Bildungsmilieus und Handlungsbefähigung. Zur Analyse milieuspezifischer Alltagspraktiken und ihrer Ungleichheitsrelevanz.* Münster: LIT–Verlag 2006, S. 193–236, hier S. 197.

deutschen Sprachraum weitgehend unbemerkt,[34] seit mittlerweile mehreren Jahrzehnten.[35]

Im Folgenden werden nun einige der zentralen Thesen dargestellt und diskutiert, die sich in García Canclinis kritischer Leseweise Bourdieus ergeben. Ein besonderer Fokus wird dabei auf das bereits bei Bourdieu intensiv verhandelte Verhältnis von Praktiken/Praxen und Strukturellem gelegt. Mit seinem Ansatz, der Handlungsmacht und daraus hervorgehende, transformatorische Praktiken bzw. Praxen weder für ubiquitär noch für unwahrscheinlich hält und zudem soziale Bewegungen als deren Trägerin-

---

[34] Angesichts der Intensität und Dauer der Auseinandersetzung ebenso wie angesichts der Position García Canclinis innerhalb des sozial- und kulturwissenschaftlichen, akademischen Feldes in Mexiko und Lateinamerika, ist die Absenz des Autors in der deutschsprachigen Bourdieu-Rezeption einerseits Ausdruck der nach wie vor bestehenden nationalen Grenzen und vor allem Sprachgrenzen innerhalb des wissenschaftlichen Feldes, andererseits aber doch einfach nur erstaunlich. Lange Zeit einzige deutschsprachige Text zur Kulturtheorie García Canclinis fokussiert deren medientheoretischen Aspekte und geht auf die Bourdieu-Rezeption nicht ein, vgl. Andreas Hepp: »Néstor García Canclini: Hybridisierung, Deterritorialisierung und ›cultural citizenship‹.« In: Andreas Hepp, Friedrich Krotz und Tanja Thomas (Hg.): *Schlüsselwerke der Cultural Studies*. Wiesbaden: VS Verlag, S. 165–175.

[35] Néstor García Canclini: *La producción simbólica. Teoría y método en sociología del arte*. México D.F.: Siglo XXI 1979; Néstor García Canclini: »Gramsci con Bourdieu. Hegemonía, consumo y nuevas formas de organización popular.« In: *Nueva Sociedad* 71, März–April 1984, S. 69–78; Néstor García Canclini: »La sociología de la cultura de Pierre Bourdieu. « In: Pierre Bourdieu: *Sociología y Cultura*. México D.F.: Grijalbo/ CNCA 1990, S. 5–40; Néstor García Canclini: *Transforming Modernity. Popular Cultures in Mexico*. [1993] Austin: University of Texas Press 1997; Néstor García Canclini: *Diferentes, desiguales y desconectados. Mapas de la interculturalidad*. Barcelona: Editorial Gedisa 2004; Néstor García Canclini: *Hybrid Cultures. Strategies for entering and leaving modernity*. [1990] London/ Minneapolis: University of Minnesota Press 2005; Néstor García Canclini: *Consumidores y cuidadanos. Conflictos multiculturales de la globalización*. [1995]. México D.F.: Random House 2009. Alle Zitate aus den im Original spanischen und englischen Veröffentlichungen wurden von Autoren übersetzt.

nen fokussiert, nimmt die Arbeit García Canclinis, so eine These dieses Textes, eine paradigmatische Stellung innerhalb der Estudios Culturales Latinoamericanos ein.

Intro

In verschiedenen seiner Bücher bezieht sich Néstor García Canclini mehr oder weniger ausführlich auf unterschiedliche Aspekte der Bourdieu'schen Theorie. Einen systematischen Abriss entwickelt er in seiner Einleitung zur spanischsprachigen Ausgabe von Bourdieus *Questions de sociologie*, das in Mexiko als *Sociologia y cultura* erschienen ist. Darin stellt García Canclini einerseits die Grundzüge der Bourdieu'schen Sozial- und Kulturtheorie dar. Andererseits diskutiert er darüber hinaus einige Fragen zu deren Anwendung auf den lateinamerikanischen Kontext. Bourdieu habe sich zwei wesentliche Fragen gestellt: Wie sind die (ökonomischen und symbolischen) sozialen Reproduktionen und Differenzierungen strukturiert? Und: Wie verknüpfen sich das Ökonomische und das Symbolische in den Prozessen der Reproduktion, Differenzierung und Konstruktion der Macht? Um diese Fragen zu beantworten, habe er zwei zentrale marxistische Gedanken aufgegriffen, nämlich erstens, dass der soziale Raum durch soziale Klassen strukturiert ist und dass zweitens die Beziehungen zwischen den Klassen solche des Kampfes sind.[36]

---

36 García Canclini betont allerdings sogleich, dass Bourdieus Bezüge zum Marxismus vor allem in vier Punkten besondere Lesarten beinhalten. Erstens hinsichtlich der Verbindung zwischen Produktion, Zirkulation und Konsum, zweitens in Bezug auf die Arbeitswerttheorie, drittens bezüglich der Verknüpfung von Ökonomischem und Symbolischem und schließlich viertens hinsichtlich der letztinstanzlichen Determination und des Konzeptes der sozialen Klassen, vgl. García Canclini 1990, a.a.O., 9ff.

Teil dieser Kämpfe sind auch die kulturellen Praktiken. Sie sind, betont Gracía Canclini,[37] keine komplementären Merkmale oder sekundäre Konsequenzen ihrer Verortung innerhalb des Produktionsprozesses, sondern bilden selbst Merkmale, die als Prinzipien der Selektion und des Ausschlusses fungieren können, ohne dass sie explizit gemacht werden müssten. Die Klassen unterscheiden sich nicht nur nach ihrem ökonomischen Kapital, sondern auch nach ihren kulturellen Praktiken, die zugleich zur Legitimierung dieser Unterschiede dienen.[38] García Canclini greift diese grundlegende Erkenntnis in verschiedenen zeitdiagnostischen Schriften ebenso auf wie er sie in eigenen empirischen Untersuchungen bestätigt.[39] Die kulturellen Praktiken der Bourgeoisie,

---

37 Vgl. García Canclini 1990, a.a.O., S. 11.

38 Laut García Canclini 1990, a.a.O., S. 34ff. hat Bourdieu marxistische Analysen grundsätzlich in dreierlei Hinsicht erweitert. Zum einen habe er die Arten und Weisen offen gelegt, die jenseits des Produktionsprozesses dazu führen, Klassen zu reproduzieren und (nicht nur ökonomisches) Kapital zirkulieren zu lassen. Insbesondere die Analysen der Konsumtionsweisen und der symbolischen Reproduktion des Sozialen ergänzten jene der materiellen Ausbeutung. Ein zweiter Aspekt der Ergänzung marxistischer Ansätze sei die Erforschung der konkreten Modalitäten der Determinierung, der relativen Autonomie und der Pluralität und Unabhängigkeit der Funktionen von Institutionen wie Schule und Museum. Mit den Begriffen Habitus und Feld habe Bourdieu drittens in Bezug auf die Subjekte Konzepte vorgelegt, die über die »ideologischen Apparate« hinausgehen. Indem der Habitus als veränderbare Ablagerung kollektiver Geschichte im Individuum beschrieben werde, füge Bourdieu einerseits die Geschichtlichkeit in die Betrachtung des Subjekts ein und überwinde mit der Koppelung des Habitus an das Feld zugleich die Dichotomie von Objektivismus und Subjektivismus.

39 So untersuchte García Canclini etwa im Rahmen einer größeren Studie zum Kulturkonsum in Mexiko das II. Festival de la Cuidad de México: »Die Studie zum Festival spezifizierte einige der Tendenzen, die wir in der allgemeinen Umfrage zum Kulturkonsum in México D.F. herausgefunden hatten. Die Teilnahme an der Gesamtheit der Veranstaltungen, die kaum 200.000 Leute erreichte, stimmte – hinsichtlich der Gesamtmenge wie auch hinsichtlich der TeilnehmerInnenschichten – annähernd mit jenen 10 % der EinwohnerInnen überein, die angegeben hatten, regel-

hebt García Canclini hervor, tragen unter anderem dazu bei, den Eindruck zu erwecken, dass ihre Privilegien sich über etwas Nobleres rechtfertigen als bloß durch die materielle Aneignung.[40] In dieser Feststellung gründet letztlich die sozialtheoretische Bedeutung, die sowohl Bourdieu als auch García Canclini der Kunst(-produktion wie -rezeption) zuschreiben.

Autonomie und Agency

García Canclini stimmt mit Bourdieu dahingehend überein, dass die Entwicklung des Kapitalismus eine starke Autonomisierung des künstlerischen Feldes und der ästhetischen Zeichen des alltäglichen Lebens möglich gemacht hat und dass die Bourgeoisie den privilegierten Zugang zu diesen – von ihrer ökonomischen Basis relativ losgelösten – Zeichen genutzt habe, um ihre Herrschaft zu euphemisieren und zu legitimieren. Im Anschluss an die Schilderung des Bourdieu'schen Modells des Klassengeschmacks erhebt García Canclini aber erste Einwände gegen die Tendenz, dessen konkrete Ausformungen zu universalisieren. Vor allem der Geschmack der unteren Klassen – bei Bourdieu im Wesentlichen als »Herrschaftseffekte«[41] begriffen – weise in Lateinamerika nicht

---

mäßig öffentliche Kulturinstitutionen oder -veranstaltungen zu besuchen. Nur vier Gruppen machten fast drei Viertel des Publikums aus: Studierende (20,91 %), Angestellte (19,90 %), selbstständige AkademikerInnen (17,78 %) und KulturarbeiterInnen (14,18 %). ArbeiterInnen waren mit 2,14 % vertreten, KunsthandwerkerInnen mit 1,37 %, während RentnerInnen und Arbeitslose nicht einmal die 1 %-Marke erreichten. Hinsichtlich des Bildungsniveaus machten diejenigen mit Volksschul- und weiterführender Schulausbildung 20,02 % aus, insgesamt 78,54 % verteilten sich auf jene mit höherem Schulabschluss und Studium. Das Stadt-Festival reproduzierte die von der Ungleichheit der Einkommen, der Bildung und der Wohnortverteilung verursachten Segmentierungen und Segregationen der Bevölkerung«, García Canclini 2009, a.a.O., S. 81).

40 García Canclini 2009, a.a.O., S. 18.

41 Bourdieu 1982, a.a.O., S. 601ff.

nur eine größere Diversität auf, sondern sei auch nicht dermaßen am Geschmack der herrschenden Klasse ausgerichtet wie in Westeuropa. Die spezifischen Praktiken der unteren Klassen ließen sich, auch im Hinblick auf Geschmack und Schönheitsempfinden, weder auf ihre wenn auch unbewusste Abgrenzung zu den hegemonialen Modellen reduzieren noch auf ihre praktische Nützlichkeit. Stattdessen sei ihnen eine relative Autonomie zuzugestehen. Eine ausführliche anthropologische Bibliografie verweise für die Länder Lateinamerikas auf die Spezifität der popularen Ästhetiken.

Es dürfe nicht vergessen bzw. verkannt werden, dass es innerhalb der popularen Klassen symbolische Manifestationen und eigene Ästhetiken gebe, die den (von Bourdieu diagnostizierten) alltäglichen Pragmatismus weit überschreiten. Solche »relativ autonomen symbolischen Praktiken«[42] der unteren Klassen sieht Garcá Canclini bei Indigenen, Bauern/Bäuerinnen und subalternen Stadtbewohner*innen, deren soziales Leben in wichtigen Teilbereichen nicht der Logik der kapitalistischen Akkumulation unterworfen sei und sich deshalb auch nicht pragmatisch und/oder asketisch-puritanisch gebärden würde. Die diversen sprachlichen, künstlerischen und kunsthandwerklichen Systeme der popularen Klassen ließen sich ebenso wenig als verarmte Versionen der herrschenden Kultur beschreiben wie ihre Glaubenssysteme, medizinischen Praktiken und Überlebensstrategien. Die Bourdieu'sche Konzeption sei also in Bezug für die lateinamerikanischen Gesellschaften im Hinblick auf die popularen Klassen zu reformulieren.[43]

García Canclini richtet sich damit vor allem gegen die Tendenz bei Bourdieu, den Habitus der unteren Klassen als einen zu begreifen, der sich vor allem aus Not und Mangel entwickelt (und damit immer auf die Abwesenheit dieser Not in den höheren Klassen bezogen bleibt). Es gibt García Canclini zufolge demgegen-

42 García Canclini 1990, a.a.O., S. 25.

43 Vgl. ebd., S. 24.

über aber nicht nur eigene kulturelle Produktionen der popularen Sektoren, sondern auch eigene Lese- und Gebrauchsweisen des Vorgefundenen, d.h. andere »Resemantisierungen, die die Subalternen in Übereinstimmung mit ihren eigenen Interessen an der hegemonialen Kultur vornehmen«[44] (García Canclini 2004: 72) García Canclini hat in *Transforming Modernity. Popular Culture in Mexico* (1997 [1993]) solche Semantisierungen selbst untersucht, ohne sie jedoch zu romantisieren. Gleich im Vorwort des Buches wendet er sich gegen die Tendenz, Kreativität und handwerkliche Produktion sowie die Schönheit und Weisheit der Bewohner*innen vermeintlich unberührter Dörfer zu idealisieren, »als wäre die populare Kultur nicht auch das Produkt der Assimilierung dominanter Ideologien und der Widersprüche der unterdrückten Klassen.« (García Canclini 1997: vii)

Gestützt auf Untersuchungen des brasilianischen Soziologen Sergio Miceli betont García Canclini, dass sich eine einheitliche Klassenstruktur in den meisten Ländern Lateinamerika ebenso wenig herausgebildet habe wie die dominierende und die eigene symbolische Matrix installierende hegemoniale, bürgerliche Klasse.[45] Man habe es vielmehr mit einem »fragmentierten symbolischen Feld« (Miceli) zu tun, das sich in den multiethnischen Gesellschaften (nicht nur Brasiliens) durch eine relative kulturelle Heterogenität auszeichnet. Trotz der ökonomischen, schulischen und kommunikativen bzw. medialen »Modernisierungen«, die gewisse Homogenitäten erzeugt hätten, bestünden nach wie vor verschiedene kulturelle Zentren.

In seinem zum Klassiker gewordenen Buch *Culturas Hibridas* hat García Canclini am Beispiel Mexikos diesen Gedanken ausgeführt und grundsätzlich für die Länder Lateinamerikas festzustellende Widersprüche zwischen Moderne und Modernisierung

---

44 García Canclini 2004, a.a.O., S. 72.

45 García Canclini 1990, a.a.O., S. 23 und García Canclini 2004, a.a.O., S. 69ff.

herausgearbeitet. Während in Europa die ästhetische Moderne bzw. der Modernismus, ausgehend von der Autonomisierung der künstlerischen Felder im 19. Jahrhundert, in Auseinandersetzung mit und in Abgrenzung zu den sozioökonomischen Modernisierungen entstanden ist, habe sich der Modernismus in Lateinamerika ohne Modernisierung entwickelt bzw. sei aus Europa aufgegriffen worden. Darin bestünden und daraus entstünden die »lateinamerikanischen Widersprüche«[46] im Verhältnis zwischen kultureller Produktion und sozialem Wandel.[47]

Die Vorstellung der von der kapitalistischen Logik relativ wenig durchdrungenen und dadurch dem Geschmack der herrschenden Klassen gegenüber relativ gleichgültigen Sektoren vertrat García Canclini schon in früheren Texten[48] – in dem oben bereits angedeuteten Sinne, dass Habitus und Praktiken sich auch in den unte-

---

46 García Canclini 2005, a.a.O., S. 41ff.

47 Allein die Zahl der Analphabet*innen weise auf diese gegenläufige Entwicklung hin: Während gegen Ende des 19. Jahrhunderts die Analphabet*innenrate in England und Frankreich nur noch bei etwa 10 Prozent lag, betrug sie in den meisten Ländern Lateinamerikas bis Ende der 1950er Jahre noch über 50 Prozent. Das hatte Auswirkungen auf die Rezeption von Literatur und Kunst: Denn als potenzielle Rezipient*innen literarischer Werke fallen Analphabet*innen vollständig aus und die bildende Kunst können sie vor allem vorikonographisch im Sinne Erwin Panofskys wahrnehmen, d.h. auf ihren praktischen und alltäglichen Erfahrungen beruhend und in der Regel ohne mögliche Zugriffe auf Interpretationsrüstzeug ikonographischer, d.h. die Kenntnis literarischer und künstlerischer Werke betreffende, oder gar ikonologischer Art, d.h. in Vertrautheit mit weltanschaulichen und symbolischen Bedeutungen. Dies bedeutet aber weder, dass die unteren Klassen überhaupt keine Dekodierungsmöglichkeiten für künstlerische Praktiken hätten, geschweige denn, dass ihnen der Zugang zum Symbolischen verwehrt wäre. Sie produzieren und rezipieren das Symbolische auf andere Art und Weise, Erwin Panofsky: »Ikonographie und Ikonologie. Eine Einführung in die Kunst der Renaissance«. In: Ders.: *Sinn und Deutung in der bildenden Kunst.* Köln: DuMont Verlag 1978, S. 36–67, hier S. 43ff.

48 Vgl. etwa García Canclini 1984.

ren Klassen auf weit mehr gründen als auf Not und Mangel –, und sie durchzieht sein gesamtes Werk. Allerdings mündet sie dabei nie in Verabsolutierungen oder Essenzialisierungen. Einerseits schränkt García Canclini die Behauptung autonomer Praxis selbst insofern ein, als er auch die Relativität der Autonomie von Praktiken innerhalb der unteren sozialen Schichten betont. Jede Sozialforschung mache es sich zu einfach, die die Merkmale von Praktiken allein als »Resultate der Autonomie oder der Herrschaft«[49] betrachte. Denn sie übersehe zwangsläufig die Ambivalenzen, die jeder Praxis inhärent sind. Andererseits ist sein *theoretischer* Einsatz für die Beachtung dieser relativen Autonomie auch nicht direkt als *politisches* Plädoyer für die Wertschätzung prä- oder gar antimoderner Kommunikations- und Organisationsformen zu verstehen. Vielmehr will García Canclini seine Erweiterung Bourdieus gerade und explizit als eine verstanden wissen, die die Entwicklung der globalen Märkte und der neuer Kommunikationsmedien mit einbezieht. So beschreibt er in *Diferentes, Desiguales y Desconectados* den Zugang zu (digitaler wie sonstiger) Vernetzung als ein zentrales In- und Exlusionsmerkmal der globalen Gegenwartsgesellschaften. Die Hierarchien der Arbeit und des Prestiges gehen demnach nicht nur mit dem Besitz von Gütern einher, sondern auch mit den Ressourcen, derer es bedarf, um sich vernetzen zu können.[50]

Der Fokus auf die populären Klassen und ihre relativ autonomen Praktiken (oder Praxen) bestimmt auch García Canclinis Beschreibung des Bourdieu‹schen Habitus-Konzeptes. Er schließt sich Bourdieu auch hier in weiten Teilen an, hebt die von Bourdieu betonte, verkörperlichte Dimension der sozialen Strukturen (im Gegensatz zu Bewusstseinsprozessen) hervor und weist dann auf »dialektische Interaktion«[51] zwischen der Struktur der Dispositionen

49 García Canclini 2004, a.a.O., S. 71.
50 Vgl. García Canclini 2004, a.a.O., S. 76.
51 García Canclini 1990, a.a.O., S. 27.

und den Grenzen und Möglichkeiten einer aktuellen Situation hin. Wenn der Habitus auch dazu tendiere, die objektiven Bedingungen zu reproduzieren, die ihn hervorgebracht haben, so bewirkten ein neuer Kontext und die Öffnung historisch neuer Möglichkeiten auch, Dispositionen neu organisieren und transformatorische Praktiken entwickeln zu können. Auch wenn Bourdieu dies nicht ausschließt, habe er doch, so García Canclini, seinen Schwerpunkt auf die reproduzierenden Aspekte gelegt. García Canclini hält Bourdieu vor, nicht zwischen *Praktiken* als Ausführungen oder Reinterpreationen des Habitus und *Praxis* als Transformation des Verhaltens für die Transformation der objektiven Strukturen zu unterscheiden.[52] Diese Differenzierung ist aber García Canclini zufolge entscheidend, um Widerstand innerhalb des Popularen ausmachen zu können – einem Gegenstand, dem Bourdieu sich nur sehr peripher widmet. Dabei muss allerdings auch betont werden, dass Bourdieu trotzdem keinen Zweifel an der Bedeutung widerständiger Praktiken für gesellschaftliche Transformationen lässt: »Geschichte gibt es nur«, sagt er im Gespräch mit Loïc Wacquant, »solange Menschen aufbegehren, Widerstand leisten, reagieren. Totalitäre Institutionen – Anstalten, Gefängnisse, Konzentrationslager – oder Diktaturen sind Versuche, das Ende der Geschichte herbeizuführen«[53].

García Canclini meint schließlich, Bourdieus Konzeption der konsensualen Reproduktion lasse keinen Raum für die Spezifik von transformatorischen und widerständigen Bewegungen.[54] Bourdieu habe sie in der Tat fast nie beachtet, und begreife sie, wo er sich ihnen gewidmet habe, vor allem als mehrfach verstrickt in die jeweiligen Produktionsfelder.[55] Die Frage der Veränderung der

---

52 Vgl. ebd., S. 28 und García Canclini 1984.

53 Bourdieu und Wacquant 1996, a.a.O., S. 133.

54 García Canclini 1990, a.a.O., S. 37.

55 Das Einklagen sozialer Bewegungen als transformatorische Agentinnen in den Theorierahmen Bourdieus ist auch ein starkes Motiv inner-

Gesellschaft trete in den Bewegungen immer nur vermittelt durch die Strukturen auf, in denen sich ihre Agent*innen bewegten, insofern aber immer auch gegen ein institutionalisiertes Kapital und für eine neue Institutionalisierung. García Canclini hebt zwar das letzte Kapitel von *Homo academicus* hervor, in dem Bourdieu sich dem Entstehen eines »historischen Ereignisses« widmet, als den er den Pariser Mai 1968 begreift.[56] Ein solches tritt Bourdieu zufolge nur dann auf, wenn sich regionale und spezifische (hier jene im wissenschaftlichen Feld stattfindende) Entwicklungen mit anderen, feldexternen verbinden könnten. Es wird allerdings nicht ganz deutlich, ob García Canclini sich hier der Bourdieu'schen Deutung der Ereignisse von 1968 anschließt, oder sie nur erwähnt, um zu zeigen, dass Bourdieu soziale Bewegungen als Agentinnen sozialen Wandels nicht vollends ausspart. Denn feldexterne Entwicklungen werden bei Bourdieu tatsächlich kaum berücksichtigt, an anderer Stelle tendiert er sogar dazu, die ganze Protestbewegung bloß als offensive Reaktion gegenüber einer »in Frankreich unglaublich privilegierten Stellung der Philosophie«[57] auszulegen. Das muss schließlich einerseits als die große Schwäche seiner Erklärung der

halb der feministischen Debatte um Bourdieus Ansatz. So betont etwa Terry Lovell, dass Bourdieu eine ›gender class formation‹ durch feministische und Frauenbewegungen nur am Rande gestreift habe und insgesamt recht wenig »about feminism as a political movement« zu sagen habe. Aufschlussreich, und insofern auch feministisch aufzugreifen, sei sein Ansatz aber hinsichtlich »the positioning of women in social space, in relation both to the labour market (used as *indicator* of holdings of economic capital), and of the ›economy of symbolic goods‹ (cultural and symbolic capital)«, Terry Lovell: »Bourdieu, class and gender: ‹The return of the living dead?‹. In: Lisa Adkins und Beverly Skeggs (Hg.): *Feminism after Bourdieu.* Oxford/ Malden, MA: Blackwell Publishing 2004, S. 37–56, hier S. 49. Im gleichen Band beschreibt darüber hinaus Lisa Adkins »the theorizing social agency« als Schlüsselproblematik feministischer Theoriebildung, Lisa Adkins: »Introduction: Feminism, Bourdieu and after.« In: Adkins/ Skeggs (Hg.) 2004, a.a.O., S. 3–18, hier S. 3.

56 Pierre Bourdieu: *Homo academicus.* [1984] Frankfurt am Main: Suhrkamp Verlag 1998, S. 254ff.

57 Bourdieu 2002, a.a.O., S. 86

Proteste der 1968er Jahre gesehen werden. Die milieuübergreifende, transnationale Dimension von 1968 wird mit Bourdieus Ansatz in *Homo academicus* jedenfalls nicht ansatzweise erfasst.[58] Andererseits wird an diesem Beispiel deutlich, dass García Canclinis eigener Ansatz hier auch als Ergänzung bzw. Erweiterung der Bourdieu'schen Thesen zu begreifen ist. García Canclini zufolge bilden die verschiedenen kulturellen Zentren, die er als Gegensatz zur Orientierung an der legitimen Kultur der herrschenden Klassen konzipiert hat, schließlich auch die kulturelle Unterstützung für nationale, regionale, ethnische und klassenkämpferische Bewegungen, die die hegemoniale Macht herausfordern und nach anderen Formen der sozialen Organisierung suchen.

Während die Kritik daran, die Bourdieu'sche Theorie würde die Praxen der unteren und/oder popularen Klassen analytisch wie politisch unterschätzen, keineswegs nur von García Canclini (und auch nicht nur vor dem lateinamerikanischen Hintergrund) geäußert wurde,[59] ist die Verknüpfung dieser Kritik mit dem Hinweis auf die transformatorischen Potenziale sozialer Bewegung doch als Spezifikum der lateinamerikanischen Debatte innerhalb der Estudios Culturales auszumachen. Anders als in den sich von Bourdieu abgrenzenden Ansätzen von Jacques Rancière, John Miller und Luc Boltanski sind in den Estudios Culturales soziale Bewegungen

---

58 Jens Kastner: *Der Streit um den ästhetischen Blick. Kunst und Politik zwischen Pierre Bourdieu und Jacques Rancière.* Wien/Berlin: Verlag Turia + Kant 2012a, S. 31ff.

59 Vgl. etwa Jacques Rancìere: *Der Philosoph und seine Armen.* [1983] Wien: Passagen Verlag 2010; John Miller: »Das (Wasser-)Bett des Prokrustes: Die Definition der Populärkultur in Pierre Bourdieu La Distinction.« In: Beatrice von Bismarck, Diethelm Stoller und Ulf Wuggenig (Hg.): *Games Fights Collaborations. Das Spiel von Grenze und Überschreitung. Kunst und Cultural Studies in den 90er Jahren.* Ostfildern-Ruit: Cantz Verlag 1996, S. 23–36; Luc Boltanski: *Soziologie und Sozialkritik. Frankfurter Adorno-Vorlesungen 2008.* Frankfurt am Main: Suhrkamp Verlag 2010.

zentraler Gegenstand in der Beschäftigung mit sozialer Handlungsmacht.[60]

Struktur und das Symbolische

Bereits in seinem eigenen Beitrag zu einer kunstsoziologischen Theorie rezipiert García Canclini Bourdieus Kunstsoziologie – lange vor dessen durchgreifender Rezeption im deutschsprachigen Raum.[61] Noch stark an den marxistischen Ästhetik-Diskussionen orientiert, greift Gracía Canclini den feldtheoretischen Ansatz Bourdieus auf. Wie Bourdieu bemängelt er gegenüber anderen – funktionalistischen und strukturalistischen – kunstsoziologischen Ansätzen, sie beschrieben ästhetische Produktionen bloß hinsichtlich ihrer (sozialen) Funktion. García Canclini will sie demgegenüber als »Ergebnis konflikthafter Beziehungen und Teil der Strate-

---

60 Sonia Álvarez, Evelina Dagnino und Arturo Escobar (Hg.): *Culture of Politics – Politics of Cultures. Revisioning Latin American Social Movements.* Boulder: Westview Press 1998; Arturo Escobar Sonia E. Álvarez (Hg.): *The Making of Social Movements in Latin America: Identity, Strategy, and Democracy.* Boulder: Westview Press 1992; Sonia Álvarez, Evelina Dagnino und Arturo Escobar: »Kultur und Politik in sozialen Bewegungen Lateinamerikas.« In: Olaf Kaltmeier, Jens Kastner und Elisabeth Tuider (Hg.): *Neoliberalismus – Autonomie – Widerstand. Soziale Bewegungen in Lateinamerika.* Münster: Verlag Westfälisches Dampfboot 2004, S. 31–58; Nelly Richard: *The Insubordination of Signs. Political Change, Cultural Transformation, and Poetics of the Crisis.* Durham & London: Duke University Press 2004.

61 García Canclini ist nicht der einzige namhafte Kunst- und Kulturtheoretiker aus Lateinamerika, der sich Bourdieu'sche Erkenntnisse zu eigen macht, zeitgleich mit seiner Kunsttheorie erscheint etwa die große theoretische Schrift des peruanisch-mexikanischen Kunstwissenschaftler Juan Acha, in der sich einige Bourdieu-Bezüge finden, Juan Acha: *Arte y Sociedad Latinoamericana. El product artístico y su estructura.* México D.F.: Fondo de Cultura Económica 1979, vgl dazu Jens Kastner: »Für ›ein unabhängiges visuelles Denken‹. Der peruanisch-mexikanische Kunsttheoretiker Juan Acha.« In: *Peripherie. Politik, Ökonomie, Kultur,* Nr. 157/158, 40. Jg., 2020, S. 155–174.

gien symbolischer Macht«[62] verstanden wissen, die von den Klassen gemeinsam mit ihren ökonomischen Praktiken angewandt werden. Damit nimmt er in Bezug auf das Kunstfeld bereits vorweg, was ihm in seinem kulturtheoretischen Überblick als zentral für die Bourdieu'sche Theorie erscheint: Bourdieu habe gezeigt, wie die soziokulturellen Strukturen auch die politischen Konflikte zwischen dem Hegemonialen und dem Subalternen konditionieren. Und insofern könne sie auch dazu beitragen, die transformatorischen Möglichkeiten der popularen Klassen unter den durch die Logik des Habitus und des Konsums auferlegten Begrenzungen, die sich in den alltäglichen Praktiken reproduziere, besser zu verstehen. Überhaupt könne die Kombination der Bourdieu'schen Theorie der Reproduktion (wie García Canclini sie nennt) und Antonio Gramscis Theorie der Praxis viel zum Verständnis des Verhältnisses der Trägheit der Systeme und der Praktiken der Klassen beitragen.[63] – García Canclini selbst benutzt hier das Wort »Praktiken« und nicht »Praxis«.[64]

García Canclini hebt auch hinsichtlich Bourdieus Begriff der symbolischen Macht den praxeologischen Aspekt hervor, also jenen strukturierten Moment der strukturierenden Struktur, dem der Strukturalismus selbst wenig Beachtung schenkt.[65] Mittels der symbolischen Macht werden die Wahrnehmungs- und Erkenntnis-

---

62 García Canclini 1979, a.a.O., S. 144.

63 García Canclini (1990: 29) wundert sich – zu Recht –, dass Bourdieu Gramsci auf den Hunderten von Seiten von *Die feinen Unterschiede* nur ein einziges Mal zitiert, obwohl er in vielerlei Hinsicht dessen Gedanken weiterentwickle. García Canclini führt das u.a. darauf zurück, dass Bourdieu seinen Ansatz nicht durch Gramsci kontaminiert sehen wollte und schlägt in einer Fußnote eine Studie zum Zusammenhang von konzeptueller Organisation und diskursiven Strategien unter der Leitfrage vor: Wie zitiert Bourdieu?, García Canclini 1990, a.a.O., S. 29. Zu Gramsci und Bourdieu vgl. auch das vorherige Kapitel in diesem Buch.

64 García Canclini 1990, a.a.O., S. 29.

65 Vgl. Bourdieu 2009, a.a.O.

weisen des Realen konstruiert. Symbolisch ist diese Herstellung von Konsensen über die Bedeutung der Welt insofern, als sie vorbewusst verläuft und jenseits vernünftiger Argumente stattfindet. Mit Macht haben solche Konstruktionsweisen zu tun, weil sie erstens soziale Integration herstellen und damit immer Ausschlüsse produzieren und weil sie zweitens auf ungleichen Zugangsweisen zu den Wissensformen und Kommunikationsmedien beruhen, die für die Strukturierung der Struktur wichtig sind. Es gibt keine Wissens- und Kommunikationsbeziehungen, betont García Canclini, die nicht auch Machtbeziehungen sind.[66]

Anders als der vormoderne Mythos, der kollektiv produziert und angeeignet worden sei, zeichneten Religion und ideologische Systeme der Moderne (oder auch Felder) sich dadurch aus, dass sie von Spezialist*innen-Körpern hergestellt werden. Die modernen Ideologien seien zwar Ausdruck einer Arbeitsteilung und einer Enteignung jener, die keine Verfügungsmacht über die Instrumente der Ideologieproduktion mehr haben. Dennoch drückten sie nicht nur die Privilegien der Herrschenden aus, sondern in ihnen kommen nach Bourdieu auch die spezifischen Logiken der Produktionsfelder zum Ausdruck. Sie sind insofern doppelt determiniert. Deshalb habe Bourdieu in seinen Untersuchungen zum künstlerischen und zum wissenschaftlichen Feld so viel Wert darauf gelegt, nicht nur die ästhetischen und epistemologischen Gegensätze, sondern auch die Positionen ihrer Träger*innen zum Gegenstand zu machen. Denn die intellektuellen Optionen, hebt García Canclini hervor, seien nicht nur dem Interesse an der Vermehrung des Wissens über die Welt geschuldet, sondern ergeben sich zudem aus den Arten und Weisen der feldinternen Legitimation und deren inhaltlichen und personellen Abgrenzungen.[67] Ein Feld konstituiert sich

---

66 Vgl. García Canclini 1990, a.a.O., S. 31.
67 Vgl. ebd., S. 32.

über die »Existenz eines gemeinsamen Kapitals und die Kämpfe um dessen Aneignung«[68].

García Canclini teilt den Feldbegriff in analytischer, kritisiert ihn aber in politischer Hinsicht. Im Unterschied zu marxistischen sozialtheoretischen Ansätzen bleibe Bourdieu zu stark innerhalb seines Gegenstandes verhaftet. García Canclini beschreibt damit allerdings nicht Bourdieus selbstreflexive Verortung innerhalb eines Systems von Wissensproduktionen, sondern hält ihm vor, weder über eine Vision einer anderen Gesellschaft zu verfügen noch den von ihm beschriebenen kapitalistischen sozialen Raum in eine historische Entwicklung einordnen zu können.[69] Er verbleibe innerhalb der Gesellschaft, die er beschreibe, in der französischen des 19. und 20. Jahrhunderts. Dies habe auch Auswirkungen auf die Beschreibung des Marktes der symbolischen Güter, den Bourdieu, aus der Sicht García Canclinis als zu homogen und eindeutig bürgerlich dominiert fasse. In den Ländern Lateinamerikas aber hätten die ökonomischen und politischen Entwicklungen nicht die Entwicklungen kultureller Felder mit hohem Grad an Autonomie und Spezialisierung erlaubt, wie es sie in Westeuropa gegeben habe. Die multiple und heterogene Determinierung des Legitimen und Wertvollen habe andere Regime der Autonomie, der Abhängigkeiten und der Vermittlungen erzeugt.[70] Dieser Kritikpunkt mündet schließlich in einer Infragestellung der Bourdieu'schen Analytik der Macht und der Frage, wie Machtverhältnisse stabilisiert werden. So wirft García Canclini Bourdieu vor, die symbolische Macht nicht in Relation zum Staat zu setzen.[71] Diese Auslassung gehe einher mit der Überschätzung des symbolischen Aspektes der Gewalt (gegenüber ihrer physischen Seite) und dem Desinteresse gegenüber Formen der direkten Nötigung der Be-

[68] García Canclini 2004, a.a.O., S. 61.
[69] García Canclini 1990, a.a.O., S. 36.
[70] Vgl. ebd.
[71] Vgl. ebd., S. 33.

herrschten. Eine Theorie der symbolischen Macht müsse deren Beziehung zum Nicht-Symbolischen und den ökonomischen und politischen Strukturen beinhalten, in denen Herrschaft ebenfalls verortet sei.

Bourdieu hat allerdings, muss gegen García Canclini eingewandt werden, die symbolische Macht weder als Alternative oder Ersatz für physische Gewalt gedacht noch den Bereichen der Ökonomie und Politik beigeordnet. García Canclini setzt das Symbolische fälschlicher Weise mit dem Feld der Kultur gleich. Dies kommt nicht nur in der Gegenüberstellung zu Ökonomie und Politik zum Ausdruck, sondern schon in seiner Gleichsetzung der spezialisierten Produzent*innen des Symbolischen mit den Angehörigen des Feldes der kulturellen Produktion. Bei Bourdieu aber ist das Symbolische keine Angelegenheit eines einzelnen Feldes, sondern wird überall und feldübergreifend produziert – wenn auch von Intellektuellen und Kulturproduzent*innen aufgrund ihrer Position im sozialen Raum effektiver und wirkmächtiger als von Agent*innen anderer Felder. Auch die Ökonomie und die Politik im engeren Sinne sind durchzogen von Produktionen symbolischer Bedeutungen. Auch jede Form der staatlichen Repression basiert auf symbolischen Legitimationsweisen und trägt zu deren Verstärkung und/oder Schwächung bei.

Explizit und ausführlich mit dem Problem des Staates beschäftigt sich Bourdieu allerdings erst einige Jahre nach dem Text von García Canclini – der ihm das Fehlen dieser Auseinandersetzung vorwirft – in einem Aufsatz zur Genese und Struktur des bürokratischen Feldes (vgl. Bourdieu 1998 [1991]: 96ff.).[72] Der Staat wird darin nicht verkürzend als Konglomerat von Repressionsapparaten beschrieben, sondern als Monopol »auf den legitimen Gebrauch der physischen *und symbolischen* Gewalt«[73] bezogen

72 Vgl. Bourdieu 1998, a.a.O., S. 96ff.
73 Ebd., S. 99.

auf ein bestimmtes Territorium und die dort lebende Bevölkerung gefasst. Das Symbolische meint dabei ein – im Fall des Staates von den Menschen unbewusst geteiltes – Set von »Wahrnehmungs- und Denkschemata«[74].

Outro

Es sind, wie gezeigt, vor allem zwei Kritikpunkte, die García Canclini in seiner langjährigen Arbeit mit der Theorie Bourdieus ausformuliert hat. Zum einen beharrt er, sowohl auf der Grundlage empirischer Studien als auch in politischer Hinsicht, auf der relativen Autonomie der Praxen in den popularen Klassen, ohne dabei allerdings diese Autonomie zu verabsolutieren. Zum anderen wirft er Bourdieu ein verkürztes und letztlich depolitisierendes Verständnis des Symbolischen vor, das den Zusammenhang von symbolischer Gewalt und repressiver staatlicher Macht ausklammere.

Während der erste Vorwurf vor allem vor dem Hintergrund der Frage nach Möglichkeiten sozialer und politischer Transformationen der Bourdieu‹schen Sozial- und Kulturtheorie wichtige Impulse liefert, beruht der zweite auf einer eingeschränkten Interpretation dieser Theorie. Die historische Genese staatlicher Macht hat Bourdieu nachgeliefert. Symbolische und repressive Aspekte des Staates schließen sich theoretisch jedenfalls auch bei Bourdieu nicht aus, wenn er auch ersteren besonderes Augenmerk widmet (und damit größere Bedeutung nahe legt). Und inwieweit ein emanzipatorisches, utopisches Potenzial nicht auch der Bourdieu'schen Beschreibung sozialer Determinanten inhärent ist, die sich selbst schließlich als »einzig mögliche Grundlage einer möglichen Freiheit von diesen Determinanten«[75] versteht, ist nach wie vor eine offene Debatte.[76]

---

74 Ebd.

75 Bourdieu und Wacquant 1996, a.a.O., S. 249.

76 Vgl. u.a. Kastner 2012, a.a.O.

Bezogen auf die Arbeiterklasse und Arbeitskämpfe im Allgemeinen hat Bourdieu betont, dass jede soziale Mobilisierung »von der Existenz eines symbolischen Apparats zur Produktion von Instrumenten der Wahrnehmung und des Ausdrucks der sozialen Welt«[77] und der Kämpfe darum abhänge. Solche Kämpfe werden u.a. von sozialen Bewegungen geführt, die sich mal mehr und mal weniger auch aus den Praxen der unteren Klassen speisen. Agentinnen solcher Kämpfe sind neben vielen anderen auch soziale Bewegungen, die sich in ihrem Widerstand – selbst in Lateinamerika keinesfalls ausschließlich – aus den Praxen der unteren Klassen speisen. Widerstand gegen und Reproduktion von Herrschaftsverhältnissen sind verschiedene Formen der Arbeit am Symbolischen.

---

77 Pierre Bourdieu: »Streik und politisches Handeln.« In: Bourdieu 1993, a.a.O., S. 239–251, hier S. 250.

Symbolische Gewalt und die Aufteilung des Sinnlichen

Widersprüche und Gemeinsamkeiten in den bildungs- und wissenstheoretischen Überlegungen Pierre Bourdieus und Jacques Rancières

In seinen Vorlesungen zur sozialen Bedeutung von Werk und Werdegang des Malers Édouard Manet spricht Pierre Bourdieu von einer »symbolischen Revolution«.[78] Manet habe in seinen Bildern nicht nur die in ästhetischen Fragen Ton angebende Akademie, die Kunstkritik, die Künstlerkolleg*innen und das Laienpublikum vor den Kopf gestoßen. In einer Art »Strategie des Doppelschlags«[79] habe er vielmehr die kunstinternen Maßstäbe und zugleich die (kunstexternen) Wertvorstellungen der Bourgeoisie erfolgreich attackiert. Er hat Sichtweisen im weitesten Sinne verändert und damit eine symbolische Ordnung erschüttert. Dabei ist das Symbolische bei Bourdieu nicht als Gegensatz zum Realen oder nur als ein anderes Wort für Wirkungslosigkeit konzipiert. Im Gegenteil: Es geht dabei um das Denk- und Wahrnehmbare überhaupt. Eine symbolische Ordnung besteht aus dem Selbstverständlichen und Unhinterfragten, sie macht die »Übereinstimmung zwischen Wahrnehmungsstruktur und Sozialstruktur«[80] aus. Insofern die Malerei Manets diese Übereinstimmung in Frage stellte, ist in ihr auch ein Angriff auf die symbolische Gewalt zu sehen. Denn die symbolische Gewalt stützt und garantiert die – nie komplette, aber doch relativ stabile – Unhinterfragbarkeit jener Kongruenz und damit die Stabilität der sozialen Verhältnisse.

---

78 Bourdieu 2015, a.a.O., S. 19.

79 Ebd., S. 49.

80 Ebd., S. 44.

Das Beispiel aus der bildenden Kunst scheint zunächst mit Fragen staatlicher Gewalt relativ wenig zu tun zu haben. Schließlich beschreibt gerade Bourdieu einen Prozess der Autonomisierung des Kunstfeldes, in dem sich die »Regeln der Kunst« von den anderen im sozialen Raum gültigen Regeln ablösen und als relativ eigenständige etablieren.[81] Zugleich stellt Bourdieu aber den Staat auch als Ort dar, an dem sich die »Kräfteverhältnisse der sozialen Ordnung«[82] verdichten. Der Staat fungiert schließlich auch als Garant für die Gültigkeit spezifischen symbolischen Kapitals in allen anderen Feldern, auch jenem der Kunst. Bourdieu beschreibt den Staat deshalb als »Zentralbank des symbolischen Kapitals«.[83] Dabei kommt laut Bourdieu der staatlichen Wissensproduktion und -vermittlung, also dem Bildungssystem und speziell der Schule, eine besondere Rolle zu. Die Schule trage in besonderer Weise und »entscheidend zur sozialen Ordnung und deren Reproduktion«[84] bei.

Indem Bourdieu nun am Beispiel Manets aufzeigt, wie aus einer marginalen Position heraus die relative Stabilität der symbolischen Ordnung erfolgreich attackiert werden konnte, verweist er auf viel mehr als nur auf ästhetische oder gar künstlerische Fragen. Es geht ihm letztlich darum, zugleich darauf hinzuweisen, wie extrem voraussetzungsreich soziale Transformationen und inwiefern sie doch möglich sind. Damit widerspricht er all seinen Kritikerinnen und Kritikern, die ihm Determinismus oder, wie etwa Judith Butler, eine »konservative Erklärung des Sprech-

---

81 Vgl. Bourdieu 2001c, a.a.O. und zusammenfassend Kastner 2009, a.a.O.

82 Bourdieu 2014, a.a.O., S. 289.

83 Bourdieu 2014, a.a.O., S. 381. Damit dürfte im Übrigen auch dem Vorwurf plausibel begegnet sein, den Néstor García Canclini Bourdieu gemacht hatte, nämlich die symbolische Macht nicht in Beziehung zum Staat gesetzt zu haben, vgl. García Canclini 1990, a.a.O., zur Bourdieu-Rezeption bei García Canclini vgl. das entsprechende Kapitel in diesem Buch.

84 Bourdieu 2014, a.a.O., S. 298.

akts«[85] unterstellen, die Brüche bestehender Ordnungen nur von bereits autorisierten und legitimierten Positionen aus denken und damit erfolgreichen – ästhetischen, politischen und/ oder sozialen Widerstand – im Grunde nicht konzipieren könne. Zu den Kritikern dieser Art gehört auch der Philosoph Jacques Rancière.

Zunächst kann jedoch festgehalten werden, dass Rancière mit Bourdieu nicht nur bestimmte Forschungsbereiche teilt: Auch Rancière hat sich eingehend mit Ästhetik und Kunst beschäftigt, er hat, wie Bourdieu, Schriften zu Fragen der Pädagogik, Wissensproduktion und Bildung verfasst und sich mit politischer Theorie befasst. In beiden Fällen sind alle drei Bereiche als ineinander verwoben gedacht und analysiert worden. Über diese formalen Gemeinsamkeiten hinaus teilen Rancière und Bourdieu auch wesentliche inhaltliche Ausrichtungen in politischer Hinsicht: Es geht ihnen um die Frage der Möglichkeit von Emanzipation, um, wie am Beispiel Manet skizziert, Brüche mit der symbolischen Ordnung.[86] Allerdings könnten die Antworten auf diese Frage kaum unterschiedlicher ausfallen. Rancière widmet der Sozialtheorie Bourdieus in seinem Buch *Der Philosoph und seine Armen* ein ausführliches, recht polemisch aber zugleich sehr grundsätzlich argumentierendes – und gründlich ablehnendes – Kapitel[87] und lässt auch sonst kaum eine Gelegenheit aus, sich gegen den Ansatz Bourdieus zu richten. Diese scharfe Abgrenzung macht es, vor dem Hintergrund der konstatierten (und im Folgenden auszuführenden) Gemeinsamkeiten besonders lohnenswert, sich der imaginären Debatte zwischen Bourdieu und Rancière zu widmen.[88] Denn an ihr

---

[85] Butler 2006, a.a.O., S. 222.

[86] Vgl. Kastner 2012 und die Beiträge in Jens Kastner und Ruth Sonderegger (Hg.): *Pierre Bourdieu und Jacques Rancière. Emanzipatorische Praxis denken.* Wien/ Berlin: Verlag Turia + Kant 2014.

[87] Vgl. Jacques Rancière: *Der Philosoph und seine Armen.* Wien: Passagen Verlag 2010a, S. 225ff.

[88] Bourdieu hat meines Wissens nicht direkt auf die Rancière'schen Vorwürfe reagiert.

lassen sich nicht zuletzt Schlüsselfragen der symbolischen Gewalt, ihrer Funktionsweisen und Effekte erläutern.

Die Unterschiede in den Ansätzen von Bourdieu und Rancière betreffen im Wesentlichen zwei, wenn man so will, methodologische Perspektiven: Zum einen geht es um die Frage, ob im Hinblick auf Emanzipationsmöglichkeiten eher Schranken und Grenzen, also die Stabilitäten, Regularien, Normativitäten und Behäbigkeiten des Sozialen oder ob stattdessen bereits erfolgte und potenzielle Fissuren und Brüche fokussiert werden sollen. Und zum anderen geht es um Gleichheit und Differenz. Hier stehen Bourdieu und Rancière für zwei Pole einer Debatte. Hinsichtlich Fragen der Bildung und der Wissensproduktion äußern sich diese Pole bzw. die Positionen, die beide beziehen, schließlich in der Frage, ob theoretisch von einer *Gleichheit* aller ausgegangen werden soll, um diese Gleichheit letztlich als normatives Ziel der eigenen philosophischen respektive sozialwissenschaftlichen Mühen auch erreichen zu können. Oder ob es stattdessen dafür, zu diesem Ziel zu gelangen, nicht gerade angesagt ist, von den historisch produzierten *Differenzen* auszugehen, um sowohl mit Forschungen aber schließlich auch mit (bildungs)politischen Maßnahmen unterschiedlich ansetzen zu können.

Im Folgenden werden die wesentlichen Unterschiede ebenso wie die Gemeinsamkeiten der beiden Ansätze entlang grundlegender Fragestellungen diskutiert: Erstens der Frage, wie die Zugangsweisen zur Bildung bzw. zum Wissen konzipiert werden. Zweitens wird die Frage erörtert, wie die Rolle der bestehenden sozialen Strukturen bzw. der gegebenen Aufteilung des Sinnlichen bei solchen Zugängen analysiert wird. Drittens wird aufgezeigt, dass es sich bei den Konzepten des Symbolischen (Bourdieu) und des Sinnlichen (Rancière) um ästhetische handelt, was bedeutet, dass es dabei jeweils um grundlegende Wahrnehmungs-, aber auch Denkweisen geht. Viertens wird daran anschließend der Frage nachgegangen, wie eine emanzipatorische Politik aussehen könnte – darauf hinweisend, dass diese Frage bereits eine der sozialwissenschaftlichen respektive philosophischen Methode ist.

Zugänge zum Wissen

Jacques Rancière schreibt über den Aufklärer Joseph Jacotot (1770–1840), sein pädagogisches Experiment habe einen »Bruch mit der Logik aller Pädagogiken«[89] ermöglicht. Jacotot unterrichtete, aber er tat dies anders als üblich. An die Universität von Löwen berufen, unterrichtete der französische Rhetorikprofessor ohne Niederländischkenntnisse Studierende, die kein Französisch verstanden. Mit Hilfe einer zweisprachigen Ausgabe des *Telemach* von François Fénelon eigneten sich die Schülerinnen und Schüler den Stoff ohne weiteres an, und unterliefen damit die pädagogische Matrix von der Teilung in Unwissende und Wissende. Diese durch Zufall gefundene Möglichkeit wurde von Jacotot fortan zur prinzipiellen erhoben und zur Methode erklärt. Ohne erklärenden Lehrmeister lernen zu können, darin erkennt auch Rancière die Grundlage für eine Anti-Pädagogik »unter dem Zeichen der Gleichheit«[90]. Eine solche Anti-Pädagogik[91] geht erstens davon aus, dass das Verhältnis zwischen Wissenden, die erfahren und gebildet sind, und Unwissenden, die der Lehre und der Übung be-

---

89 Jacques Rancière: *Der unwissende Lehrmeister. Fünf Lektionen über die intellektuelle Emanzipation.* [1987] Wien: Passagen Verlag 2007a, S. 24.

90 Ebd., S. 21.

91 Rancière geht allerdings mit keinem Wort auf die unter dieser Bezeichnung ab den späten 1970er und frühen 1980er Jahren geführte Debatte ein, vgl. Ekkehard von Braunmühl: *Anti-Pädagogik. Studien zur Abschaffung der Erziehung.* [1975] Weinheim und Basel: Beltz Verlag 1989, 6. Aufl.; Hubertus von Schoenebeck: *Unterstützen statt erziehen. Die neue Eltern-Kind-Beziehung.* [1982] München: Kösel Verlag1988; Ulrich Klemm (Hg.): *Quellen und Dokumente der Antipädagogik*. Frankfurt a.M.: dipa Verlag 1999.

dürfen, als solches durch die pädagogische Situation bzw. durch die pädagogischen Institutionen erst konstruiert und konstituiert wird. Und zweitens geht sie davon aus, dass eine emanzipatorische Lehre, also eine, die auf Befreiung und Freisetzung aller menschlichen Potenziale setzt und zielt, nur auf der Grundlage jener Gleichheit entwickelt und instituiert werden kann. In beiden Fällen handelt es sich um sehr grundlegende Annahmen und Bestimmungen, die dementsprechend weit reichende Folgen haben.

Demgegenüber haben Pierre Bourdieu und seine Mitarbeiter*innen mit unterschiedlichen statistischen Methoden in verschiedenen Studien den Zusammenhang von sozialer Herkunft und dem mehr oder weniger erfolgreichen Durchlaufen von Bildungsinstitutionen untersucht. Zum einen, so die wesentlichen Ergebnisse, erwiesen sich Schule und Universität entgegen ihres egalitären Anspruches als ausgrenzende Institutionen. Und zum anderen, aber auch genau deshalb, wurden sie von Bourdieu als Anstalten der Reproduktion sozialer Verhältnisse gewertet. Eine der zentralen Beobachtungen, die diese Ergebnisse nahe legten, war die empirisch erhobene Tatsache, dass »(j)eder Unterricht, und insbesondere die kulturelle (selbst wissenschaftliche) Bildung [...] implizit einen Korpus von Wissen, Fertigkeiten und vor allem Ausdrucksmöglichkeiten voraus[setzt], die zum ererbten Vermögen gebildeter Klassen gehören.«[92] Damit sonderten die Bildungseinrichtungen nicht nur Angehörige jener sozialen Klassen aus, die, obwohl sie am Bildungsprozess teilhaben – von denen also ganz zu schweigen, die es an höhere Schulen und Universitäten erst gar nicht schaffen –, nicht über die angemessenen, also etablierten Teilnahmebedingungen verfügen. Die Aussonderung funktioniert nach Bourdieu und Jean-Claude Passeron so gründlich, weil ihre Grundlagen und Mechanismen (etwa durch die offiziell allgemeine Zugänglichkeit)

92 Pierre Bourdieu und Jean-Claude Passeron: *Die Erben. Studenten, Bildung und Kultur*. Konstanz: UVK 2007, S. 34.

verschleiert werden. Indem sie sich nicht nur auf Wissen in Form abfragbarer Inhalte beziehen, sondern auf »Auftreten und Ausdruck, Geschmack und Geist«[93], die an den Gewohnheiten der herrschenden Klasse orientiert sind, versuchen sie, die marxistische Vorstellungen von einer der Reproduktion dienenden Ideologie zu erweitern. Demnach sind es nicht nur die Arten und Weisen, sich selbst mit der Welt in Beziehung zu setzen und sich ein Bild von sich zu machen, die auf die soziale Reproduktion von Klassen hinausläuft, sondern auch körperliche, habituelle Aspekte. Die unbewussten Dispositionen, die sich im Geschmack vereinen, sind Effekte sozial zugeschriebener Kompetenzen. Die Schule ist, wie Bourdieu an anderer Stelle betont, ein »Hauptakteur der Kompetenzzuschreibung«[94] und sorgt für die Anerkennung und Inkorporierung der von ihr selbst vermittelten, kognitiven Strukturen.[95]

In den Reihen der Schüler Louis Althussers stieß diese Betonung der Klassenreproduktion zwar auf Anerkennung, kritisiert wurde an Bourdieus und Passerons *Die Erben* aber der fehlende Ideologiebegriff. Denn dieser, so Christian Baudelot und Roger Establet in *L‹école capitaliste en France* (1971), sei schließlich dazu notwendig, auch die Widersprüche zu thematisieren, die sich in der Klassenreproduktion auftäten und die mit dem Kampf um ideologische Herrschaft zusammenhingen.[96] Darauf, dass solche möglichen Widersprüche nicht konzeptualisiert werden, zielt auch die Kritik des abtrünnigen Althusser-Schülers Jacques Rancière an Bourdieu. Wo Baudelot und Establet auf die widerständige Dimension der Klassenkämpfe abhoben, setzt auch Rancière

---

93 Ebd., S. 37.

94 Pierre Bourdieu: »Bildung und Politik« In: Bourdieu 1993, a.a.O., S. 224–238, hier S. 230.

95 Vgl. Bourdieu 2014, a.a.O., S. 298.

96 Christian Baudelot und Roger Establet: *L'école capitaliste en France.* Paris: François Maspero 1971; vgl. auch Frieder Otto Wolf: »Nachwort des Herausgebers.« In: Louis Althusser: *Über die Reproduktion. Gesammelte Schriften*, Band 5, 2. Halbband. Hamburg: VSA 2012, S. 315–368, hier S. 327, FN 26.

an und behauptet, Bourdieu (und Passeron) hätten für diese die Machtverhältnisse verschiebenden Kräfte keinen Blick mehr – und stünden diesen letztlich selbst im Weg. Rancière sagt Bourdieu eine »Wissenschaft von Kräfteverhältnissen [nach], die diese für unveränderbar erklärt«[97]. In Rancières Polemik ist die Schule nur einer von vielen Gegenstandsbereichen, aber ein grundsätzlicher: Indem sie den Mitgliedern unterer Klassen immer vor Augen halte, dass sie es mit einer Institution zu tun haben, die nicht die ihre sei und die vor allem dadurch aussondere, »indem sie verschleiert, dass sie aussondert«[98], verfestige die Soziologie nur diesen Glauben. Sie betreibe also letztlich selber die Reproduktion, zu deren Aufdeckung sie vorgeblich angetreten sei. Die »rationale Pädagogik«, die auf die soziologische Beschreibung folge und die an diesen Ungleichheiten ansetze, könne nichts mehr sein als eine »illusorische Utopie«[99]. Bourdieu und Passeron hingegen, auf deren Begriff der »rationale(n) Pädagogik« sich Rancière hier hämisch bezieht, schreiben im Gegenteil, diese habe »sich am Wissen um sozial bedingte kulturelle Unterschiede auszurichten und der Entscheidung unterzuordnen, die Ungleichheiten zu verringern«[100].

Es ist zum einen der (angeblich) monopolistische Anspruch der Sozialwissenschaften, wahres Wissen über die Bildungsprozesse (aber auch sonst) produzieren zu können, gegen den Rancières Attacke sich richtet. Die Soziologie brauche die – in seinen Augen zirkuläre – These von der Verschleierung zu ihrer eigenen Legitimierung, denn wie man wisse, könne es »Wissenschaft nur vom Versteckten«[101] geben. Ähnlich hatte Rancière auch schon seine Abkehr vom Althusser'schen Ideologie-Verständnis begründet. Althussers Verteidigung des Wissens gegenüber der Ideologie habe in erster

[97] Rancière 2010a, a.a.O., S. 245.
[98] Ebd., S. 234.
[99] Ebd., S. 239.
[100] Bourdieu und Passeron 2007, a.a.O., S. 103.
[101] Rancière 2010a, a.a.O., S. 240.

Linie dazu gedient, die »Verteidigung der Hierarchie des Wissens«[102] zu betreiben (an dessen Spitze Althusser seine eigene Wissensproduktion sah). Dieser Anspruch ist selbstverständlich alles andere als emanzipatorisch. Nicht nur, dass die Wissenshierarchie selbst eine konservative Angelegenheit ist, sie ist nach Rancière auch im Hinblick auf mögliche handlungsbefähigende Effekte alles andere als befreiend. Die Soziologie Bourdieus könne den Leuten nicht weiter helfen, außer ihnen zu sagen, dass und warum sie (und die Philosophen) »die wahren Gründe verkennen, die sie an ihre Plätze fixieren«[103].

Es geht Rancière zum anderen schließlich um die Möglichkeit der Wissensproduktion selbst. Nicht nur, dass die Philosophie (anders als die Soziologie) ihr Augenmerk statt auf die Regel und die Weisen ihrer Verschleierung und Verkennung, auf die Ausnahme und ihre sozialen Klassifikationen überwindenden Potenziale legen kann, so wie Rancière selbst sich für die weder mit ihrer Klasse noch mit einer Partei identifizierten »ersten kämpferischen Arbeiter« interessiert, die damit angefangen hatten, »sich für Dichter oder Ritter, Priester oder Dandys zu halten«[104]. Bereits als theoretische Reaktion auf den Althusser'schen Strukturalismus legt Rancière sein Augenmerk vor allem auf das Ausscheren aus dem Vorgegebenen: Sozialtheoretisch gesprochen stehen die Brüche mit den strukturellen Mustern und die Möglichkeiten im Vordergrund, die identitären Linien, die soziale Position, soziales Milieu und politische Einstellung aneinander binden, zu durchkreuzen. Er zielt über die philosophische Methode hinaus auf die Leute selbst, also auf die Behauptung, jede und jeder könne prinzipiell alles wissen – und ausgehend davon auch alles tun. Die

---

[102] Jacques Rancière: *Die Lektion Althussers* [1974]. Berlin: Laika Verlag 2014, S. 73.

[103] Rancière 2010a, a.a.O., S. 244.

[104] Rancière 2010a, a.a.O., S. 269, vgl. ausführlich Jacques Rancière: *Die Nacht der Proletarier. Archive des Arbeitertraums.* [1981] Wien/Berlin: Verlag Turia + Kant 2013.

»einzige Chance für die intellektuelle Emanzipation« bestünde darin, davon auszugehen, dass jeder Mensch einer sei, der »ein *Werk* der Feder, des Meißels oder jedes anderen Werkzeugs«[105] schaffen könne.

Strukturelle Beschränkungen und sinnliche Begünstigungen

Rancière zieht es (nach seiner Abkehr von Althusser) ganz bewusst nicht in Betracht, dass es soziale Strukturen sind, die Praxis anleiten – oder gar determinieren.[106] Statt von Strukturen spricht er von einer »Aufteilung des Sinnlichen«, die zugleich »die Existenz eines Gemeinsamen aufzeigt wie auch die Unterteilungen, durch die innerhalb dieses Gemeinsamen die jeweiligen Orte und Anteile werden«[107]. Dabei geht er offenkundig davon aus, dass es bestehende und wirkmächtige Aufteilungen des Sinnlichen gibt, die ausschließend und unterdrückend sind und die Rancière – in Erweiterung des weiten Begriffes bei Michel Foucault – als »Polizei« beschreibt.[108] Die polizeiliche Aufteilung des Sinnlichen ist »eine Ordnung der Körper, die die Aufteilungen unter den Weisen des Machens, den Weisen des Seins und den Weisen des Sagens bestimmt«[109]. Der Frage, wie diese bestimmenden Weisen, also die jeweils bestehenden Ordnungen, reproduziert werden, widmet sich Rancière jedoch kaum. Er konzentriert sich voll und ganz auf die Möglichkeiten des und der einzelnen, jene Orte und Anteile zu verschieben bzw. umzuverteilen. Dieser Fokus prägt seine Schriften zur politischen Theorie ebenso wie jene zu Kunst und Ästhetik.

---

105 Rancière 2007a, a.a.O., S. 127.

106 Vgl. Kastner 2012, a.a.O., S. 33ff.

107 Jacques Rancière: »Die Aufteilung des Sinnlichen. Ästhetik und Politik.« In: Ders.: *Die Aufteilung des Sinnlichen. Die Politik der Kunst und ihre Paradoxien*. Berlin: B_books 2006, S. 21–73, S. 25.

108 Vgl. Jacques Rancière: *Das Unvernehmen. Politik und Philosophie*. Frankfurt am Main: Suhrkamp Verlag 2002, S. 33ff.

109 Ebd., S. 41.

»Die egalitäre Gesellschaft«, schreibt Rancière etwa in seiner Verteidigung der Demokratie, »ist nichts als das Ensemble egalitärer Beziehungen, die hier und jetzt durch singuläre Handlungen geformt werden.«[110] Keine Institution könne die wahre Demokratie gewährleisten, sie ergebe sich nicht aus historischen Notwendigkeiten, sondern sei schließlich »nur der Konstanz ihrer eigenen Handlungen anvertraut.«[111] Diesem Credo, das in seiner antiinstitutionellen, basisdemokratischen und gegenwartsbezogenen Haltung durchaus anarchistisch zu nennen ist, hat Rancière sein gesamtes Schaffen gewidmet. Er nutzt seine These von der notwendig fundamentalen Gleichheit nicht nur als Maßstab der Kritik an gegenwärtigen politischen Formationen wie dem Nationalstaat oder anderen politischen Gruppierungen. Er geht auch stets davon aus, dass jene »singulären Handlungen« nicht nur nötig, sondern auch möglich sind. Ihnen nachzugehen, sie zu beschreiben und ihnen nicht zuletzt dadurch auch beizustehen, auch darin kann eines der Hauptanliegen von Rancière gesehen werden. Und die Möglichkeit »singulärer Handlungen« wird entweder allein durch (offenbar als universell angenommenes) Selbstvertrauen oder durch die Gegebenheiten der jeweiligen (Lern-)Situation freigesetzt. So schreibt er in Bezug auf die von der Methode Jacotos eingenommenen Schülerinnen und Schüler: »Der Weg der Freiheit entsprach der Dringlichkeit ihrer Bedrängnis, aber auch dem Vertrauen in die intellektuelle Fähigkeit jedes menschlichen Wesens.«[112]

Die Gleichheit individueller Fähigkeiten steht auch bei Bourdieu nicht zur Debatte, vielmehr versteht auch er seine Wissenschaft als Mittel, das ihr zur Entfaltung verhelfen soll. Allerdings setzt er nicht am Vorhandensein dieser prinzipiellen Möglichkeit an, sondern an den gesellschaftlichen Arten und Weisen ihrer (oftmals verdeckten)

---

110 Jacques Rancière: *Der Hass der Demokratie.* Berlin: August Verlag 2011a, 2. Aufl., S. 115.

111 Ebd.

112 Rancière 2007a, a.a.O., S. 24.

Einschränkungen. Ganz grundsätzlich stellt er heraus, dass die »Idee einer universellen Bildungsfähigkeit«[113] auch die Grundlage für die Bildungssysteme der modernen Nationalstaaten ist, dass aber die darauf gründende Integration aller zugleich eine Unterordnung unter die Maßgaben des Staates als legitimatorische Letztinstanz des Sozialen ist. Diese Unterordnung stehe der Integration nicht gegenüber, sondern setze sie voraus.[114] Bourdieu beschreibt diese Verknüpfung von Unterordnung und Integration als eine der zentralen Mechanismen in der Genese des modernen Staates, die sich u.a. im Bildungswesen äußert. Sie beruht auf dem »außerordentlichen symbolischen Gewaltakt«[115] der staatlichen Monopolisierung legitimer Standpunkte und Ausdrucksweisen. Diese symbolische Gewalt zu beschreiben und zu entschlüsseln, um ihr letztlich entkommen zu können, hat Bourdieu sich zur Aufgabe gemacht. Zwar interessiert er sich gerade in seiner Auseinandersetzung mit dem Staat ebenfalls für individuelle Praktiken[116], diskutiert sie aber immer als strukturelle (und nicht singuläre) Phänomene im Rahmen seiner Methode eines »genetischen Strukturalismus«[117].

Die Beschränkungen der individuellen Fähigkeiten sind darüber hinaus in jedem sozialen Raum für unterschiedlich Klassifizierte und Menschen mit unterschiedlicher sozialer Herkunft sehr ungleich verteilt. Die Sozialwissenschaften müssten berücksichtigen, dass die von ihr beschriebenen sozialen Akteurinnen und Akteure die sozialen Strukturen inkorporiert haben, d.h. »in ihrer Alltagspraxis selbst Subjekte von soziale Welt konstituierenden Akten

---

113 Bourdieu 2014, a.a.O., S. 397.

114 Vgl. ebd. S. 401.

115 Ebd., S. 132.

116 Um diesen Fokus auf alltägliche Praktiken zu betonen, schreibt Bourdieu in seinen Vorlesungen *Über den Staat* auch: »Man ist es so sehr gewohnt, Machiavelli mehr zu achten als den Tratsch, daß ich gezwungen bin, den Akzent anders zu setzen«, Bourdieu 2014, a.a.O., S. 472.

117 Ebd., S. 164.

sind«[118]. Dies spiegelt sich u.a. etwa an der oben erwähnten Ausrichtung höherer Bildungsinstitutionen an den Gewohnheiten der Eliten, was diejenigen benachteiligt, also am Ausleben ihrer intellektuellen Fähigkeiten hindert, die nicht dieser Elite angehören. Insofern er an diesen Beschränkungen ihre reproduktive Rolle beschreibt, setzt Bourdieu auch an den Differenzen zwischen einzelnen Akteur*innen hinsichtlich ihrer jeweiligen Positioniertheit innerhalb dieser Reproduktion an. Positionen im sozialen Raum ermöglichen Positionierungen, die immer auch darin bestehen, sich ins Verhältnis zu setzen, zu den nächstgelegenen Positionen und Positionierungen, aber auch zu den herrschenden. Sie sind dementsprechend vorstrukturiert, d.h. sie stehen nach Bourdieu in enger Beziehung zu bestehenden Positionen (vor allem hinsichtlich Geschlecht, Klasse und ethnischer Zugehörigkeit) und Positionierungen (in bestimmten Situationen).

Das schlägt sich selbstverständlich auch auf die individuelle Lernsituation nieder. Bourdieu und Passeron schreiben: »Das Bestreben, sich zu schaffen und zu wählen, verpflichtet nicht zu einem bestimmten Verhalten, sondern nur zur symbolischen Verwendung eines Verhaltens, das zeigen soll, dass man dieses Verhalten frei gewählt hat«[119]. Sofern die studentische Situation untrennbar mit diesen Bezugnahmen auf bestehende Muster verbunden ist, und insofern »für den Studenten arbeiten immer bedeutet, an sich selbst zu arbeiten«[120], haben die strukturellen Bedingungen des Lernens also auch sehr unterschiedliche Auswirkungen und Effekte auf den Bildungserwerb als solchen.

Rancière konzentriert sich ganz auf die Gleichheit, interessiert sich dementsprechend wenig für die strukturellen Verhinderungsbedingungen und/ oder ihre situativen Beschaffenheiten. Dass etwa gerade biografische Übergangsphasen wie das Studium Bestrebungen

118 Bourdieu 1982, a.a.O., S. 729.

119 Bourdieu und Passeron 2007, a.a.O., S. 56.

120 Bourdieu und Passeron 2007, a.a.O., S. 77.

und Begehren freisetzen, die schnell an ihre Grenzen stoßen, lässt Rancière im Grunde nicht zu. Während Bourdieu in seinen Studien immer an den historisch etablierten Differenzen ansetzt, hält Rancière dem die »Methode der *Gleichheit*« entgegen. Diese sei »zuallererst eine Methode des *Willens*. Man konnte, wenn man es wollte, allein und ohne erklärenden Lehrmeister durch die Spannung seines eigenen Begehrens oder durch den Zwang der Situation lernen.«[121] Dabei betont Rancière auch, dass Unterstützung notwendig sein kann[122], der Mensch könne »einen Lehrmeister benötigen«[123]. Und er thematisiert sicherlich die Umgebungen und Bedingungen, in denen individuelle Praktiken stattfinden, denn die »Aufteilung des Sinnlichen« ist schließlich ein das Soziale, das Kollektive und/ oder das Gemeinsame betreffender Begriff. Es bleibt aber eine sehr stark voluntaristische Tendenz in seinen Ausführungen, weil selbst noch diese Aufteilung des Sinnlichen als vom Willen der Einzelnen bestimmt erscheint, indem sie sichtbar mache, »wer, je nachdem, was er tut, und je nach Zeit und Raum, in denen er etwas tut, am Gemeinsamen teilhaben kann.«[124]

Das Sinnliche und das Symbolische als Phänomene der Ästhetik

An dieser Stelle wird spätestens deutlich, inwiefern die Auseinandersetzung mit den Positionen Bourdieus und Rancières von doppelter pädagogischer Relevanz sind: Nicht nur der Gegenstand –

121 Rancière 2007a, a.a.O., S. 22.

122 Vgl. auch Kastner und Sonderegger 2014, a.a.O.

123 Rancière 2007a, a.a.O., S. 23.

124 Rancière 2006, a.a.O., S. 26. Das Gemeinsame ist letztlich der normative Hintergrund, vor dem Rancière in seiner politischen Philosophie Ausschlüsse und Exklusionen diskutiert. Die Ausgeschlossenen führen ihren Kampf um Inklusion immer schon als Teilhabende des Gemeinsamen, um zu realisierenden »Anteil der Anteillosen«, Rancìere 2002, a.a.O., S. 50.

Bildungsprozesse und -institutionen –, sondern auch die wissenschaftlich-philosophischen Methoden zur Beschreibung und Analyse dieser Gegenstandsbereiche stehen zur Debatte.

Die wesentlichen Effekte des Schulsystems lassen sich laut Bourdieu nicht in den Inhalten erkennen, die in der Schule gelehrt und dann abgerufen werden können. Vielmehr geht es, wie oben bereits angemerkt, um Haltungen, die viel subtiler vermittelt werden, etwa über die benutzte Sprache, die als standardisierte gesetzt ist, und durch die besprochenen Werke, die als Kanon präsentiert werden. Es gibt, wie Hans-Peter Müller betont, nach Bourdieu eine besondere »*symbolische Gewalt* der Schule«[125]. In unbewussten Aneignungsprozessen werden Denk-, Gefühls- und Handlungsschemata erworben und bereits erworbene bestätigt bzw. entwertet. Diese Schemata prägen schließlich auch den Geschmack, der nach Bourdieu ein durch und durch soziales Phänomen ist. Der Geschmack als Produkt und Effekt von Unterschiede setzenden Praktiken bestimmt nicht nur den Gebrauch kultureller Güter, sondern grenzt sich stets vom Geschmack anderer und den anderen Geschmäckern ab, setzt also selbst wieder neue Unterschiede. Er ist die »praktische Bestätigung einer unabwendbaren Differenz«[126].

Insofern er in den Gebrauchsweisen kultureller Güter auf deren Wahrnehmungsweisen abhebt, spricht Bourdieu hier einerseits auch vom Ästhetischen im Allgemeinen, verwendet für dieses Allgemeine aber eher den – von Ernst Cassirer übernommenen – Begriff des Symbolischen.[127] Die Kunstwerke nehmen in der

---

125 Hans-Peter Müller: *Pierre Bourdieu. Eine systematische Einführung.* Berlin: Suhrkamp Verlag 2014, S. 130.

126 Bourdieu 1982, a.a.O., S. 105.

127 Sophia Prinz weist darauf hin, dass der Begriff der Wahrnehmung bei Bourdieu unterkomplex verwendet wird und nicht selten in Fragen der Bewertung aufgeht, Sophia Prinz: *Die Praxis des Sehens. Über das Zusammenspiel von Körpern, Artefakten und visueller Ordnung.* Bielefeld: Transcript Verlag 2014, S. 300. Eine ähnliche Kritik hatte auch Rancière formuliert, wenn er Bourdieu vorwirft, mit seiner Methode

allgemeinen Wahrnehmung der symbolischen oder ästhetischen Güter dann eine historisch gewachsene Sonderstellung ein, die auf der Grundlage von legitimierten Einteilungen solcher Güter in profane/alltägliche und sakrale/ besondere Gegenstände fußt. Im Zusammenhang damit hat sich der gesamte Kosmos an Verhaltensweisen, Akteurinnen und Akteuren, Organisationen und Institutionen entwickelt, den Bourdieu als Autonomisierung des künstlerischen Feldes beschrieben hat.[128]

Andererseits weist er ästhetische Betrachtungs- und Gebrauchsweisen vor allem den oberen sozialen Klassen zu: Ästhetisch wird hier verstanden nicht als allgemeine Wahrnehmungsweise, sondern als diejenige, die von konkreten Notwendigkeiten befreit ist. Die ästhetische Disposition ist demnach eine Haltung, die nur auf der Grundlage privilegierter sozialer Verhältnisse entwickelt werden kann, und die sich als spezifische Wahrnehmungsform insbesondere im Kunstkonsum ausbildet.[129] Hier wiederum, im Bereich der ästhetischen Disposition, lässt sich Bourdieu zufolge der Zusammenhang zwischen den Produktions- und Rezeptionsweisen von Kunst und jenen aller anderen symbolischen Güter besonders gut erkennen. Das Kunstfeld ist jener gesellschaftliche Bereich, der den von praktischen Notwendigkeiten befreiten, ästhetischen Blick am meisten fordert und auch am meisten fördert. Die schulische Kompetenzzuschreibung

---

stillschweigend den »Musikgeschmackstest in einen Musikkenntnistest umgewandelt« zu haben, Rancière 2010, a.a.O., S. 253.

[128] Vgl. Bourdieu 2001c, a.a.O. Mittlerweile wird angenommen, dass diese Autonomie – wohlgemerkt des Feldes, nicht die des Werkes, von der Bourdieu nie gesprochen hat – »nicht mehr das vorherrschende Strukturmerkmal des künstlerischen Feldes« und von einer Heteronomie abgelöst worden sei, Graw 2008, a.a.O., S. 149. Gegen die These von der Heteronomie führt Wuggenig wiederum einige schlagkräftige Argumente und empirische Daten ins Feld, vgl. Ulf Wuggenig: »Relative Autonomie und relative Heteronomie«. In: Montag Stiftung Bildende Kunst (Hg.): *Kunst Sichtbarkeit Ökonomie.* Nürnberg: Verlag für moderne Kunst 2009, S. 44–49 und Wuggenig 2012, a.a.O.

[129] Vgl. Kastner 2009, a.a.O.

wird hier gewissermaßen ausgelebt: Die Wahrscheinlichkeit, »daß jemand auf eine objektiv politische [...] Frage antwortet, [hängt] von genau demselben Variablenkomplex ab wie dem, der über den Zugang zur Bildung entscheidet. Anders gesagt, die Chancen, daß jemand eine politische Meinung produziert, sind ungefähr so verteilt wie die Chancen, daß jemand ins Museum geht«[130].

Im Umgang mit Kunst verknüpften sich hochspezialisierte Voraussetzungen mit dem Anspruch auf allgemeine Zugänglichkeit wie in kaum einem anderen gesellschaftlichen Feld. Die Voraussetzungen allerdings werden in aller Regel nicht als solche benannt, sondern als natürlich vorhandene ausgegeben und damit als solche verschleiert. Auch neuere Studien auf der Grundlage der Bourdieu'schen Theorie belegen, wie »hartnäckig am Glauben eines *voraussetzungslosen Interesses* für Kunst festgehalten wird«[131]. Dies trifft diejenigen besonders, die am Erwerb der angeblich natürlichen Kompetenzen scheitern und verweist sie auf ihre Plätze im sozialen Raum. Insofern es die sozialen Milieus mit viel Bildungskapital in ihren Praktiken und Einstellungen bestätigt und jene mit wenig kulturellem Kapital abwertet, kommt dem Kunstfeld auch eine besondere Stellung in der Reproduktion des Sozialen zu.[132]

Rancières »Kritik der pädagogischen Vernunft«[133] zielt auf die herrschende Auffassung von Bildung und Vermittlung wie auch

---

130 Pierre Bourdieu: »Bildung und Politik«. In: Bourdieu 1993, a.a.O., S. 230.

131 Schultheis et al. 2015, S. 141.

132 Vgl. auch Wuggenig 2011, a.a.O.

133 Robin Celikates etwa nennt Rancières Position eine »Kritik der pädagogischen Vernunft«, da sie die »der pädagogischen Einstellung zugleich zugrunde liegende und durch sie reproduzierte Ungleichheit (etwa zwischen den in Ideologie, Illusion und Habitus gefangenen und daher zu Reflexion und Kritik unfähigen Akteur_innen und den eine Außenposition einnehmenden und auf dieser Basis zu Reflexivität und Kritik befähigten Sozialwissenschaftler_innen) mit einer grundlegenden Gleichheit

auf bestimmte soziologische Beschreibungen dieser Auffassungen zugleich. Rancière selbst überträgt diese Kritik an der doppelten »pädagogischen Beziehung«[134] in *Der emanzipierte Zuschauer* auf den Bereich künstlerischer Produktion und Rezeption. Hier geht er der Frage nach, wie die instituierte Ungleichheit der pädagogischen Beziehung, die immer Wissende und Unwissende behauptet und damit wieder produziert, sich in Theater und bildender Kunst ereignet und manifestiert.[135] Bei Rancière gibt es also ebenfalls einen Zusammenhang zwischen den allgemeinen Denk- und Wahrnehmungsschemata, mit deren Genese und Reproduktion er sich unter dem Thema der »Aufteilung des Sinnlichen« beschäftigt, und dem spezifischen ästhetischen Bereich, der seit etwas mehr als 200 Jahren als (bildende) Kunst bezeichnet wird. »›Ästhetik‹ ist das Wort, das den einzigartigen, schwierig zu denkenden Knoten benennt, der sich vor zwei Jahrhunderten zwischen den Erhabenheiten der Kunst und dem Geräusch einer Wasserpumpe, zwischen einem verschleierten Streichertimbre und dem Versprechen einer neuen Menschheit gebildet hat«[136]. Auch Rancière betont also den (immer wieder neu zu stabilisierenden) historischen Trennungsakt zwischen Alltags- und Kunstgegenständen, denen sich auch die Wahrnehmung anpasst. Er unterscheidet drei philosophische Haltungen zur Identifizierung der Künste, die er »Regime« nennt. Dabei grenzt er ein ethisches (Platon) von einem poietisch-mimeti-

---

(auch hier wieder: der Fähigkeiten, vor allem der Intelligenz) konfrontiert«, Robin Celikates: »Kritik der pädagogischen Vernunft. Bourdieu, Rancière und die Idee einer kritischen Sozialwissenschaft.« In: Jens Kastner und Ruth Sonderegger (Hg.): *Pierre Bourdieu und Jacques Rancière. Emanzipatorische Praxis denken.* Wien/ Berlin: Verlag Turia + Kant 2014, S. 123–146, S. 137.

[134] Jacques Rancière: *Der emanzipierte Zuschauer*. Wien: Passagen Verlag 2009, S. 18.

[135] Vgl. dazu auch die Beiträge in Michaela Ott und Harald Strauß (Hg.): *Ästhetik + Politik. Neuaufteilungen des Sinnlichen in der Kunst.* Hamburg: Textem Verlag 2009.

[136] Jacques Rancière: *Das Unbehagen in der Ästhetik*. Wien: Passagen Verlag 2007b, S. 24.

schen (Aristoteles) und einem ästhetischen Regime (Kant, Schiller, Schlegel) ab. Während das ethische und das mimetisch-repräsentative Regime nicht in die politische und soziale Ordnung eingreifen (bzw. nicht eingreifen sollten), kommt es beim ästhetischen Regime permanent zu Infragestellungen jener im engeren Sinne außerkünstlerischen Ordnung.[137] Letztlich muss es in der Ästhetik folglich nicht nur um Kunst gehen, sondern allgemein um »die Weisen, wie die Welt sich heute wahrnehmen lässt«[138].

Rancière belässt es allerdings keinesfalls bei dieser auf den ersten Blick deskriptiven Herangehensweise, sondern formuliert zugleich eine normative Version von Ästhetik. Sie sperre sich gegen die bestehenden Aufteilungen des Sinnlichen, d.h. gegen die geltenden Wahrnehmungsweisen und sei selbst »das Denken der neuen Unordnung«[139]. Dies schreibt Rancière wieder ausdrücklich in Opposition zu Bourdieu, dem er unterstellt, für das »Wohl der Wissenschaft« zu wollen, »was die repräsentative Ordnung für das Wohl der sozialen und poetischen Unterscheidung wollte: dass die getrennten Klassen unterschiedene Sinne haben«[140].

Zum einen ist festzuhalten, dass Rancière nun wieder nicht die sozialen Reproduktionsweisen, die von der Kunst ausgehen, in den Vordergrund seiner Betrachtungen rückt, sondern sich im Gegenteil für die vom Umgang mit Kunst ausgelösten, potenziellen Brüche mit den Rollen und Platzverteilungen im sozialen Raum interessiert. Nicht die »Regeln der Kunst« (Bourdieu) stehen im Vordergrund, sondern das ästhetische Regime der Künste ist nach Rancière selbst »nicht über Regeln, sondern eher über eine Entre-

---

137 Vgl. Rancière 2006, a.a.O., S. 35ff. und Rancière 2007b, a.a.O., S. 78ff.; vgl. dazu auch Ruth Sonderegger: »Politik der Kunst und ›Poetik der Politik‹: Zum Regime-Begriff bei Jacques Rancière«. In: Petja Dimitrova et al.: *Regime. Wie Dominanz organisiert und Ausdruck formalisiert wird*. Münster: edition assemblage 2012, S. 78–87.

138 Rancière 2007b, a.a.O., S. 25.

139 Rancière 2007b, a.a.O., S. 22.

140 Ebd..

gelung bestimmt. Zunächst über die Möglichkeit, dass alles Beliebige ein Sujet der Kunst werden kann, dann über die Außerkraftsetzung des Systems der schönen Künste«[141]. Bei der fortlaufenden Entregelung misst er insbesondere solchen Kunstwerken eine große Rolle zu, die einerseits über die spezifischen Erfahrungen, die sich mit ihnen als Kunst machen lassen, andererseits aber auch als nicht-künstlerische Objekte oder Prozesse wirken, indem sie »eine Art, einen gemeinsamen Raum zu bewohnen, [...] eine Lebensweise«[142] zum Ausdruck bringen. Gerade in diesen Überschneidungen oder Doppelfunktionen sieht Rancière also auch die politische Relevanz von Kunst/Nicht-Kunst, also ästhetischen Fragen.

Zum anderen muss betont werden, dass Rancière hier seine eigene Methode in Anschlag bringt und sie gegen andere verteidigt. Es ist nicht zuletzt das Jacotot'sche Diktum, »dass man unterrichten kann, worin man unwissend ist«[143], das als Setzung gegen das Expertenwissen von Connaisseur und Soziolog*innen gleichermaßen in Anschlag gebracht wird.[144] Dem gegenüber steht die Behauptung, Bourdieu wolle hinsichtlich der unterschiedlichen Geschmäcker beibehalten, was er aufzeige – eine Behauptung, die als bestenfalls missgünstige Lektüre bezeichnet werden muss, wenn nicht als unlautere Unterstellung. Es ist der mehrfach wiederholte Vorwurf, die auf empirische Unterschiede ausgerichtete

141 Jacques Rancière: »Gespräch mit Jacques Rancière (mit Frank Ruda und Jan Völker).« In: Ders.: *Ist Kunst widerständig?* Berlin: Merve Verlag 2008, S. 37–90, S. 53f.

142 Rancière 2007b, a.a.O., S. 47.

143 Rancière 2007a, a.a.O., S. 25.

144 In diesem Sinne interpretiert auch Tom Holert Rancières »emanzipatorische Pädagogik« und hält ihr gewissermaßen zugute, dass auch auf »prinzipiell wandelbare, [...] historische Erziehungsbilder«, ohne vorgefertigte und damit immer irgendwie inadäquate Muster reagiert werden kann, Tom Holert: »The Only Kind of Moral Control.« British Pop, Cultural Studies und die Frage der Medienkompetenz: Das Bild der Massenkultur als Erziehungsbild, ca. 1964«. In: Tom Holert und Marion von Osten (Hg.): *Das Erziehungsbild. Zur visuellen Kultur des Pädagogischen.* Wien: Schleebrügge Verlag 2010, S. 149–182, hier S. 150.

Soziologie Bourdieus würde diese weniger be- als vor allem festschreiben.

Bourdieu reflektiert die Fallstricke seiner Methode durchaus und macht die Reflektion sogar zu einem Wesensbestandteil seiner – eben darum – »reflexiven Soziologie«[145]. In dem schon erwähnten 1980 (also noch vor Rancières Vorwürfen) gehaltenen Vortrag zum Thema »Bildung und Politik«, problematisiert Bourdieu genau das, was ihm später vorgehalten wird, dass »die soziale Welt [...] Unterschiede dadurch [bildet], daß sie sie benennt«[146]. Die Soziologie ist immer Teil dieser sozialen Welt, aber eben auch nur ein kleiner Teil, der nur über eine relative Benennungsmacht, also über relativ schwache, funktionierende und gültige Benennungen verfügt. Aber da sie nun einmal existieren und tagtäglich reproduziert werden, können die Differenzen auch nicht ignoriert werden. Die Problematik kann nicht umgangen werden, indem strukturelle Zwänge geleugnet werden bzw. indem die bestehende Aufteilung des Sinnlichen als jederzeit und von allen gleichermaßen umzuwerfen möglich proklamiert wird. Denn erstens lässt sich dann (hinsichtlich des Sozialen) die Frage kaum beantworten, warum solche Umstürze und Neuaufteilungen so selten geschehen. Und zweitens muss dieses Beibehalten und die Behäbigkeit (hinsichtlich des Individuellen) letztlich jenen angelastet werden, die nicht ihren Willen gebrauchen und die Zwänge ihres Begehrens leugnen und einfach so weitermachen, wie bisher. Wer sonst sollte sie – in der Logik

[145] Vgl. Bourdieu und Wacquant 2006, a.a.O. Derek Robbins führt diese Selbstreflexivität auf einen »post-structuralist shift« in Bourdieus Werk nach 1968 zurück, dessen Konsequenzen Rancière in seiner Kritik nicht berücksichtigt oder gar absichtlich ignoriert habe, Derek Robbins: »Pierre Bourdieu and Jacques Rancière on art/ aesthetics and politics: the origins of disagreement, 1963–1985«. In: *British Journal of Sociology*, 2015, online o.S. https://doi.org/10.1111/1468-4446.12148 [zuletzt abgerufen am 13.10.2015]

[146] Pierre Bourdieu: »Bildung und Politik« In: Bourdieu 1993, a.a.O., S. 228.

Rancières – aufhalten, wenn nicht sie sich selbst? Die Vorstellung einer symbolischen Gewalt, die, wie Bourdieu sie beschreibt, im Selbstverständlichen und Unentdeckten waltet, lehnt Rancière programmatisch ab.

Gegen die Naturalisierung des Sozialen

Rancière widerstrebt einerseits die Vorstellung einer politisierten bzw. politischen Pädagogik, weil diese immer schon auf einer Hierarchie des Wissens gründen muss. Die intellektuelle Emanzipation kann Rancière gemäß nur in und durch sich selbst (und nicht von äußeren Zwecken geleitet) geschehen.[147] Andererseits lässt er keinen Zweifel daran, dass seine ästhetischen und bildungsphilosophischen Interventionen auch politischen Charakter haben. Denn er bezieht sich auch in seinen politischen Schriften und Statements explizit auf den »unwissenden Lehrmeister«, etwa wenn er es das Prinzip Jacotos nennt, dass »Gleichheit eine Voraussetzung und kein zu erreichendes Ziel darstellt«[148]. Ob in den Auseinandersetzung mit der Ästhetik oder in Diskussionen über die Bedeutung der Revolten von 1968, Rancière beschreibt dabei Politik nicht als Ausübung von Macht oder Kampf um sie, sondern als »Gestaltung einer besonderen Sphäre der Erfahrung, von Objekten, die als gemeinsam und einer gemeinsamen Entscheidung be-

---

147 Nora Sternfeld weist dies letztlich als eine Schwäche im Konzept Rancières aus und wendet den Philosophen gegen sich selbst, indem sie darauf hinweist, dass »in der bloßen Vermeidung gängiger Herrschaftsstrukturen [...] eine politische Perspektive sich nicht erschöpfen [kann]. Ein Unverhältnis müsste im Sinne der politischen Theorie Rancières vielmehr das pädagogische Verhältnis durchkreuzen«, Nora Sternfeld: *Das pädagogische Unverhältnis. Lehren und lernen bei Rancière, Gramsci und Foucault.* Wien: Verlag Turia + Kant 2009, S. 43.

148 Jacques Rancière: »Demokratien gegen die Demokratie. Jacques Rancière im Gespräch mit Eric Hazan.« In: Giorgio Agamben et al. (Hg.): *Demokratie? Eine Debatte.* Berlin: Suhrkamp Verlag 2012, S. 90–95, hier S. 93.

dürfend angesehen werden«[149] oder kurz, als »kollektive Erfindung«[150].

Das Problem an diesem emphatischen Politikbegriff besteht nicht in der libertären Wertschätzung der ermächtigenden Geste selbst. Problematisch ist vor allem zweierlei: Erstens wird die Frage offen gelassenen bzw. nicht gestellt, wann und unter welchen Bedingungen sich die unerwartete kollektive, aus Identitäten ausscherende Geste auch durchsetzen kann und zur gültigen wird. Wie verhält sich eine neue »kollektive Erfindung« zu anderen kollektiven Erfindungen, die ihr entgegenstehen? Wann setzt sich die eine »kollektive Erfindung« gegen die bestehenden Erfindungen und gegen die anderen durch? Und zweitens gerät Rancières Verständnis von Politik recht zirkulär, denn Politik kann hier bloß als Bruch und Widerstand (oder zumindest Widerstreit) verstanden werden, ist also per se emanzipatorisch – sonst ist sie keine Politik. In seiner politischen Philosophie nennt er das Andere der Politik dementsprechend auch anders, nämlich, wie weiter oben bereits erwähnt, »Polizei«[151]. Hinsichtlich des Bruchs mit der bestehenden soziopolitischen Ordnung, die Politik ausmache, ist Rancière eindeutig: »Die Politik ist das, was das Spiel der soziologischen Identitäten unterbricht«[152].

Es ist sicherlich ein Kernanliegen jeder kritischen Theorie, die Naturalisierungen des Sozialen zu demontieren, auf den geschichtlichen und damit prinzipiell offenen Charakter der Genese des Sozialen hinzuweisen wie auch die Versuche, es zu verfestigen und als

149 Rancière 2007b, a.a.O., S. 34.

150 Jacques Rancière: »Die Lust an der politischen Verwandlung.« [Interview mit Jacques Ranière und Judith Revel in der Tageszeitung Liberatión vom 24. Mai 2008]. In: Ders.: *Moments politiques. Interventionen 1977–2009*. Zürich: Diaphanes Verlag 2011b, S. 187–197, hier S. 193.

151 Vgl. Rancière 2002, a.a.O.

152 Rancière 2011b, a.a.O., S. 194.

geschlossen darzustellen, aufzudecken und ihnen zu widersprechen. Dieses Anliegen teilen Bourdieu und Rancière (auch wenn Rancière diese Gemeinsamkeit nicht wahrhaben will).[153] Rancières beteuerndes Interviewstatement »Ich habe nie aufgehört, gegen die Vorstellung einer historischen Notwendigkeit zu kämpfen«[154], hätte auch von Bourdieu stammen können. Dieser sagt in seiner Vorlesung *Über den Staat*, als wenn er gegen Rancières Anschuldigungen Stellung nehmen würde: »Die Behauptung, die Soziologie sei ein Instrument zur Vollstreckung der Notwendigkeit, ist von erschütternder Naivität. Vielmehr ist die Soziologie ein Instrument der Freiheit, da sie zumindest für das denkende Subjekt verschüttete Möglichkeiten wiederbelebt.«[155] Die Kräfteverhältnisse, die Bourdieu beschreibt, sind demnach auch alles andere als unveränderlich. Bourdieu geht, anders als Rancière ihm unterstellt, in seinem dynamischen und relationalen Modell des sozialen Raumes nicht davon aus, dass Menschen an bestimmte Orte darin gebunden sind. Allerdings versucht er tatsächlich zu erklären, warum »sich bestimmte Leute selbst aus dem politischen Spiel ausschalten«[156], also mit den Herrschaftsmechanismen, die sie unberücksichtigt und ungehört lassen, konform gehen. Bourdieu sieht die Gründe dafür unter anderem in sozialisierten Dispositionen, die im Alltag nicht hinterfragt werden. Er erklärt sie allerdings nicht

---

153 Es ließe sich hier ohne weiteres eine Belegreihe von Marx über die Kritische Theorie und den Feminismus bis zu Bourdieu und Rancière erstellen. Aktuell fasst etwa Mark Fisher zusammen: »Wie eine Reihe von radikalen Theoretikern, angefangen von Bertolt Brecht über Michel Foucault bis hin zu Alain Badiou, betont hat, muss eine emanzipatorische Politik immer den Anschein einer ›natürlichen Ordnung‹ zerstören und das als notwendig und unausweichlich dargestellte als reine Kontingenz aufdecken«, Mark Fisher: *Kapitalistischer Realismus ohne Alternative?* Hamburg: VSA 2013, S. 25.

154 Rancière 2012, a.a.O., S. 95.

155 Bourdieu 2014, a.a.O., S. 246.

156 Pierre Bourdieu: »Bildung und Politik« In: Bourdieu 1993, a.a.O., S. 230.

für prinzipiell dem Wissen der Akteurinnen und Akteure selbst unzugänglich.

Die Frage der Emanzipation ist insofern also nicht nur eine des Gegenstandes (von Soziologie bzw. Philosophie), sondern auch eine der jeweiligen Methode. Wenn die unreflektierte Beschreibung bestimmter Positionen im sozialen Raum dahin tendiert, diese festzuschreiben, stellt sich die Frage, wie angemessene Schilderungen sozialer Verhältnisse aussehen können. Rancière legt implizit immer nahe, dass eine Werkproduktion wie die seine im emanzipatorischen Sinne adäquat ist. Die eigene Methode, die Ausnahmen hervorzuheben, der Unwahrscheinlichkeit eine Stimme zu verleihen und der »Logik der Revolte« den Vorzug vor den »Gesetzmäßigkeiten« der Revolution (oder ihres Ausbleibens) den Vorzug zu geben, erscheint als Möglichkeit, all das Beschriebene zu stützen und/ oder gar hervorzubringen.[157] Allerdings bleibt dennoch unklar, wie dabei Anleitung und Paternalismus vermieden werden können, wenn die einzelnen von ihrem freien Willen nicht Gebrauch im Sinne der Ausweitung der Freiheit machen.[158]

---

[157] Den Pariser Mai 1968 nahm Rancière zum Anlass, sich in den Archiven auf die Suche nach den außerplanmäßigen Aufständen zu machen und sie in der von ihm mit herausgegebenen Zeitschrift Les Révoltes Logiques zu beschreiben, vgl. Jacques Rancière: *Staging the People: The Proletarian and His Double*. London/ New York: Routledge 2011c. Bourdieu hingegen machte die Revolte zum Ausgangspunkt seiner Analyse der Strukturen des akademischen Feldes in *Homo academicus*, vgl. Bourdieu 1998, a.a.O.

[158] Dem etwa bei Gayatri C. Spivak thematisierten double bind, der in der positiven Bezugnahme auf einen Aufklärer wie Schiller besteht, setzt Rancière sich allerdings nicht aus. Spivak bezieht sich einerseits positiv auf die »ästhetische Erziehung«, um die globale Gegenwart als jenseits »such nice polarities as modernity/tradition, colonial/postcolonial«, beschreibbar machen zu können, beschreibt ihr Projekt wegen der universalistischen Problematik aber zugleich als »sabotaging Schiller«, Gayatri Chakravorty Spivak: *An Aesthetic Education in the Era of Globalization*. Cambridge/ London: Harvard University Press 2012, S. 2.

Den Unwilligen unter die Arme zu greifen kann, scheint Rancière in bestimmter Hinsicht ohne Paternalismus möglich, und die Möglichkeit nennt er mit Friedrich Schiller die »ästhetische Erziehung«[159]. Aber sie bleibt vage, wird sie doch bloß als der Vorgang beschrieben, »der die Einsamkeit des freien Scheins in gelebte Wirklichkeit umwandelt und den ›ästhetischen‹ Müßiggang in Handeln der lebendigen Gemeinschaft«[160].

Letztlich ist es auch Bourdieus Ansinnen, belehrende und Wissensformen abwertende Wissensproduktion zu vermeiden. Auch steht er keineswegs auf dem Standpunkt, die Soziologie produziere per se besseres Wissen, auch wenn sie mit mehr Ressourcen und methodisch besser aufgestellt ist als der Alltagsverstand. Es ist vor allem ein *anderes* Wissen, von dem Bourdieu behauptet, die Sozialwissenschaften könnten es mittels ihrer Methoden hervorbringen (was nicht unbedingt ein *besseres* Wissen sein muss): »Der Soziologe hat es mit Leuten zu tun, die das, was er herausbekommen will, besser wissen als er, aber im Modus der Praxis«[161]. Sie verfügten über einen »praktischen sozialen Sinn«[162], mit dessen Hilfe sie Menschen und Situationen quasi wie von selbst zu interpretieren und einzuschätzen wissen. Es handelt sich dabei allerdings um unbewusstes Wissen, das sich in Praxis äußert, aber (in der Regel) nicht reflektiert wird. Solche unbewusste, aber praktisch sehr relevante Verdichtung nennt Bourdieu Habitus. Der Habitus, in dem sich dieser praktische Sinn verdichtet, ist kein deterministisches Konzept – auch wenn er von Rancière und vielen anderen so gelesen wurde: Der Habitus, schreibt Bourdieu in *Sozialer Sinn*, kann

---

159 Rancière 2007b, a.a.O., S. 47.

160 Rancière 2007b, a.a.O., S. 47.

161 Pierre Bourdieu: »Bildung und Politik« In: Bourdieu 1993, a.a.O., S. 232.

162 Ebd.

»mit den Strukturen aus früheren Erfahrungen jederzeit neue Erfahrungen strukturieren«[163].

Fazit

Während Bourdieu die Probleme einer Perspektive immer wieder bearbeitet, die an gemachten Unterschieden ansetzt, gibt es bei Rancière keinerlei Auseinandersetzungen mit den Fallstricken, die die Perspektive der Gleichheit mit sich bringen könnte. Rancière denunziert die eingebaute Reflektion bei Bourdieu als Alibifunktion, wendet sie auf sein eigenes Werk allerdings nicht an. Rancière thematisiert weder den tautologischen Charakter seines Politikbegriffes – dass Politik bei ihm nur dann Politik ist, wenn sie mit den bestehenden Aufteilungen bricht, also demokratisch und emanzipatorisch ist. Noch geht er darauf ein, dass seine »Methode des *Willens*« in einer gewissen Spannung, wenn nicht im Widerspruch zu seinen eindeutigen politischen Statements gegen den Neoliberalismus steht.[164] Dass die Ausblendung gesellschaftlicher Voraussetzungen für ungleiche Zugänge zu Ressourcen und Institutionen ein zentrales Merkmal neoliberaler Politiken ist, wird von Rancière nicht in Zusammenhang mit seiner eigenen individualistischen Perspektive gebracht. Das hat weit reichende Konsequenzen, theoretische wie politische. Zum einen ist Rancières Gleichheitsansatz an all diejenigen (links orientierten) kulturtheoretischen Ansätze nicht anschlussfähig, die von den Klassentheorien über die feministischen Studien bis zur Intersektionalitätsforschung die verschiedenen, soziokulturellen und sexuellen Differenzen zum Ausgangspunkt ihrer herrschaftskritischen Forschung nehmen. Erkenntnisse und Errungenschaften aus anderen differenzkritischen Ansätzen wie etwa der Queer Studies, deren Schwerpunkt ebenfalls die Vermeidung und das Unterlaufen di-

---

163 Bourdieu 1999, S. 113.

164 Vgl. auch Kastner 2012, a.a.O., S. 89ff.

chotomer Festschreibungen bilden, können so dennoch kaum zu Synergien oder weitergehenden Effekten führen. Zum anderen muss die Gleichheitsperspektive schließlich auch dazu führen, dass Rancière bzw. diejenigen, die sich seinem Modell anschließen, sich aus (prä-neoliberalen) klassisch sozialdemokratischen Politiken heraushalten muss bzw. müssen. Das bedeutet, jede politische Maßnahme, die von soziokulturellen Unterschieden ausgeht bzw. an ihnen ansetzt, mit dem Ziel, sie auszugleichen – vom kompensatorischen Ansatz der *Sesamstraße* bis zu *affirmative action*- und Frauenförderungsprogrammen –, abgelehnt werden muss mit der Begründung, die Differenzen würden nur festgeschrieben und vertieft. Auch wenn diese Gefahr besteht, so wird sie doch durch die Leugnung der Differenzen im Gleichheitsansatz nicht gerade aus der Welt geschafft: Nicht zuletzt in den Debatten um Frauenquoten ist immer wieder auf die empirisch erhärtete Tendenz hingewiesen worden, dass Differenzen sich dort vertiefen, wo sie nicht berücksichtigt werden.[165] Darauf ist auch innerhalb der Erziehungswissenschaften aufmerksam gemacht worden[166], denn es gilt

---

165 Oskar Lubin beschreibt diese gewissermaßen programmatische Ignoranz gegenüber den realen soziopolitischen Effekten der Differenzen als ein Dilemma des an Gleichheit orientierten Anarchismus', Oskar Lubin: *Triple A. Anarchismus – Aktivismus – Allianzen. Kleine Streitschrift für ein Upgrading*. Münster: edition assemblage 2013, S. 41ff. Zu anarchistischen Tendenzen bei Rancière, vgl. Todd May: *The Political Thought of Jacques Rancière. Creating Equality*. Edinburgh: Edinburgh Universaity Press 2009; Jan Rolletschek: »Nicht Althusser, nicht Mao und auch nicht Jacotot. Gleichheit und Alterität im Anarchismus Jacques Rancières«. In: Philippe Kellermann (Hg.): *Begegnungen feindlicher Brüder. Zum Verhältnis von Anarchismus und Marxismus in der Geschichte der sozialistischen Bewegung*. Münster: Unrast Verlag 2012, S. 162–185; Jens Kastner: »Anarchistisches Denken überdenken«. In: Philippe Kellermann (Hg.): *Anarchismusreflexionen. Zur kritischen Sichtung des anarchistischen Erbes*. Gespräche. Lich: Edition AV 2013b, S. 103–121.

166 Vgl. etwa Paul Mecheril und Melanie Plößer: »Differenz und Pädagogik.« In: Sabine Andresen, Rita Casale, Thomas Gabriel, Rebekka Hörlacher, Sabine Larcher Klee und Jürgen Oelkers (Hg.): *Handwörterbuch Erziehungswissenschaft*. Weinheim/Basel: Beltz Verlag 2009, S. 194–208;

auch für die soziale Ungleichheit und in bildungspolitischer Hinsicht[167]. Auch wenn die Frage eine strategisch-politische ist, ob mit Bourdieu die Wahrscheinlichkeiten oder mit Rancière die Ausnahmen ins Zentrum emanzipatorischer Argumente gerückt werden sollen[168], dürfen doch die Effekte ihrer bisherigen Anwendung nicht außer Acht gelassen werden. Solche Effekte werden mit dem Konzept der symbolischen Gewalt schließlich auch benannt. Hierzu muss bloß der Blick mehr auf die akkumulierte Praxis gerichtet werden, die sich in der symbolischen Gewalt verdichtet und die auch zukünftige Praktiken in ihren Wahrscheinlichkeiten begrenzt, anstatt vor allem die Verschleierung sozialer Strukturen zu betonen, die das Konzept auch beinhaltet. Bourdieu widmet sich den Kräfteverhältnissen, die sich im Staat als Monopolisten der symbolischen Gewalt manifestieren, immer auch als »Sinn- und Kommunikationsverhältnissen«[169]. Nicht zuletzt damit macht er deutlich, dass es sich zwar um relativ stabile, aber dennoch dynamische Verhältnisse handelt, die unter bestimmten Bedingungen auch verändert werden können. In der Besprechung des eingangs skizzierten Beispiels Manet stellt Bourdieu heraus, dass und inwiefern es immer einer »Strategie des Doppelschlags«[170] gegen die feldinternen wie auch gegen die gesamtgesellschaftlichen, sich auch im Staat manifestierenden Strukturen bedarf, um solche Transformationen zu erreichen.

Marion Thuswald: »Diversity Studies. Theorie und Forschung zu Differenzen und Diversität«. In: Elke Gaugele und Jens Kastner (Hg.): *Critical Studies. Kultur- und Sozialtheorie im Kunstfeld.* Wiesbaden: Springer/ VS 2015, S. 261–288.

[167] Vgl. etwa Barbara Rothmüller: »Bildungspolitische Theorieeffekte und ihre Komplizenschaft mit Ungleichheiten«. In: Kastner/ Sonderegger (Hg.) 2014, a.a.O., S. S. 147–181.

[168] Vgl. Jens Kastner und Ruth Sonderegger: »Emanzipation von ihren Extremen her denken. Ein einleitendes Plädoyer für Bourdieu und/ mit Rancière«. In: Kastner/ Sonderegger (Hg.) 2014, a.a.O., S. 7–30, hier S. 29.

[169] Bourdieu 2014, a.a.O., S. 291.

[170] Bourdieu 2015, a.a.O., S. 49.

Textnachweise

1. Soziologie als Politik

Soziologeals Politik
Am 1. August wäre der französische Soziologe Pierre Bourdieu 90 Jahre alt geworden. Sein Denken hält nach wie vor zentrale Instrumente linker Gesellschaftstheorie und -kritik bereit. In: *Tagebuch. Zeitschrift für Auseinandersetzung*, Nr. 7/8, Sommer 2020, S. 46-53.

»... vielleicht ein anarchistischer Zug« Anmerkungen zum Verhältnis von Affirmation und Kritik im Staatsverständnis Pierre Bourdieus
In: *Jahrbuch Marxistische Gesellschaftstheorie*, Nr. 1, Wien 2022 (Mandelbaum Verlag), S. 214-220.

2. Die koloniale Erfahrung

Wie der Soziologe wurde, was er war: Pierre Bourdieus ›Algerische Skizzen‹
In: *Jungle World*, Nr. 33, Berlin, 19. August 2010, dschungel S. 10-11.

Koloniale Klassifikationen. Zur Genese postkolonialer Sozialtheorie im kolonialen Algerien bei Frantz Fanon und Pierre Bourdieu
In: Suber, Daniel, Hilmar Schäfer und Sophia Prinz (Hg.): *Pierre Bourdieu und die Kulturwissenschaften. Zur Aktualität eines undisziplinierten Denkens*, Konstanz 2011 (UVK Verlagsgesellschaft), S. 277-302.

3. Kunstfeld und Kunstkritik

Pinselstriche gegen die Ordnung
Die Vorlesungen des Soziologen Pierre Bourdieu zu Werk und Werdegang des Malers Édouard Manet sind nun auf Deutsch erschienen.
In: *Jungle World*, Nr. 4, Berlin, 28.Januar 2016, dschungel S. 12-13.

Zur Kritik der Kritik der Kunstkritik Feld- und hegemonietheoretische Einwände
In: Mennel, Birgit, Stefan Nowotny und Gerald Raunig (Hg.): *Kunst der Kritik*, Wien 2010 (Verlag Turia + Kant), S 125-147.

Feldeffekte im Fokus Engagierte Kunstkritik als soziologische Kulturkritik
In: Ines Kleesattel/ Pablo Müller (Hg.): *The Future is unwritten. Position und Politik kunstkritischer Praxis.* Zürich 2018 (Diaphanes Verlag), S. 93-110.

Kunst, Kontext und Kritik Zur Interaktionsästhetik als Brücke zwischen Kulturindustriethese und soziologischer Feldtheorie
In: Andreas Kranebitter et al. (Hg.): *Befreiungswissen als Forschungsprogramm. Denken mit Heinz Steinert.* Münster 2022 (Verlag Westfälisches Dampfboot), S. 253-270.

Problem Privilegiencheck. Zum Verlernen des künstlerischen Habitus
Text basiert auf einem Vortrag, gehalten an der ZHdK (Zürich), 23. November 2022.

Etwas ganz anderes sagen
Vor 20 Jahren starb Pierre Bourdieu. Ein Gespräch des Soziologen mit Toni Morrison liefert Erhellendes über Identitätspolitiken und Kunst
In: *analyse & kritik. Zeitung für linke Debatte & Praxis*, Nr. 678, Hamburg, 18.01.2022, S. 32.

4. Herrschaft und Kultur

Herrschaft und Kultur. Gemeinsamkeiten und Unterschiede bei Gramsci und Bourdieu
In: *Kulturelle Bildung Online*, 08/2015.

Handlungsmacht, Struktur, Bewegung Zur Rezeption der Kulturtheorie Pierre Bourdieus bei Néstor García Canclini
In: Waibel, Tom und Hansel Sato (Hg.): *Handlungsmacht, Ausdruck, Affekt. Zum Bedeutungswandel affektiver Aussageformen in Lateiname-*

rika. ¡Atención! Jahrbuch des Österreichischen Lateinamerika Instituts, Band 16, Wien/ Münster 2013 (Lit Verlag), S. 29-41.

Symbolische Gewalt und die Aufteilung des Sinnlichen Widersprüche und Gemeinsamkeiten in den bildungs- und wissenstheoretischen Überlegungen Pierre Bourdieus und Jacques Rancières
In: Michael Hirsch/ Rüdiger Voigt (Hg.): *Symbolische Gewalt. Politik, Macht und Staat bei Pierre Bourdieu.* Baden-Baden 2017 (Nomos Verlag), S. 77-97.